뉴텝스도 역시 넥서스!

NEW TEPS 완벽 반영

그냥 믿고 따라와 봐!

600점 만점!!

마스터편 실전 500+

독해 정일상, 넥서스TEPS연구소 지음 | 17,500원 **문법** 테스 김 지음 | 15,000원 **청해** 라보혜, 넥서스TEPS연구소 지음 | 18,000원

500점

실력편 실전 400+

독해 정일상, 넥서스TEPS연구소 지음 | 18,000원 **문법** 넥서스TEPS연구소 지음 | 15,000원 **청해** 라보혜, 넥서스TEPS연구소 지음 | 17,000원

400점

기본편 실전 300+

독해 정일상, 넥서스TEPS연구소 지음 | 19,000원 **문법** 장보금, 써니 박 지음 | 17,500원 **청해** 이기헌 지음 | 19,800원

300점

입문편 실전 250+

독해 넥서스TEPS연구소 지음 | 18,000원 **문법** 넥서스TEPS연구소 지음 | 15,000원 **청해** 넥서스TEPS연구소 지음 | 18,000원

MP3 듣기
모바일 단어장
온라인 받아쓰기
정답 자동 채점

넥서스 NEW TEPS 시리즈

🎯 목표 점수 달성을 위한
뉴텝스 기본서 + 실전서

📌 뉴텝스 실전 완벽 대비
Actual Test 수록

📌 고득점의 감을 확실하게 잡아 주는
상세한 해설 제공

📌 모바일 단어장, 어휘 테스트 등
다양한 부가자료 제공

LEVEL CHART

NEXUS Edu

	초1	초2	초3	초4	초5	초6	중1	중2	중3	고1	고2	고3
VOCA	초등필수 영단어 1-2 · 3-4 · 5-6학년용											
					The VOCA + (플러스) 1~7							
			THIS IS VOCABULARY 입문 · 초급 · 중급				고급 · 어원 · 수능 완성 · 뉴텝스					
							WORD FOCUS 중등 종합 5000 · 고등 필수 5000 · 고등 종합 9500					
Grammar			초등필수 영문법 + 쓰기 1~2									
			OK Grammar 1~4									
			This Is Grammar Starter 1~3									
					This Is Grammar 초급~고급 (각 2권: 총 6권)							
						Grammar 공감 1~3						
						Grammar 101 1~3						
						Grammar Bridge 1~3						
						The Grammar Starter, 1~3						
							한 권으로 끝내는 필수 구문 1000제					
							구사일생 (구문독해 Basic) 1~2					
								구문독해 204 1~2				
								그래머 캡처 1~2				
									[특급 단기 특강] 어법어휘 모의고사			

	초1	초2	초3	초4	초5	초6	중1	중2	중3	고1	고2	고3
Writing				공감 영문법+쓰기 1~2								
						도전만점 중등내신 서술형 1~4						
				영어일기 영작패턴 1-A, B · 2-A, B								
				Smart Writing 1~2								
Reading						Reading 101 1~3						
						Reading 공감 1~3						
						This Is Reading Starter 1~3						
							This Is Reading 전면 개정판 1~4					
							원서 술술 읽는 Smart Reading Basic 1~2					
									원서 술술 읽는 Smart Reading 1~2			
									[특급 단기 특강] 구문독해 · 독해유형			
										[앱솔루트 수능대비 영어독해 기출분석] 2019~2021학년도		
Listening							Listening 공감 1~3					
						The Listening 1~4						
							After School Listening 1~3					
							도전! 만점 중학 영어듣기 모의고사 1~3					
									만점 적중 수능 듣기 모의고사 20회 · 35회			
TEPS							NEW TEPS 입문편 실전 250⁺ 청해 · 문법 · 독해					
							NEW TEPS 기본편 실전 300⁺ 청해 · 문법 · 독해					
								NEW TEPS 실력편 실전 400⁺ 청해 · 문법 · 독해				
								NEW TEPS 마스터편 실전 500⁺ 청해 · 문법 · 독해				

NEW TEPS 마스터편(실전 500+) 청해

지은이 라보혜·넥서스TEPS연구소
펴낸이 임상진
펴낸곳 (주)넥서스

출판신고 1992년 4월 3일 제311-2002-2호 ⑧
10880 경기도 파주시 지목로 5
Tel (02)330-5500 Fax (02)330-5555

ISBN 979-11-964383-9-5 14740
      979-11-964383-6-4 14740 (SET)

저자와 출판사의 허락 없이 내용의 일부를
인용하거나 발췌하는 것을 금합니다.
저자와의 협의에 따라서 인지는 붙이지 않습니다.

가격은 뒤표지에 있습니다.
잘못 만들어진 책은 구입처에서 바꾸어 드립니다.

www.nexusbook.com

출제 원리에 철저하게 맞춘 전략형 뉴텝스 청해

NEW TEPS 청해

마스터편 실전 500+

라보혜·넥서스TEPS연구소 지음

Listening

NEXUS Edu

TEPS 점수 환산표 [TEPS → NEW TEPS]

TEPS	NEW TEPS	TEPS	NEW TEPS	TEPS	NEW TEPS	TEPS	NEW TEPS
981~990	590~600	771~780	433~437	561~570	303~308	351~360	185~189
971~980	579~589	761~770	426~432	551~560	298~303	341~350	181~184
961~970	570~578	751~760	419~426	541~550	292~297	331~340	177~180
951~960	564~569	741~750	414~419	531~540	286~291	321~330	173~177
941~950	556~563	731~740	406~413	521~530	281~285	311~320	169~173
931~940	547~555	721~730	399~405	511~520	275~280	301~310	163~168
921~930	538~546	711~720	392~399	501~510	268~274	291~300	154~163
911~920	532~538	701~710	387~392	491~500	263~268	281~290	151~154
901~910	526~532	691~700	381~386	481~490	258~262	271~280	146~150
891~900	515~525	681~690	374~380	471~480	252~257	261~270	140~146
881~890	509~515	671~680	369~374	461~470	247~252	251~260	135~139
871~880	502~509	661~670	361~368	451~460	241~247	241~250	130~134
861~870	495~501	651~660	355~361	441~450	236~241	231~240	128~130
851~860	488~495	641~650	350~355	431~440	229~235	221~230	123~127
841~850	483~488	631~640	343~350	421~430	223~229	211~220	119~123
831~840	473~481	621~630	338~342	411~420	217~223	201~210	111~118
821~830	467~472	611~620	332~337	401~410	212~216	191~200	105~110
811~820	458~465	601~610	327~331	391~400	206~211	181~190	102~105
801~810	453~458	591~600	321~327	381~390	201~206	171~180	100~102
791~800	445~452	581~590	315~320	371~380	196~200		
781~790	438~444	571~580	309~315	361~370	190~195		

※ 출처: 한국영어평가학회

보다 세분화된 환산표는 www.teps.or.kr에서 내려받을 수 있습니다.

Preface

기존 텝스 시험이 NEW TPES로 개정된 이후, 문항 수와 시험 시간이 줄어 응시 부담과 피로도는 낮아졌습니다. 하지만 수험자가 느끼는 난이도는 크게 변하지 않아 여전히 어렵다는 의견들이 많습니다. 그렇습니다! TEPS는 각 영역마다 고비가 있는 시험입니다. 특히, 청해는 시험지에 아무것도 나와 있지 않아 오로지 자신의 듣기 능력에만 의존해야 하기 때문에 부담감이 다른 영역에 비해 높습니다. 이는 수험자의 청해 능력 평가를 목표로 하고, 요령을 통한 정답 유추를 방지하기 위함이라고 합니다. 하지만 수험자들이 빠른 속도로 생소한 생활영어 표현과 어려운 어휘를 청취로 문제를 해결한다는 것이 결코 쉽지 않고, 듣기 범위도 실용 영어에서부터 학술적인 내용까지 다양하므로 부담감이 매우 높습니다. 또한 대화나 담화문을 잘 듣고 이해했음에도 선택지 구성이 정답과 오답을 가려내기 힘듭니다.

그렇다면, NEW TEPS 청해 성적을 고득점으로 올리려면 어떻게 공부해야 할까요? 이는 TEPS의 길로 들어선 모든 수험자의 공통된 질문일 것입니다. 다른 공인 영어 시험과 마찬가지로 TEPS도 단순히 영어 능력을 측정하는 것이 아니라 어떻게 영어로 종합적이며 논리적인 사고를 할 수 있는지를 평가하는 시험이기 때문에 수험자 본인의 취약점을 잘 파악하여 적합한 교재를 선정하고 이를 꾸준하게 학습하는 것이 관건입니다. 또한 무조건 어려운 문제를 많이 푸는 것보다는 기본부터 실전까지 다양한 난이도의 문제를 바탕으로 딕테이션, 쉐도잉 등의 청취 실력을 높이는 훈련을 꾸준히 하는 것이 더 효과적입니다.

NEW TEPS 청해 영역은 독해 영역의 연장이라고 할 수 있습니다. 특히 Part 4와 5의 지문들은 대부분 학술적인 내용을 다루고 있으므로 평소에 폭넓은 분야의 주제에 익숙해지도록 다양한 글을 읽어야 합니다. 〈NEW TEPS 마스터편(실전500+) 청해〉에서는 이러한 고난도 텝스 청해의 기반을 잡아주고 실전에서 활용할 수 있는 핵심 전략과 기출 문제를 바탕으로 한 실전문제에 가까운 Practice Test 및 Actual Test를 통해 학습 효과를 높일 수 있습니다. 실질적인 점수를 올려 줄 〈NEW TEPS 마스터편(실전500+) 청해〉를 통해 여러분이 원하는 목표를 꼭 이루시길 바랍니다.

라보혜, 넥서스TEPS연구소

Contents

구성과 특징   8
NEW TEPS 정보   10

I 청해 고득점 전략

PART I & II

Unit 01 표현 반복과 유사 발음   32
Unit 02 시제와 조동사 함정   38
Unit 03 고정관념을 이용한 함정   42
Unit 04 생소한 표현   45

청해 필수 Idiom   48
Practice Test   49
Dictation   50

PART III & IV & V

Unit 05 대의 파악   56
Unit 06 세부 내용 찾기   61
Unit 07 추론하기   69
Unit 08 1지문 2문항 (뉴텝스 신유형)   73

청해 필수 Collocation   75
청해 주제별 Vocabulary   76
Practice Test   79
Dictation   80

Ⅱ NEW TEPS 실전 모의고사 5회분

Actual Test 1   94
Actual Test 2   100
Actual Test 3   106
Actual Test 4   112
Actual Test 5   118

Ⅲ 실전 모의고사 5회분 Dictation Workbook

Actual Test 1   124
Actual Test 2   140
Actual Test 3   156
Actual Test 4   172
Actual Test 5   188

정답 및 해설 (부록)

Structure

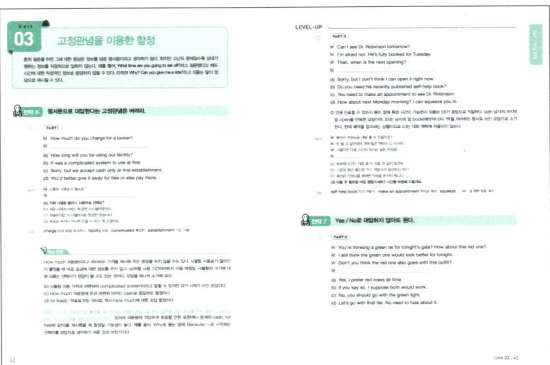

중급자 이상을 위한
청해 유형 전략

TEPS 청해의 문제 유형을 8개 Unit으로 나눠 누구나 다 아는 단순한 유형 소개가 아닌 실질적인 고득점 핵심 전략을 설명합니다.

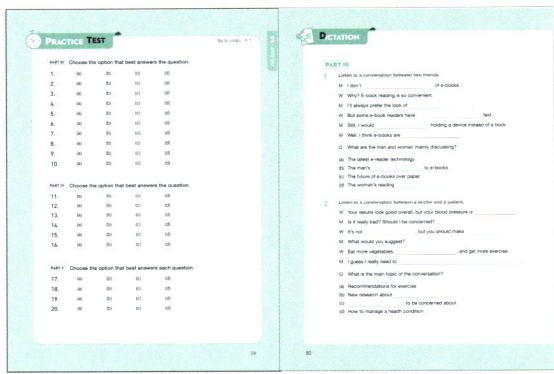

Practice Test & Dictation

학습한 TEPS 청해 유형 전략을 바로 문제에 적용해 볼 수 있도록 연습 문제를 실었습니다. Practice Test에 대한 받아쓰기도 바로 이어서 할 수 있습니다.

MP3 바로 듣기
받아쓰기 테스트
모바일 단어장

고득점을 위한
청해 필수 어휘

TEPS 시험을 보기 전에 반드시 알고 있어야 하는 청해 빈출 어휘로 구성했으며, 파트별 특성에 따라 Idiom, Collocation, 주제별 어휘를 제공합니다.

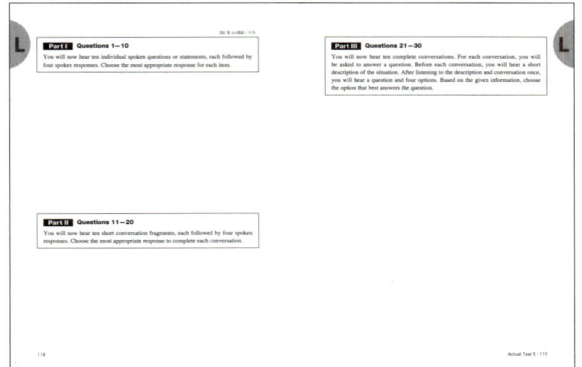

Actual Test 1~5

최신기출 경향에 맞춘 실전 모의고사 5회분을 준비하여 수험자가 원하는 점수를 현실화할 수 있도록 했습니다.

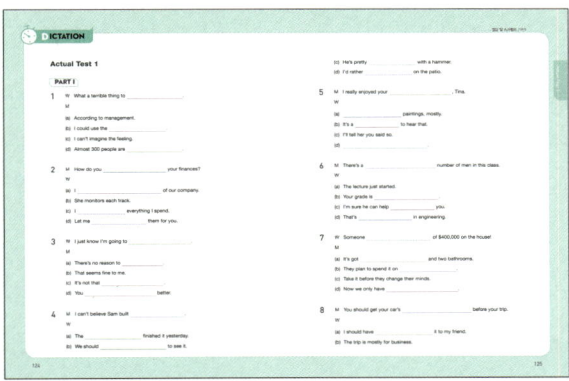

Dictation Workbook

실전 모의고사 5회분의 받아쓰기를 제공합니다. 반복 청취와 받아쓰기 훈련을 통해 빈출 표현을 익히고 문제의 포인트를 잡을 수 있습니다.

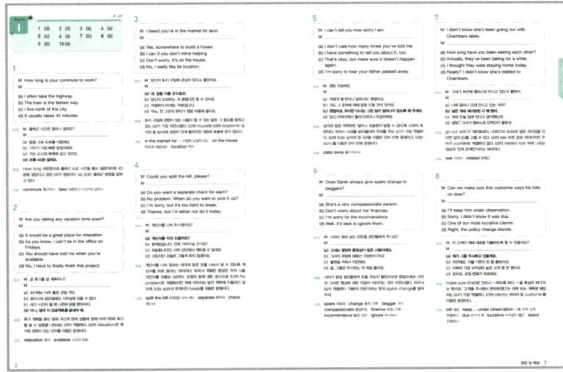

정답 및 상세한 해설

Practice Test와 Actual Test 5회분의 전체 문제에 대한 정확한 해석과 상세한 해설, 친절한 어휘를 실어 고득점을 목표로 하는 학습자의 TEPS 청해 학습에 부족함이 없도록 준비했습니다.

TEPS란?

TEPS는 Test of English Proficiency developed by Seoul National University의 약자로 서울대학교 언어교육원에서 개발하고, TEPS관리위원회에서 주관하는 국가공인 영어 시험입니다. 1999년 1월 처음 시행 이후 2018년 5월 12일부터 새롭게 바뀐 NEW TEPS가 시행되고 있습니다. TEPS는 정부기관 및 기업의 직원 채용이나 인사고과, 해외 파견 근무자 선발과 더불어 국내 유수의 대학과 특목고 입학 및 졸업 자격 요건, 국가고시 및 자격 시험의 영어 대체 시험으로 활용되고 있습니다.

1 / NEW TEPS는 종합적 지문 이해력 평가를 위한 시험으로, 실제 영어 사용 환경을 고려하여 평가 효율성을 높이고 시험 응시 피로도는 낮춰 수험자의 내재화된 영어 능력을 평가합니다.

2 / 편법이 없는 시험을 위해 청해(Listening)에서는 시험지에 선택지가 제시되어 있지 않아 눈으로 읽을 수 없고 오직 듣기 능력에만 의존해야 합니다. 청해나 독해(Reading)에서는 한 문제로 다음 문제의 답을 유추할 수 있는 가능성을 배제하기 위해 1지문 1문항을 고수해 왔지만 NEW TEPS부터 1지문 2문항 유형이 새롭게 추가되었습니다.

3 / 실생활에서 접할 수 있는 다양한 주제와 상황을 다룹니다. 일상생활과 비즈니스를 비롯해 문학, 과학, 역사 등 학술적인 소재도 출제됩니다.

4 / 청해, 어휘, 문법, 독해의 4영역으로 나뉘며, 총 135문항에 600점 만점입니다. 영역별 점수 산출이 가능하며, 점수 외에 5에서 1+까지 10등급으로 나뉩니다.

NEWTEPS 시험 구성

영역	문제 유형	문항수	제한 시간	점수 범위
청해 Listening Comprehension	Part I : 한 문장을 듣고 이어질 대화로 가장 적절한 답 고르기 (문장 1회 청취 후 선택지 1회 청취)	10	40분	0~240점
	Part II : 짧은 대화를 듣고 이어질 대화로 가장 적절한 답 고르기 (대화 1회 청취 후 선택지 1회 청취)	10		
	Part III : 긴 대화를 듣고 질문에 가장 적절한 답 고르기 (대화 및 질문 1회 청취 후 선택지 1회 청취)	10		
	Part IV : 담화를 듣고 질문에 가장 적절한 답 고르기 (1지문 1문항) (담화 및 질문 2회 청취 후 선택지 1회 청취)	6		
	Part V : 담화를 듣고 질문에 가장 적절한 답 고르기 (1지문 2문항) (담화 및 질문 2회 청취 후 선택지 1회 청취)	신유형 4		
어휘 Vocabulary	Part I : 대화문의 빈칸에 가장 적절한 어휘 고르기	10	변경 통합 25분	0~60점
	Part II : 단문의 빈칸에 가장 적절한 어휘 고르기	20		
문법 Grammar	Part I : 대화문의 빈칸에 가장 적절한 답 고르기	10		0~60점
	Part II : 단문의 빈칸에 가장 적절한 답 고르기	15		
	Part III : 대화 및 문단에서 문법상 틀리거나 어색한 부분 고르기	5		
독해 Reading Comprehension	Part I : 지문을 읽고 빈칸에 가장 적절한 답 고르기	10	40분	0~240점
	Part II : 지문을 읽고 문맥상 어색한 내용 고르기	2		
	Part III : 지문을 읽고 질문에 가장 적절한 답 고르기 (1지문 1문항)	13		
	Part IV : 지문을 읽고 질문에 가장 적절한 답 고르기 (1지문 2문항)	신유형 10		
총계	14개 Parts	135문항	105분	0~600점

NEWTEPS 영역별 특징

청해 (Listening Comprehension) _40문항

정확한 청해 능력을 측정하기 위하여 문제와 보기 문항을 문제지에 인쇄하지 않고 들려줌으로써 자연스러운 의사소통의 인지 과정을 최대한 반영하였습니다. 다양한 의사소통 기능(Communicative Functions)의 대화와 다양한 상황(공고, 방송, 일상생활, 업무 상황, 대학 교양 수준의 강의 등)을 이해하는 데 필요한 전반적인 청해력을 측정하기 위해 대화문(dialogue)과 담화문(monologue)의 소재를 균형 있게 다루었습니다.

어휘 (Vocabulary) _30문항

문맥 없이 단순한 동의어 및 반의어를 선택하는 시험 유형을 배제하고 의미 있는 문맥을 근거로 가장 적절한 어휘를 선택하는 유형을 문어체와 구어체로 나누어 측정합니다.

문법 (Grammar) _30문항

밑줄 친 부분 중 오류를 식별하는 유형 등의 단편적이며 기계적인 문법 지식 학습을 조장할 우려가 있는 분리식 시험 유형을 배제하고, 의미 있는 문맥을 근거로 오류를 식별하는 유형을 통하여 진정한 의사소통 능력의 바탕이 되는 살아 있는 문법, 어법 능력을 문어체와 구어체를 통하여 측정합니다.

독해 (Reading Comprehension) _35문항

교양 있는 수준의 글(신문, 잡지, 대학 교양과목 개론 등)과 실용적인 글(서신, 광고, 홍보, 지시문, 설명문, 양식 등)을 이해하는 데 요구되는 총체적인 독해력을 측정하기 위해서 실용문 및 비전문적 학술문과 같은 독해 지문의 소재를 균형 있게 다루었습니다.

NEWTEPS 영역별 유형 소개

청해 Listening Comprehension

★ PART I (10문항)

두 사람의 질의응답 문제를 다루며, 한 번만 들려줍니다. 내용 자체는 단순하고 기본적인 수준의 생활 영어 표현으로 구성되어 있지만, 교과서적인 지식보다는 재빠른 상황 판단 능력이 필요합니다. Part I에서는 속도 적응 능력뿐만 아니라 순발력 있는 상황 판단 능력이 요구됩니다.

Choose the most appropriate response to the statement.

W I heard that it's going to be very hot tomorrow.
M _____

(a) It was the hottest day of the year.
(b) Be sure to dress warmly.
(c) Let's not sweat the details.
(d) It's going to be a real scorcher.

W 내일은 엄청 더운 날씨가 될 거래.
M _____

(a) 일 년 중 가장 더운 날이었어.
(b) 옷을 따뜻하게 입도록 해.
(c) 사소한 일에 신경 쓰지 말자.
(d) 엄청나게 더운 날이 될 거야.

정답 (d)

★ PART II (10문항)

짧은 대화 문제로, 두 사람이 A-B-A 순으로 보통의 속도로 대화하는 형식입니다. 소요 시간은 약 12초 전후로 짧습니다. Part I과 마찬가지로 한 번만 들려줍니다.

Choose the most appropriate response to complete the conversation.

M Would you like to join me to see a musical?
W Sorry no. I hate musicals.
M How could anyone possibly hate a musical?
W _____

(a) Different strokes for different folks.
(b) It's impossible to hate musicals.
(c) I agree with you.
(d) I'm not really musical.

M 나랑 같이 뮤지컬 보러 갈래?
W 미안하지만 안 갈래. 나 뮤지컬을 싫어하거든.
M 뮤지컬 싫어하는 사람도 있어?
W _____

(a) 사람마다 제각각이지 뭐.
(b) 뮤지컬을 싫어하는 것은 불가능해.
(c) 네 말에 동의해.
(d) 나는 그다지 음악에 재능이 없어.

정답 (a)

★ PART III (10문항)

앞의 두 파트에 비해 다소 긴 대화를 들려줍니다. NEW TEPS에서는 대화와 질문 모두 한 번만 들려 줍니다. 대화의 주제나 주로 일어나고 있는 일, 화자가 갖고 있는 문제점, 세부 내용, 추론할 수 있는 것 등에 대해 묻습니다.

Choose the option that best answers the question.

W I just went to the dentist, and he said I need surgery.
M That sounds painful!
W Yeah, but that's not even the worst part. He said it will cost $5,000!
M Wow! That sounds too expensive. I think you should get a second opinion.
W Really? Do you know a good place?
M Sure. Let me recommend my guy I use. He's great.

Q: Which is correct according to the conversation?
(a) The man doesn't like his dentist.
(b) The woman believes that $5,000 sounds like a fair price.
(c) The man thinks that the dental surgery is too costly for her.
(d) The woman agrees that the dental treatment will be painless.

W 치과에 갔는데, 의사가 나보고 수술을 해야 한대.
M 아프겠다!
W 응, 하지만 더 심한 건 수술 비용이 5천 달러라는 거야!
M 왜! 너무 비싸다. 다른 의사의 진단을 받아 보는 게 좋겠어.
W 그래? 어디 좋은 곳이라도 알고 있니?
M 물론이지. 내가 가는 곳을 추천해 줄게. 잘하시는 분이야.

Q 대화에 의하면 다음 중 옳은 것은?
(a) 남자는 담당 치과 의사를 좋아하지 않는다.
(b) 여자는 5천 달러가 적당한 가격이라고 생각한다.
(c) 남자는 치과 수술이 여자에게 너무 비싸다고 생각한다.
(d) 여자는 치과 시술이 아프지 않을 것이라는 점에 동의한다.

정답 (c)

★ PART IV (6문항)

이전 파트와 달리, 한 사람의 담화를 다룹니다. 방송이나 뉴스, 강의, 회의를 시작하면서 발제하는 것 등의 상황이 나옵니다. Part IV, Part V는 담화와 질문을 두 번씩 들려줍니다. 담화의 주제와 세부 내용, 추론할 수 있는 것 등에 대해 묻습니다.

Choose the option that best answers the question.

Tests confirmed that a 19-year-old woman recently died of the bird flu virus. This was the third such death in Indonesia. Cases such as this one have sparked panic in several Asian nations. Numerous countries have sought to discover a vaccine for this terrible illness. Officials from the Indonesian Ministry of Health examined the woman's house and neighborhood, but could not find the source of the virus. According to the ministry, the woman had fever for four days before arriving at the hospital.

Q: Which is correct according to the news report?
(a) There is an easy cure for the disease.
(b) Most nations are unconcerned with the virus.
(c) The woman caught the bird flu from an unknown source.
(d) The woman was sick for four days and then recovered.

최근 19세 여성이 조류 독감으로 사망한 것이 검사로 확인되었고, 인도네시아에서 이번이 세 번째이다. 이와 같은 사건들이 일부 아시아 국가들에게 극심한 공포를 불러 일으켰고, 많은 나라들이 이 끔찍한 병의 백신을 찾기 위해 힘쓰고 있다. 인도네시아 보건부의 직원들은 그녀의 집과 이웃을 조사했지만, 바이러스의 근원을 찾을 수 없었다. 보건부에 의하면, 그녀는 병원에 도착하기 전 나흘 동안 열이 있었다.

Q 뉴스 보도에 의하면 다음 중 옳은 것은?
(a) 이 병에는 간단한 치료법이 있다.
(b) 대부분의 나라들은 바이러스에 대해 관심이 없다.
(c) 여자는 알려지지 않은 원인에 의해 조류 독감에 걸렸다.
(d) 여자는 나흘 동안 앓고 나서 회복되었다.

정답 (c)

★ PART V (2지문 4문항)

이번 NEW TEPS에 새롭게 추가된 유형으로 1지문 2문항 유형입니다. 2개의 지문이 나오므로 총 4문항을 풀어야 합니다. 주제와 세부 내용, 추론 문제가 섞여서 출제되며, 담화와 질문을 두 번씩 들려줍니다.

> **Choose the option that best answers each question.**
>
> Most of you have probably heard of the Tour de France, the most famous cycling race in the world. But you may not be familiar with its complex structure and award system. The annual race covers about 3,500 kilometers across 21 days of racing. It has a total of 198 riders split into 22 teams of 9. At the end of the tour, four riders are presented special jerseys.
>
> The most prestigious of these is the yellow jerseys. This is given to the rider with the lowest overall time. The white jersey is awarded on the same criterion, but it's exclusive to participants under the age of 26. The green jersey and the polka-dot jersey are earned based on points awarded at every stage of the race. So what's the difference between these two jerseys? Well, the competitor with the most total points gets the green jersey, while the rider with the most points in just the mountain sections of the race receives the polka-dot one.
>
> Q1: What is the talk mainly about?
> (a) How the colors of the Tour de France jerseys were chosen.
> (b) How the various Tour de France jerseys are won.
> (c) Which Tour de France jerseys are the most coveted.
> (d) Why riders in the Tour de France wear different colored jerseys.
>
> Q2: Which jersey is given to the rider with the most points overall?
> (a) The yellow jersey   (c) The green jersey
> (b) The white jersey   (d) The polka-dot jersey
>
> 여러분은 아마도 세계에서 가장 유명한 사이클링 대회인 투르 드 프랑스에 대해 들어보셨을 것입니다. 하지만 여러분은 그 대회의 복잡한 구조와 수상 체계에 대해서는 잘 모를 것입니다. 매년 열리는 이 대회는 21일 동안 약 3,500킬로미터를 주행하게 되어있습니다. 이 대회에서 총 198명의 참가자가 각각 9명으로 구성된 22팀으로 나뉩니다. 대회 마지막에는 4명의 선수에게 특별한 저지를 수여합니다.
>
> 가장 영예로운 것은 노란색 저지입니다. 이것은 가장 단시간에 도착한 참가자에게 수여됩니다. 흰색 저지는 같은 기준에 의하여 수여되는데, 26세 미만의 참가자에게만 수여됩니다. 녹색 저지와 물방울무늬 저지는 대회의 매 단계의 점수에 기반하여 주어집니다. 그럼 이 두 저지의 차이점은 무엇일까요? 자, 가장 높은 총점을 딴 참가자는 녹색 저지를 받고, 산악 구간에서 가장 많은 점수를 딴 참가자는 물방울무늬 저지를 받습니다.
>
> **Q1** 담화문의 주제는 무엇인가?
> (a) 투르 드 프랑스 저지의 색깔은 어떻게 정해지는가
> (b) 다양한 투르 드 프랑스 저지가 어떻게 수여되는가
> (c) 어떤 투르 드 프랑스 저지가 가장 선망의 대상이 되는가
> (d) 투르 드 프랑스의 선수들이 다양한 색의 저지를 입는 이유는 무엇인가   정답 (b)
>
> **Q2** 가장 많은 총점을 획득한 선수에게 어떤 저지가 주어지는가?
> (a) 노란색 저지   (c) 녹색 저지
> (b) 흰색 저지   (d) 물방울무늬 저지   정답 (c)

어휘 Vocabulary

★ PART I (10문항)

구어체로 되어 있는 A와 B의 대화 중 빈칸에 가장 적절한 단어를 고르는 문제입니다. 단어의 단편적인 의미보다는 문맥에서 쓰인 의미가 더 중요합니다. 한 개의 단어로 된 선택지뿐만 아니라 두세 단어 이상의 구를 이루는 선택지도 있습니다.

> **Choose the option that best completes the dialogue.**
>
> A Congratulations on your _____ of the training course.
> B Thank you. It was hard, but I managed to pull through.
>
> (a) improvement
> (b) resignation
> (c) evacuation
> (d) completion
>
> A 훈련 과정을 완수한 거 축하해.
> B 고마워. 어려웠지만 가까스로 끝낼 수 있었어.
>
> (a) 개선
> (b) 사임
> (c) 철수
> (d) 완료
>
> 정답 (d)

★ PART II (20문항)

하나 또는 두 개의 문장 속의 빈칸에 가장 적당한 단어를 고르는 문제입니다. 어휘력을 늘릴 때 한 개씩 단편적으로 암기하는 것보다는 하나의 표현으로, 즉 의미 단위로 알아 놓는 것이 제한된 시간 내에 어휘 시험을 정확히 푸는 데 많은 도움이 됩니다. 후반부로 갈수록 수준 높은 어휘가 출제되며, 단어 사이의 미묘한 의미의 차이를 묻는 문제도 출제됩니다.

> **Choose the option that best completes the sentence.**
>
> Brian was far ahead in the game and was certain to win, but his opponent refused to _____.
>
> (a) yield
> (b) agree
> (c) waive
> (d) forfeit
>
> 브라이언이 게임에 앞서 가고 있어서 승리가 확실했지만 그의 상대는 굴복하려 하지 않았다.
>
> (a) 굴복하다
> (b) 동의하다
> (c) 포기하다
> (d) 몰수당하다
>
> 정답 (a)

17

문법 Grammar

★ PART I (10문항)

A와 B 두 사람의 짧은 대화를 통해 구어체 관용 표현, 품사, 시제, 인칭, 어순 등 문법 전반에 대한 이해를 묻습니다. 대화 중에 빈칸이 있고, 그곳에 들어갈 적절한 표현을 고르는 형식입니다.

Choose the option that best completes the dialogue.

A   I can't attend the meeting, either.
B   Then we have no choice _____ the meeting.

(a) but canceling
(b) than to cancel
(c) than cancel
(d) but to cancel

A   저도 회의에 참석할 수 없어요.
B   그러면 회의를 취소하는 수밖에요.
(a) 그러나 취소하는
(b) 취소하는 것보다
(c) 취소하는 것보다
(d) 취소하는 수밖에

정답 (d)

★ PART II (15문항)

Part I에서 구어체의 대화를 나눴다면, Part II에서는 문어체의 문장이 나옵니다. 서술문 속의 빈칸을 채우는 문제로 수 일치, 태, 어순, 분사 등 문법 자체에 대한 이해도는 물론 구문에 대한 이해력이 중요합니다.

Choose the option that best completes the sentence.

_____ being pretty confident about it, Irene decided to check her facts.

(a) Nevertheless
(b) Because of
(c) Despite
(d) Instead of

그 일에 대해 매우 자신감이 있었음에도 불구하고 아이린은 사실을 확인하기로 했다.
(a) 그럼에도 불구하고
(b) 때문에
(c) 그럼에도 불구하고
(d) 대신에

정답 (c)

★ PART III (대화문: 2문항 / 지문: 3문항)

① A–B–A–B의 대화문에서 어법상 틀리거나 문맥상 어색한 부분이 있는 문장을 고르는 문제입니다. 이 영역 역시 문법뿐만 아니라 정확한 구문 파악과 대화 내용을 이해하는 능력이 중요합니다.

Identify the option that contains a grammatical error.

(a) A: What are you doing this weekend?
(b) B: Going fishing as usual.
(c) A: Again? What's the fun in going fishing? Actually, I don't understand why people go fishing.
(d) B: For me, I like being alone, thinking deeply to me, being surrounded by nature.

(a) A 이번 주말에 뭐해?
(b) B 평소처럼 낚시 가.
(c) A 또 가? 낚시가 뭐 재미있니? 솔직히 난 사람들이 왜 낚시를 하러 가는지 모르겠어.
(d) B 내 경우엔 자연에 둘러 싸여서 혼자 깊이 생각해 볼 수 있다는 게 좋아.

정답 (d) me → myself

---

② 한 문단을 주고 그 가운데 문법적으로 틀리거나 어색한 문장을 고르는 문제입니다. 문법적으로 틀린 부분을 신속하게 골라야 하므로 독해 문제처럼 속독 능력도 중요합니다.

Identify the option that contains a grammatical error.

(a) The creators of a new video game hope to change the disturbing trend of using violence to enthrall young gamers. (b) Video game designers and experts on human development teamed up and designed a new computer game with the gameplay that helps young players overcome everyday school life situations. (c) The elements in the game resemble regular objects: pencils, erasers, and the like. (d) The players of the game "win" by choose peaceful solutions instead of violent ones.

(a) 새 비디오 게임 개발자들은 어린 게이머들의 흥미 유발을 위해 폭력적인 내용을 사용하는 불건전한 판도를 바꿔 놓을 수 있기를 바란다. (b) 비디오 게임 개발자들과 인간 발달 전문가들이 공동으로 개발한 새로운 컴퓨터 게임은 어린이들이 매일 학교에서 부딪히는 상황에 잘 대처할 수 있도록 도와준다. (c) 실제로 게임에는 연필과 지우개 같은 평범한 사물들이 나온다. (d) 폭력적인 해결책보다 비폭력적인 해결책을 선택하면 게임에서 이긴다.

정답 (d) by choose → by choosing

독해 Reading Comprehension

★ PART I (10문항)

지문 속 빈칸에 알맞은 것을 고르는 유형입니다. 글 전체의 흐름을 파악하여 문맥상 빈칸에 들어갈 내용을 찾아야 하는데, 주로 지문의 주제와 관련이 있습니다. 마지막 두 문제, 9번과 10번은 빈칸에 알맞은 연결어를 고르는 문제입니다. 문맥의 흐름을 논리적으로 파악할 수 있어야 합니다.

Read the passage and choose the option that best completes the passage.

Tech industry giants like Facebook, Google, Twitter, and Amazon have threatened to shut down their sites. They're protesting legislation that may regulate Internet content. The Stop Online Piracy Act, or SOPA, according to advocates, will make it easier for regulators to police intellectual property violations on the web, but the bill has drawn criticism from online activists who say SOPA will outlaw many common internet-based activities, like downloading copyrighted content. A boycott, or blackout, by the influential web companies acts to _____.

(a) threaten lawmakers by halting all Internet access
(b) illustrate real-world effects of the proposed rule
(c) withdraw web activities the policy would prohibit
(d) laugh at the debate about what's allowed online

페이스북, 구글, 트위터, 아마존과 같은 거대 기술업체들이 그들의 사이트를 닫겠다고 위협했다. 그들은 인터넷 콘텐츠를 규제할지도 모르는 법령의 제정에 반대한다. 지지자들은 온라인 저작권 침해 금지 법안으로 인해 단속 기관들이 더 쉽게 웹상에서 지적 재산 침해 감시를 할 수 있다고 말한다. 그러나 온라인 활동가들은 저작권이 있는 콘텐츠를 다운로드하는 것과 같은 일반적인 인터넷 기반 활동들이 불법화될 것이라고 이 법안을 비판하고 있다. 영향력 있는 웹 기반 회사들에 의한 거부 운동 또는 보도 통제는 <u>발의된 법안이 현실에 미치는 영향을 보여 주기 위한</u> 것이다.

(a) 인터넷 접속을 금지시켜서 입법자들을 위협하기 위한
(b) 발의된 법안이 현실에 미치는 영향을 보여 주기 위한
(c) 그 정책이 금지하게 될 웹 활동들을 중단하기 위한
(d) 온라인에서 무엇이 허용될지에 대한 논쟁을 비웃기 위한

정답 (b)

★ PART II (2문항)

글의 흐름상 어색한 문장을 고르는 문제로, 전체 흐름을 파악하여 지문의 주제나 소재와 관계없는 내용을 고릅니다.

Read the passage and identify the option that does NOT belong.

For the next four months, major cities will experiment with new community awareness initiatives to decrease smoking in public places. (a) Anti-tobacco advertisements in recent years have relied on scare tactics to show how smokers hurt their own bodies. (b) But the new effort depicts the effects of second-hand smoke on children who breathe in adults' cigarette fumes. (c) Without these advertisements, few children would understand the effects of adults' hard-to-break habits. (d) Cities hope these messages will inspire people to think about others and cut back on their tobacco use.

향후 4개월 동안 주요 도시들은 공공장소에서의 흡연을 줄이기 위해 지역 사회의 의식을 촉구하는 새로운 계획을 시도할 것이다. (a) 최근에 금연 광고는 흡연자가 자신의 몸을 얼마나 해치고 있는지를 보여 주기 위해 겁을 주는 방식에 의존했다. (b) 그러나 이 새로운 시도는 어른들의 담배 연기를 마시는 아이들에게 미치는 간접흡연의 영향을 묘사한다. (c) 이러한 광고가 없다면, 아이들은 어른들의 끊기 힘든 습관이 미칠 영향을 모를 것이다. (d) 도시들은 이러한 메시지가 사람들에게 타인에 대해서 생각해 보고 담배 사용을 줄이는 마음이 생기게 할 것을 기대하고 있다.

정답 (c)

★ PART III (13문항)

글의 내용 이해를 측정하는 문제로, 글의 주제나 대의 혹은 전반적 논조를 파악하는 문제, 세부 내용을 파악하는 문제, 추론하는 문제가 있습니다.

Read the passage, question, and options. Then, based on the given information, choose the option that best answers each question.

In theory, solar and wind energy farms could provide an alternative energy source and reduce our dependence on oil. But in reality, these methods face practical challenges no one has been able to solve. In Denmark, for example, a country with some of the world's largest wind farms, it turns out that winds blow most when people need electricity least. Because of this reduced demand, companies end up selling their power to other countries for little profit. In some cases, they pay customers to take the leftover energy.

Q: Which of the following is correct according to the passage?
(a) Energy companies can lose money on the power they produce.
(b) Research has expanded to balance supply and demand gaps.
(c) Solar and wind power are not viewed as possible options.
(d) Reliance on oil has led to political tensions in many countries.

이론상으로 태양과 풍력 에너지 발전 단지는 대체 에너지 자원을 제공하고 원유에 대한 의존을 낮출 수 있다. 그러나 사실상 이러한 방법들은 아무도 해결할 수 없었던 현실적인 문제에 부딪친다. 예를 들어 세계에서 가장 큰 풍력 에너지 발전 단지를 가진 덴마크에서 사람들이 전기를 가장 덜 필요로 할 때 가장 강한 바람이 분다는 것이 판명되었다. 이러한 낮은 수요 때문에 회사는 결국 그들의 전력을 적은 이윤으로 다른 나라에 팔게 되었다. 어떤 경우에는 남은 에너지를 가져가라고 고객에게 돈을 지불하기도 한다.

Q 이 글에 의하면 다음 중 옳은 것은?
(a) 에너지 회사는 그들이 생산한 전력으로 손해를 볼 수도 있다.
(b) 수요와 공급 격차를 조정하기 위해 연구가 확장되었다.
(c) 태양과 풍력 에너지는 가능한 대안으로 간주되지 않는다.
(d) 원유에 대한 의존은 많은 나라들 사이에 정치적 긴장감을 가져왔다.

정답 (a)

★ PART IV (5지문 10문항) 뉴텝스 신유형

이번 NEW TEPS에 새롭게 추가된 유형으로 1지문 2문항 유형입니다. 5개의 지문이 나오므로 총 10문항을 풀어야 합니다. 주제와 세부 내용, 추론 문제가 섞여서 출제됩니다.

> Read the passage, questions, and options. Then, based on the given information, choose the option that best answers each question.
>
> You seem exasperated that the governor's proposed budget would triple the funding allocated to state parks. What's the problem? Such allocation hardly represents "profligate spending," as you put it. Don't forget that a third of all job positions at state parks were cut during the last recession. This left the parks badly understaffed, with a dearth of park rangers to serve the 33 million people who visit them annually. It also contributed to deterioration in the parks' natural beauty due to a decrease in maintenance work.
>
> These parks account for less than 1% of our state's recreational land, yet they attract more visitors than our top two largest national parks and national forests combined. They also perform a vital economic function, bringing wealth to nearby rural communities by attracting people to the area. The least we can do is to provide the minimum funding to help keep them in good condition.
>
> Q1: What is the writer mainly trying to do?
> (a) Justify the proposed spending on state parks
> (b) Draw attention to the popularity of state parks
> (c) Contest the annual number of state park visitors
> (d) Refute the governor's stance on the parks budget
>
> Q2: Which statement would the writer most likely agree with?
> (a) Low wages are behind the understaffing of the state parks.
> (b) State parks require more promotion than national parks.
> (c) The deterioration of state parks is due mainly to overuse.
> (d) The state parks' popularity is disproportionate to their size.

여러분은 주립 공원에 할당된 예산을 세배로 증가시키려는 주지사의 제안을 듣고 분노할지도 모른다. 무엇이 문제일까? 그와 같은 할당은 여러분들이 말하듯이 '낭비적인 지출'이라고 말하기 힘들다. 지난 경제 침체기 동안 주립 공원 일자리의 1/3이 삭감되었다는 사실을 잊지 말기 바란다. 이 때문에 공원은 부족한 관리인들이 매년 공원을 방문하는 3천3백만 명의 사람들을 처리해야 하는 인력 부족에 시달리고 있다. 또 그 때문에 관리 작업 부족으로 공원의 자연 경관이 망가지게 되었다.

이 공원들은 주의 여가지의 1%도 차지하지 않지만, 규모가 가장 큰 2개의 국립공원과 국립 숲을 합친 것보다 많은 방문객을 끌어들인다. 그들은 사람들을 그 지역으로 끌어들여 부를 주변의 공동체에게 가져다줌으로써 중요한 경제적 기능을 한다. 우리가 할 수 있는 최소한의 일은 공원이 잘 관리될 수 있도록 최소한의 자금을 조달하는 것이다.

Q1 작가가 주로 하고 있는 것은?

(a) 주립 공원 예산안을 정당화하기
(b) 주립 공원 인기에 대한 주의를 환기시키기
(c) 매년 주립 공원을 방문하는 사람 수에 대한 의문 제기하기
(d) 공원 예산에 대한 주지사의 입장에 대해 반박하기

정답 (a)

Q2 저자가 동의할 것 같은 내용은?

(a) 인력난에 시달리는 주립 공원의 배경에는 낮은 임금이 있다.
(b) 주립 공원은 국립공원보다 더 많은 지원이 필요하다.
(c) 주립 공원은 지나친 사용 때문에 망가지고 있다.
(d) 주립 공원의 인기는 그 규모와는 어울리지 않는다.

정답 (b)

※ 독해 Part 4 뉴텝스 샘플 문제는 서울대텝스관리위원회에서 제공한 문제입니다. (www.teps.or.kr)

NEW TEPS 성적표

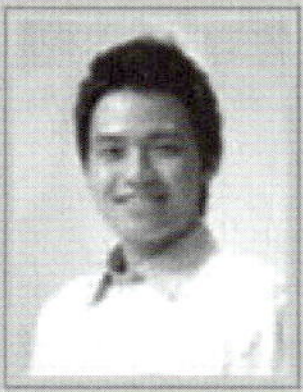

※ 자료 출처: www.teps.or.kr

NEW TEPS Q&A

1 / 시험 접수는 어떻게 해야 하나요?

정기 시험은 회차별로 지정된 접수 기간 중 인터넷(www.teps.or.kr) 또는 접수처를 방문하여 접수하실 수 있습니다. 정시 접수의 응시료는 39,000원입니다. 접수기간을 놓친 수험생의 응시편의를 위해 마련된 추가 접수도 있는데, 추가 접수 응시료는 42,000원입니다.

2 / 텝스관리위원회에서 인정하는 신분증은 무엇인가요?

아래 제시된 신분증 중 한 가지를 유효한 신분증으로 인정합니다.

일반인, 대학생	주민등록증, 운전면허증, 기간 만료전의 여권, 공무원증, 장애인 복지카드, 주민등록(재)발급 확인서 *대학(원)생 학생증은 사용할 수 없습니다.
중·고등학생	학생증(학생증 지참 시 유의 사항 참조), 기간 만료 전의 여권, 청소년증(발급 신청 확인서), 주민등록증(발급 신청 확인서), TEPS신분확인증명서
초등학생	기간 만료 전의 여권, 청소년증(발급신청확인서), TEPS신분확인증명서
군인	주민등록증(발급신청확인서), 운전면허증, 기간만료 전의 여권, 현역간부 신분증, 군무원증, TEPS신분확인증명서
외국인	외국인등록증, 기간 만료 전의 여권, 국내거소신고증(출입국 관리사무소 발행)

*시험 당일 신분증 미지참자 및 규정에 맞지 않는 신분증 소지자는 시험에 응시할 수 없습니다.

3 / TEPS 시험 볼 때 꼭 가져가야 하는 것은 무엇인가요?

신분증, 컴퓨터용 사인펜, 수정테이프(컴퓨터용 연필, 수정액은 사용 불가), 수험표입니다.

4 / TEPS 고사장에 도착해야 하는 시간은 언제인가요?

오전 9시 30분까지 입실을 완료해야 합니다. (토요일 시험의 경우 오후 2:30까지 입실 완료)

5 / 시험장의 시험 진행 일정은 어떻게 되나요?

	시험 진행 시간	내용	비고
시험 준비 단계 (입실 완료 후 30분)	10분	답안지 오리엔테이션	1차 신분확인
	5분	휴식	
	10분	신분확인 휴대폰 수거 (기타 통신전자기기 포함)	2차 신분확인
	5분	최종 방송 테스트 문제지 배부	
본 시험 (총 105분)	40분	청해	쉬는 시간 없이 시험 진행 각 영역별 제한시간 엄수
	25분	어휘/문법	
	40분	독해	

*시험 진행 시험 당일 고사장 사정에 따라 변동될 수 있습니다.
*영역별 제한 시간 내에 해당 영역의 문제 풀이 및 답안 마킹을 모두 완료해야 합니다.

6 / 시험 점수는 얼마 후에 알게 되나요?

TEPS 정기시험 성적 결과는 시험일 이후 2주차 화요일 17시에 TEPS 홈페이지를 통해 발표되며 우편 통보는 성적 발표일로부터 7~10일 가량 소요됩니다. 성적 확인을 위해서는 성적 확인용 비밀번호를 반드시 입력해야 합니다. 성적 확인 비밀번호는 가장 최근에 응시한 TEPS 정기 시험 답안지에 기재한 비밀번호 4자리입니다. 성적 발표일은 변경될 수 있으니 홈페이지 공지사항을 참고하시기 바랍니다. TEPS 성적은 2년간 유효합니다.

※자료 출처 : www.teps.or.kr

NEWTEPS 등급표

등급	점수	영역	능력검정기준(Description)
1+	526~600	전반	**외국인으로서 최상급 수준의 의사소통 능력** 교양 있는 원어민에 버금가는 정도로 의사소통이 가능하고 전문분야 업무에 대처할 수 있음 (Native Level of English Proficiency)
1	453~525	전반	**외국인으로서 최상급 수준에 근접한 의사소통능력** 단기간 집중 교육을 받으면 대부분의 의사소통이 가능하고 전문분야 업무에 별 무리 없이 대처할 수 있음 (Near-Native Level of Communicative Competence)
2+	387~452	전반	**외국인으로서 상급 수준의 의사소통능력** 단기간 집중 교육을 받으면 일반 분야업무를 큰 어려움 없이 수행할 수 있음 (Advanced Level of Communicative Competence)
2	327~386	전반	**외국인으로서 중상급 수준의 의사소통능력** 중장기간 집중 교육을 받으면 일반분야 업무를 큰 어려움 없이 수행할 수 있음 (High Intermediate Level of Communicative Competence)
3+	268~326	전반	**외국인으로서 중급 수준의 의사소통능력** 중장기간 집중 교육을 받으면 한정된 분야의 업무를 큰 어려움 없이 수행할 수 있음 (Mid Intermediate Level of Communicative Competence)
3	212~267	전반	**외국인으로서 중하급 수준의 의사소통능력** 중장기간 집중 교육을 받으면 한정된 분야의 업무를 다소 미흡하지만 큰 지장 없이 수행할 수 있음 (Low Intermediate Level of Communicative Competence)
4+	163~211	전반	**외국인으로서 하급수준의 의사소통능력** 장기간의 집중 교육을 받으면 한정된 분야의 업무를 대체로 어렵게 수행할 수 있음 (Novice Level of Communicative Competence)
4	111~162		
5+	55~110	전반	**외국인으로서 최하급 수준의 의사소통능력** 단편적인 지식만을 갖추고 있어 의사소통이 거의 불가능함 (Near-Zero Level of Communicative Competence)
5	0~54		

I

NEW TEPS
청해 고득점 전략

PART I & II

Unit 01   표현 반복과 유사 발음
Unit 02   시제와 조동사 함정
Unit 03   고정관념을 이용한 함정
Unit 04   생소한 표현

PART III & IV & V

Unit 05   대의 파악
Unit 06   세부 내용 찾기
Unit 07   추론하기
Unit 08   1 지문 2 문항

MP3 바로 듣기
받아쓰기 테스트
모바일 단어장

PART I & II

TEPS 시험의 시작인 청해 Part I을 만만하게 봤다가 제대로 당하는 수험자가 많다. TEPS의 고수들도 실전에서 Part I은 모두 맞추기 어렵다. Part II는 한 문장만 듣고 적절한 응답을 찾는 Part I에 비해 상대적으로 길고 정답을 찾는 정보도 그만큼 많이 주어지기 때문에 비교적 수월할 수 있다. 500점 이상으로 도약하려면 Part I, II의 한 문제도 놓치지 않겠다는 마음으로 풀어야 한다.

Part I 순서: Wh-Q or 평서문 or 감탄문 → 선택지(답변)
Part II 순서: 짧은 대화 → 선택지(답변)

Part I	Part II
1~10번: 질문 or 평서문 or 감탄문	11~20번: 짧은 대화

이제 TEPS 500점 이상 획득을 목표로 하는 수험자가 꼭 알아 두어야 할 핵심 전략들을 하나씩 다루고자 한다. Part I은 한 쌍의 대화이고 Part II는 두 쌍의 대화로 이루어져 있지만, 둘 다 적절한 응답을 찾는 문제라는 점에서 적용할 수 있는 전략은 유사하다. TEPS 청해에서는 정답을 찾는 것도 중요하지만 오답을 제거하는 스킬 역시 중요하다. 여기에서 제시하는 고득점 전략은 오답을 확실하게 제거하여 고득점을 올릴 수 있는 가이드라인이 될 것이다.

PART III & IV & V

뉴텝스 신유형

이전 텝스 시험의 Part III는 대화와 문제를 두 번 들려주었지만 뉴텝스에서는 대화, 질문, 선택지 모두 한 번만 들려준다. 대신, 대화 전 간략한 상황 설명이 나오는 방식으로 변했다. Part IV는 이전과 마찬가지로 담화와 질문을 두 번 들려준다. 신유형인 Part V는 긴 담화형 1지문에 2문항으로 구성된다.

Part III 순서: 상황 설명 → 대화 → 질문 → 선택지
Part IV 순서: 지문 → 질문 → 지문 → 질문 → 선택지
Part V 순서: 지문 → 첫 번째 질문 → 두 번째 질문 → 지문 → 첫 번째 질문 → 첫 번째 선택지 → 두 번째 질문 → 두 번째 선택지

Part III의 대화 전 상황 설명은 누가 어떤 상황에서 나누는 대화인지, 또는 대화의 주제가 무엇인지 제시하기 때문에 이 상황 설명을 잘 들어두는 것이 문제 풀이에 유리하다. Part IV, V는 처음 들을 때 지문의 중요한 정보를 메모해 놓고 문제를 확인한 다음, 두 번째 들을 때는 문제에서 원하는 것을 찾아야 한다. 그리고 마지막에 선택지를 들으며 오답을 하나씩 제거한다.

Part III ~ V는 문제 유형과 문항 번호가 일정하게 출제되는 편이기 때문에 문제를 듣기 전에 어느 정도 예측할 수 있다는 점을 잘 활용하도록 한다.

Part III	Part IV	Part V
21~23번: 대의 파악	31~33번: 대의 파악	37~38번: 중심 내용 + 세부 정보
24~28번: 세부 내용 찾기	34~35번: 세부 내용 찾기	39~40번: 세부 정보 + 추론
29~30번: 추론하기	36번: 추론하기	

Part IV, V의 지문은 다양한 분야에서 출제된다. 철학, 역사, 심리, 과학, 문학, 예술 등 다소 어렵다고 볼 수 있는 소재로, 평소 독서와 뉴스 청취를 통해 관련 지식을 쌓도록 한다. 청해 영역이기는 하지만 독해처럼 문장 구조를 분석하는 훈련도 도움이 되고 여기에 주제별 어휘를 보강하면 고득점에 더욱 접근할 수 있다.

Unit 01 표현 반복과 유사 발음

TEPS 청해가 어렵게 느껴지는 이유 중 하나는 문제지에 파트별 번호와 유형 안내 외에는 아무 것도 나와 있지 않기 때문이다. 시험장의 긴장되는 분위기에서 듣기 능력에만 의존하여, 빠르게 지나가는 짧은 대화를 듣고 마지막에 올 가장 적절한 응답을 찾기란 쉬운 일이 아니다. 문제에서 들었던 표현이 선택지에서도 들리면 그것을 정답이라고 착각할 수 있는데, 사실 이것은 오답일 확률이 높다.

전략 1 반복 표현에 넘어가지 마라.

PART I

M I've been getting back pains these days.
W _____

(a) I'm thinking of choosing the last seats at the back of the plane.
(b) I bet he knows the situation backwards and forwards.
(c) You must have worked out hard last week.
(d) That's because you gave the books back earlier than expected.

해석
M 요즘 계속 허리가 아파요.
W _____
(a) 저는 비행기 뒤쪽의 마지막 자리로 할까 생각 중이에요.
(b) 그가 그 상황을 훤히 알고 있다고 장담해요.
(c) 당신이 지난주에 무리해서 운동한 게 분명해요.
(d) 예상보다 책을 일찍 반납했기 때문에 그래요.

어휘 back pain 요통   know … backwards and forwards ~에 대해 매우 잘 알다   work out 운동하다

 핵심 전략

남자가 호소하는 고통은 back pains로, 남자의 통증에 대해 그 이유를 짚어 주는 (c)가 응답으로 적절하다. 오답을 하나씩 소거해 보자.

(a) 남자의 말 back이 반복되었지만 전혀 다른 내용이다. 제대로 듣지 못한다면 오답의 함정에 빠질 수 있다.
(b) back과 유사한 단어인 backwards가 나온 함정이다. 관용 표현 know … backwards and forwards 는 꼭 알아 두자.
(d) 남자의 말 back이 반복되었지만, 부사인 '돌려주어'의 의미로 쓰인 오답이다.

문제 대화에서 언급된 단어가 선택지에도 등장한다면 오답일 가능성이 크다. 빠르게 지나가는 문제의 특성상, 한 번 들은 듯한 단어가 보기에서 들린다면 수험자는 순간적으로 정답이라고 생각할 가능성이 높다. 단어 하나 하나에 연연하지 말고 문장의 의미를 파악한 후, 대화가 가장 자연스럽게 연결되는 선택지를 정답으로 골라내야 한다.

LEVEL-UP

PART I

W It's not hard once you get the hang of it.
M _____

(a) But I don't know how to hang it.
(b) That's easier said than done.
(c) How's my hang from where you're at?
(d) You can stop it if it's too hard for you.

◉ (b)는 말하는 것은 쉽지만 행동하기는 그보다 어렵다는 의미이다. 즉, 요령을 터득하면 어렵지 않다는 여자의 말에 대한 반박의 응답으로 볼 수 있다. 따라서 (b)가 정답이다. (a)와 (c)는 여자의 말 get the hang에서 hang이 반복해서 나온 오답이며, (d) 역시 여자의 말 hard가 반복된 오답으로 소거한다.

해석 W 일단 요령을 터득하면 어렵지 않아.
M _____
(a) 하지만 어떻게 거는지 모르는데.
(b) 하는 것보다 말하는 게 더 쉽지.
(c) 네가 있는 데에서는 내가 건 게 어떠니?
(d) 너무 어려우면 그만 둬도 돼.

어휘 get the hang of ~의 요령을 터득하다

전략 2 다의어 함정에 유의하라.

PART I

M I'll keep you company on your way home.
W _____

(a) Right, we're having company tonight.
(b) Thanks, but I'd rather go by myself.
(c) Which company do you work for?
(d) His comments really hit home.

해석

M 내가 네 집까지 같이 가 줄게.
W _____

(a) 맞아요. 오늘 저녁에 손님이 있어요.
(b) 고맙지만 혼자 갈게요.
(c) 어느 회사에서 일하세요?
(d) 그의 말은 정말 정곡을 찔러요.

어휘 keep … company ~와 함께하다 have company 손님이 있다 by oneself 혼자서, 홀로 hit home 급소를 찌르다

핵심 전략

keep … company는 '~와 함께하다'라는 의미로, 남자의 말은 집까지 동행해 주겠다는 의미이다. 여기에 제안을 받아들이거나 거절할 수 있는데, (b)는 혼자 가겠다며 거절을 의미하는 응답으로 적절하다. company가 '회사'의 의미로 사용되지 않았음에 주의하면서, 오답을 하나씩 소거해 보자.

(a) 남자의 말에서는 '함께 있음'을 나타내는 company가 여기서는 동사 have와 함께 '손님'을 의미한다.
(c) work for와 함께 쓰여, company의 대표 의미인 '회사'를 뜻한다.
(d) 남자의 말에 언급된 home이 여기서는 관용 표현 hit home으로 언급되었다.

문장을 눈으로 읽는 것과 듣기만 하는 것에는 큰 차이가 있다. 예시 문제의 company를 들으면 수험자들은 이 단어를 직관적으로 '회사'로 인지하게 되는데, 다의어는 함께 쓰인 앞뒤 표현들과 맥락에 따라 다른 의미를 나타내기 때문에 오답 함정으로 나오기 쉽다. 문제에서 들었던 단어가 선택지에서도 들린다면 오답 함정일 가능성이 크므로 이런 선택지는 일단 오답(X) 또는 보류(△)로 표시해도 무방하다.

다의어

account	1. 계좌, 계정	2. 이유, 근거	3. 설명	
address	1. 연설하다	2. 호칭으로 부르다	3. 문제를 다루다	4. 주소
article	1. 기사, 논설	2. 조항, 조목	3. 물품	
balance	1. 균형	2. 저울	3. 잔액	
ball	1. 공	2. 무도회		
bar	1. 막대기	2. 법정	3. 술집	
bound	1. 꼭 ~할 것 같은	2. ~에 발이 묶인	3. ~행의, ~으로 향하는	

crane	1. 기중기, 크레인	2. (무엇을 더 잘 보려고 몸을) 길게 빼다	
coverage	1. 보도, 방송	2. 범위	3. (보험의) 보장
date	1. ~와 데이트를 하다	2. 날짜를 적다	3. ~의 연대를 추정하다
develop	1. 발달하다	2. (병이) 생기다	3. (필름을) 현상하다
draw	1. 그리다	2. 끌다, 끌어내다	3. (제비를) 뽑다
engaged	1. (~와) 약혼한	2. (~을 하느라) 바쁜, 열심인	
foil	1. 알루미늄 포일	2. 저지하다	
net	1. 그물; 네트	2. [명사 앞에서] 최종적인	
stable	1. 안정된	2. 마구간	
term	1. 기간	2. 기한	3. 용어, 말
type	1. 유형, 형태	2. 타자를 치다	
yield	1. 산출하다	2. 양보하다	

LEVEL-UP

PART II

W I'm starting to get a little bored with my hair color.
M But the color goes really well with your fair skin.
W I know, but I guess it's time for a change to my look.
M _____

(a) It's not fair that you spend so much time on it.
(b) The fare to Westermin High School is $2.50.
(c) Far be it from me to dictate what to do.
(d) You'd better not change anything in the reservation.

▶ 머리 색깔을 바꾸겠다는 여자에게 마음대로 하라는 의미의 (c)가 응답으로 가장 적절하다. (a)는 대화에서와 다른 의미로 쓰인 fair가 반복해서 언급된 오답이다. (b)는 fair와 유사 발음인 fare가 쓰인 오답이다. (d) 역시 여자의 마지막 말 change가 반복된 오답이다.

해석
W 내 머리 색이 살짝 지겨워지기 시작했어.
M 그런데 그 색이 당신 흰 피부랑 정말 잘 어울리는 걸.
W 그건 그런데, 외모에 변화를 줄 때가 된 거 같아.
M _____
(a) 당신이 그 일에 시간을 많이 소비하는 건 공평하지 않아.
(b) 웨스터민 고등학교로 가는 요금은 2달러 50센트야.
(c) 어떻게 하라고 지시할 마음은 조금도 없어.
(d) 예약과 관련해 아무것도 변경하지 않는 게 좋겠어.

어휘 get bored with ~에 지루해지다   fair 흰 피부의; 공정한   fare 요금   far be it from me to ~할 마음은 조금도 없다   dictate 명령하다

전략 3   유사 발음 단어를 잡아내라!

PART II

M Mom, did you get my new pants hemmed?
W Gosh, I totally forgot. Sorry, I completely lost track of time watching a soap opera.
M Oh well, I wanted to wear them for Paul's birthday party today.
W _____

(a) Don't put ham in the stew.
(b) Don't worry. I can get them done right away.
(c) His outfit would be complete with a nice hat.
(d) I think it is a great gift for him to celebrate his day.

해석
M 엄마, 제 새로 산 바짓단 줄이셨어요?
W 어머나, 완전 잊고 있었네. 미안해, 드라마 보느라 시간 가는 줄 몰랐어.
M 아, 그래요. 오늘 폴의 생일 파티에 입고 가고 싶었는데.
W _____

(a) 스튜에 햄을 넣지 마라.
(b) 걱정하지 마. 당장 줄여 줄 수 있어.
(c) 그의 옷차림은 멋진 모자로 완성될 거야.
(d) 그의 생일을 축하하기에 훌륭한 선물인 것 같아.

어휘   hem (바지 등의) 단을 줄이다   lose track of time 시간 가는 걸 잊다   soap opera 연속극   outfit 복장

핵심 전략

hem은 '옷의 단을 줄이다'라는 의미이다. 오늘 입고 싶었다는 아들의 말에 금방 해 주겠다는 (b)가 적절하다. 오답을 하나씩 소거해 보자.

(a) 남자의 첫말에 언급된 hem과 유사한 발음인 ham이 쓰인 오답이다.
(c) 대화 중 여자의 말 completely와 유사한 발음인 complete이 언급된 오답이다.
(d) 남자의 마지막 말과 관련된 내용을 언급한 오답이다. 관련 소재를 이용한 오답도 청해의 기본적인 오답 패턴 중 하나다.

TEPS 청해는 문제와 선택지가 문제지에 인쇄되어 있지 않고 오로지 듣기 능력에 의지하며 해결해야 하기 때문에 유사 발음의 단어를 이용한 오답 보기 또한 자주 등장한다. 앞에서 다룬 단어 반복, 다의어 사용 등은 사실 문제의 맥락을 제대로 파악하지 못했기 때문에 빠질 수 있는 함정들이다. 청해 고득점을 위해서는 문제를 제대로 듣고 대화 맥락을 파악하는 훈련이 선행되어야 한다. 그런 후에 문제를 풀 때는 어휘를 이용한 오답 함정에 걸리지 않도록 선택지를 소거한다.

 유사발음

ad / add 광고하다 / 더하다	bare / bear 벌거벗은 / 낳다	base / bass 기본 / 최저음
die / dye 죽다 / 염색하다	earn / urn (돈 등을) 벌다 / 항아리	flea / flee 벼룩 / 달아나다
groan / grown 신음하다 / 자란	hair / hare 머리카락 / 토끼	hall / haul 현관 / 끌다; 많은 양
idle / idol 게으른 / 우상	maize / maze 옥수수 / 미로	navel / naval 배꼽 / 해군의
knead / need 반죽하다 / 필요하다	pray / prey 기도 / 사냥감	real / reel 현실적인 / 릴, 얼레
root / route 뿌리 / 경로	rye / wry 호밀 / 찌푸린, 비꼬는	stake / steak 말뚝 / 스테이크
vain / vein 헛된 / 정맥	vary / very 서로 다르다 / 매우	waive / wave (권리를) 포기하다 / 파도

LEVEL-UP

PART II

W Honey, look at these dishes on the menu.
M Super! I love it when there are pictures on the menu.
W Look! I must say the ribs look very succulent.
M _____

(a) Actually, I shouldn't have ripped the letter to open it.
(b) The dishes on sale are hand-painted in Poland.
(c) Great photos are always what inspire me to explore.
(d) Oh, they make my mouth water. Why don't we order that?

 여자의 마지막 말 succulent를 달리 표현한 make my mouth water라는 표현으로 동의하는 (d)가 응답으로 적절하다. (a)는 rib과 rip의 유사 발음 함정으로 대화 상황과 전혀 맞지 않은 오답이다. (b)는 대화의 dishes가 다른 의미로 쓰인 오답으로 제거한다. (c)는 pictures가 photos로 표현되었는데, 실제로는 대화의 중심 내용과는 거리가 먼 오답이다.

해석
W 자기야, 메뉴에 있는 이 요리들 좀 봐.
M 최고다! 난 메뉴에 요리 사진이 있는 게 좋더라.
W 이거 봐! 립 정말 군침 돌게 생겼어.
M _____

(a) 사실 그 편지를 개봉하려고 찢어서는 안 됐어.
(b) 판매 중인 그릇들은 폴란드에서 손으로 채색한 거야.
(c) 훌륭한 사진들은 항상 내가 탐구할 수 있도록 영감을 주지.
(d) 립 때문에 군침이 도는데. 주문할까?

어휘 dish 요리, 접시 succulent 육즙이 많아 먹음직스러운 rip 찢다 inspire 영감을 주다 explore 탐구하다

Unit 02 시제와 조동사 함정

시제와 조동사를 이용해 문장의 의미에 미묘한 차이를 만드는 오답도 빈출 함정이다. 대화의 전후 관계를 잘 파악하여 시제와 조동사를 이용한 함정에 걸리지 않는 것이 고득점 달성에 중요하다. 특히 조동사는 각각의 쓰임이 가지고 있는 미묘한 차이를 잘 파악해 두고, 실전에서 문장의 뉘앙스를 바로 이해할 수 있도록 직청직해 훈련이 필요하다.

전략 4   시제에 민감해져라.

PART II

M How long will you be gone this time?
W I won't be away for very long.
M Are you coming back before Christmas, then?
W _____

(a) Christmas is a nice time for shopping.
(b) It's such a nice idea that you're throwing a Christmas party.
(c) I wish I could have done so.
(d) I'll try, but I can't say for sure now.

해석
M 이번에는 얼마나 오래 가 계실 건가요?
W 그렇게 오래 가 있지는 않을 거예요.
M 그러면 성탄절 전에는 오시는 거죠?
W _____

(a) 성탄절은 쇼핑을 하기에 좋은 때이지요.
(b) 성탄절 파티를 연다니 정말 좋은 생각이네요.
(c) 그렇게 하고 싶었지요.
(d) 노력해 보겠지만, 지금으로서는 확실히 말할 수 없네요.

어휘   throw a party 파티를 열다   for sure 확실히

핵심 전략

성탄절 전에 돌아올 것인지 묻는 말에 앞으로의 일정을 아직은 알 수 없다는 의미로 미래 시제인 (d)가 적절하다. 오답을 하나씩 소거해 보자.

(a) 크리스마스에 대한 일반적인 이야기를 하는 현재 시제 오답이다.
(b) 크리스마스라는 대화의 소재와 관련이 깊지만 남자의 질문에서 벗어난 응답이다.
(c) 가정법 문장으로, '그렇게 했었더라면 좋았겠지만' 그러지 못했다는 과거에 대한 내용으로 오답이다.

시제가 불일치하는 오답은 동사를 제대로 들어야 하는 난이도 높은 문제에 속한다. 시간을 나타내는 부사 표현도 문제 해결의 열쇠가 될 수 있기 때문에 챙겨서 들어야 한다. 시제는 조동사와도 밀접한 관련이 있는데, 과거를 나타내는 〈조동사+have+p.p.〉와 미래를 나타내는 〈be+-ing〉, will / would, can / could, may / might의 용법 등을 이용한 시제 불일치의 함정이 나올 수 있다.

LEVEL-UP

PART II

W Jason, where has your gorgeous smile gone?
M It's because I feel like the upcoming math exam is choking me.
W But you've been studying for it, haven't you?
M _____

(a) No, I have been to the institute to cram for it.
(b) The term paper assigned as the final exam was difficult for me.
(c) Some zits on my porcelain face have taken away my smile.
(d) Not really. Other exams are also demanding my attention.

 숨이 막히는 현재 상황과 함께 다른 시험들도 언급하면서 괴로운 심경을 표현하는 (d)가 적절하다. (a)는 여자의 마지막 말의 현재완료 진행 시제와 호응하는 현재완료 시제가 쓰였지만 맥락에 맞지 않는다. (b)는 시험을 아직 치르지 않았기 때문에 시제가 일치하지 않고, 시험이 아닌 리포트에 대해 이야기하므로 중심 화제에서도 벗어난다. (c)는 대화 중 언급된 smile이 반복된 오답이다.

해석
W 제이슨. 네 멋진 미소는 다 어디로 간 거야?
M 곧 있을 수학 시험 때문에 숨이 다 막힌다니까.
W 그래도 시험공부를 해 왔잖아, 아니야?
M _____

(a) 아니야. 시험 벼락치기 하려고 학원에 갔지.
(b) 기말고사 대신 주어진 학기말 리포트가 내겐 어려웠어.
(c) 내 도자기 같은 얼굴에 난 여드름 때문에 웃음이 사라졌어.
(d) 딱히 그런 것도 아니야. 다른 시험들도 날 가만두지 않고 있어.

어휘 gorgeous 멋진   choke 질식시키다   cram 벼락치기 공부를 하다   term paper 학기말 리포트   assign 부과하다   zit 여드름   porcelain 도자기   demand 요구하다

전략 5 조동사의 의미 차이를 파악하라.

PART II

M   I just heard about the fire in the right wing of your hospital.
W   Nobody was hurt, but I was scared to death.
M   It must have been horrible.
W   _____

(a) Soon, the fire will be extinguished.
(b) Everybody panicked at first, but we knew what to do.
(c) Don't worry. More firefighters are on their way.
(d) Did you hear what time it will break out?

해석
M 너희 병원의 오른쪽 병동에 불이 났다는 얘기를 막 들었어.
W 다친 사람은 없었는데 무서워 죽는 줄 알았다니까.
M 정말 끔찍했겠다.
W _____
(a) 곧 불이 진압될 거야.
(b) 처음엔 다들 겁에 질렸지만 뭘 해야 할지 알고 있었어.
(c) 걱정 마. 소방관들이 더 오는 중이야.
(d) 그 일이 언제 발생할지 들었니?

어휘 wing 병동   extinguish 연소시키다   panic 어쩔 줄 모르다   break out 발생하다

핵심 전략

남자의 마지막 말에 나온 must have p.p.의 뉘앙스를 잘 파악해서 접근한다. 화재는 과거의 일로, 당시의 상황에 대해 설명하는 (b)가 적절하다. 오답을 하나씩 소거해 보자.

(a) 과거 시제가 아닌 앞으로의 일을 나타내는 조동사 will이 쓰였으므로 오답이다.
(c) 화재가 현재 일어나고 있는 상황이라야 적절하므로 오답이다.
(d) Did ~로 시작하고 있지만, 본론은 미래를 나타내는 조동사 will이 쓰였으므로 맥락에서 벗어난다.

조동사와 함께 쓰이는 시제 표현은 많지만 아래에 제시된 빈출 표현들은 특히 뉘앙스의 차이를 확실히 알고 실전에서 직청직해 하도록 한다.

must have p.p.   ~했음에 틀림없다(과거의 일에 대한 확신)
should have p.p. ~했어야 했는데(실제로는 그러지 않음)
could have p.p.   ~할 수 있었는데(실제로는 그러지 못함)
might have p.p.   ~했을지도 모른다(과거의 일에 대한 추측)

LEVEL-UP

PART I

W Do you recognize the woman in red? She looks familiar.
M _____

(a) Family, that is all that matters.
(b) You should have introduced us at the reception.
(c) She must be my boss's fiancée.
(d) Look at her. She's red in the face.

➲ 어떤 여자를 보고 누구인지 묻는 말에 조동사 must를 사용해 여자의 정체에 대해 확신을 드러내는 (c)가 정답이다. (a)는 질문의 familiar와 유사한 family를 이용한 오답으로 제거한다. (b)는 관련어인 introduce가 언급되었지만 맥락에서 벗어나고 should have p.p.가 쓰인 것에 주목한다. (d)는 여자가 처음에 언급한 red를 관용 표현으로 활용한 오답이다.

해석
W 붉은색 옷 입은 여자 알아보겠어? 어디서 본 것 같은데.
M _____
(a) 가족, 그게 제일 중요하지.
(b) 너는 연회에서 우리를 소개했어야 했어.
(c) 그녀는 분명 상사의 약혼녀일 거야.
(d) 그녀를 봐. 화가 나서 얼굴이 붉어졌어.

어휘 recognize 알아보다 familiar 익숙한 fiancée 약혼녀 be red in the face 성내어 얼굴을 붉히다

Unit 03 고정관념을 이용한 함정

흔히 질문을 하면 그에 대한 응답은 정보를 담은 평서문이라고 생각하기 쉽다. 하지만 고난도 문제일수록 상대가 원하는 정보를 직접적으로 말하지 않는다. 예를 들어, What time are you going to set off?라고 질문했다고 해도 시간에 대한 직접적인 정보로 응답하지 않을 수 있다. 오히려 Why? Can you give me a ride?라고 되묻는 말이 정답으로 제시될 수 있다.

 전략 6 평서문으로 대답한다는 고정관념은 버려라.

 PART I

M How much do you charge for a locker?
W _____

(a) How long will you be using our facility?
(b) It was a complicated system to use at first.
(c) Sorry, but we accept cash only at this establishment.
(d) You'd better give it away for free or else pay more.

해석
M 사물함 사용료가 얼마죠?
W _____
(a) 저희 시설을 얼마나 사용하실 건데요?
(b) 처음 사용하기에는 복잡한 시스템이었어요.
(c) 죄송하지만 이 시설에서는 현금만 받습니다.
(d) 무료로 주거나 아니면 돈을 더 주는 게 낫겠어요.

어휘 charge (요금 등을) 부과하다 facility 시설 complicated 복잡한 establishment 기관, 시설

 핵심 전략

How much 의문문이라고 하더라도 가격을 제시해 주는 응답을 하지 않을 수도 있다. 사물함 사용료가 얼마인지 물었을 때 바로 요금에 대한 정보를 주지 않고, (a)처럼 사용 기간이라든지 이용 예정일, 사물함의 크기에 대해 되묻는 선택지가 정답이 될 수도 있는 것이다. 오답을 하나씩 소거해 보자.

(b) 사물함 이용 가격과 관련하여 complicated system이라고 말할 수 있지만 과거 시제가 쓰인 오답이다.
(c) How much 의문문에 돈과 관련된 단어인 cash로 응답하는 함정이다.
(d) for free는 '무료로'라는 의미로, 역시 How much에 대한 오답 함정이다.

의문사가 있는 의문문으로 물었을 때, 이어질 적절한 응답으로 항상 질문에 대한 정보를 주는 응답이 나오는 것은 아니라는 점을 염두에 두어야 한다. 오히려 의문문에 적당하게 호응할 만한 표현(예시 문제의 cash, for free와 같이)을 제시했을 때 함정일 가능성이 높다. 예를 들어, Why로 묻는 말에 Because ~로 시작하는 선택지를 정답으로 생각하기 쉬운 것과 마찬가지다.

LEVEL-UP

PART II

W Can I see Dr. Robinson tomorrow?
M I'm afraid not. He's fully booked for Tuesday.
W Then, when is the next opening?
M _____

(a) Sorry, but I don't think I can open it right now.
(b) Do you need his recently published self-help book?
(c) You need to make an appointment to see Dr. Robinson.
(d) How about next Monday morning? I can squeeze you in.

▶ 언제 진료할 수 있는지 묻는 말에 특정 시간이 가능한지 되묻는 (d)가 응답으로 적절하다. (a)는 남자의 마지막 말 open을 반복한 오답이며, (b)는 남자의 말 book(예약하다)이 '책'을 의미하는 명사로 쓰인 오답으로 소거한다. 현재 예약을 잡으려는 상황이므로 (c)는 대화 맥락에 어울리지 않는다.

해석
W 로빈슨 선생님을 내일 뵐 수 있을까요?
M 안 될 것 같은데요. 화요일은 예약이 다 차서요.
W 그렇다면 다음 시간이 되시는 날은 언제죠?
M _____

(a) 죄송합니다만, 지금 열 수 있을 것 같지 않네요.
(b) 그분의 최근 출간된 자기 계발서가 필요하신가요?
(c) 로빈슨 선생님을 뵈려면 약속을 하셔야 합니다.
(d) 다음 주 월요일 아침 괜찮으세요? 시간을 마련해 드릴게요.

어휘 self-help book 자기 계발서   make an appointment 약속을 하다   squeeze … in ~을 위한 짬을 내다

전략 7 Yes / No로 대답하지 않아도 된다.

PART II

W You're thinking a green tie for tonight's gala? How about this red one?
M I still think the green one would look better for tonight.
W Don't you think the red one also goes with this outfit?
M _____

(a) Yes, I prefer red roses all time.
(b) If you say so. I suppose both would work.
(c) No, you should go with the green light.
(d) Let's go with that tile. No need to fuss about it.

해석 W 당신 오늘 밤 행사를 위해 초록색 넥타이를 생각하고 있어? 이 빨간색은 어때?
M 그래도 난 오늘 밤은 초록색 넥타이가 더 보기 좋을 거라고 생각하는데.
W 빨간색 넥타이도 이 옷에 잘 어울리는 것 같지 않아?
M _____

(a) 그래, 난 항상 붉은 장미가 더 좋더라.
(b) 당신이 그렇게 말한다면야. 둘 다 괜찮을 것 같네.
(c) 아니, 초록색 불일 때 가야 해.
(d) 그 타일로 해. 더 이상 수선 피울 거 없어.

어휘 gala 경축 행사   fuss about ~을 두고 수선을 떨다

 핵심 전략

여자의 마지막 말은 동의를 구하는 Don't you think ~? 구문으로, 일반적으로 Yes / No보다는 바로 의견을 말하는 경우가 많고 (b)처럼 다른 형태로 의견을 표현할 수 있다는 것도 잊지 말자.

(a) Yes로 시작하면서 동의하는 듯하지만 전혀 다른 내용이다.
(c) No로 시작하면서 동의하지 않는 듯하지만, 대화 속 단어 green이 반복된 오답이다.
(d) 대화의 tie와 선택지의 tile을 혼동하여 듣지 않도록 주의해야 하는 오답이다.

do나 be동사로 시작하는 일반 의문문에 항상 Yes 또는 No로 대답해야 하는 것은 아니다. 고난도 문제일수록 되묻는다거나 판단을 유보, 회피하는 응답이 정답으로 출제된다. TEPS 청해의 오답의 패턴들을 염두에 두되, 대화의 맥락을 제대로 파악하고 선택지를 정확히 듣는 등 기본 자세를 지킨다면, 이러한 고정관념을 이용한 함정에 쉽게 빠지지 않을 수 있을 것이다.

LEVEL-UP

PART I

W Is it possible to check out later than 11 a.m.?
M _____

(a) No, but I'm trying to check in on time.
(b) Let me check with my manager first, ma'am.
(c) No, it should not be that earlier.
(d) Here are your passport and credit card.

▶ 정해진 시간보다 늦게 체크아웃을 하는 것이 가능한지 물어보고 있는 상황인데, 직접적으로 가능 여부를 알려 주지 않고 (b)와 같이 판단을 유보하는 응답을 할 수 있다. (a)는 No로 시작하지만 남자의 질문에 관계없는 응답이므로 오답이다. 또한 check out의 반의어인 check in이 언급된 것에 주의한다. (c)는 should를 써서 여자의 말 possible과 호응하는 것처럼 들리지만 반대의 상황을 이야기하고 있으므로 오답이다. (d)는 호텔에서 할 수 있는 말이지만 이 상황에는 맞지 않는 응답이다.

해석 W 오전 11시보다 늦게 체크아웃 하는 게 가능할까요?
M _____

(a) 아니요. 하지만 제시간에 체크인 하려고 노력 중이에요.
(b) 일단 매니저와 확인해 볼게요, 손님.
(c) 아니오, 그렇게 일찍은 안 돼요.
(d) 여기 여권이랑 신용 카드입니다.

어휘 on time 제시간에   passport 여권

Unit 04 생소한 표현

TEPS 청해는 다른 공인 영어 시험의 듣기 영역에 비해 낯선 표현들이 출제되는 경우가 많다. 분명 개개의 단어는 들었는데, 무슨 의미로 쓰였는지 알 수 없는 관용 표현들이 등장한다. 여기에 무엇을 가리키는지 파악조차 안 되는 고유 명사까지 합세하면, 들리는 것은 '의미'가 아니라 그저 '소리'에 불과해진다. 틈틈이 청해 빈출 관용 표현들을 암기해 두고, 단어 하나하나에 집착하는 게 아니라 전체적인 맥락을 이해하는 훈련을 하는 것이 청해 고득점의 지름길이다.

전략 8 생소한 이디엄에 주눅 들지 마라.

PART I

M This is my opening night. The nervous jitters are getting to me again!
W _____

(a) I didn't read the newspaper today. What's new?
(b) We don't see eye to eye about this drama.
(c) You're the star tonight. Break a leg!
(d) It would be better to start from scratch.

해석
M 오늘이 공연 첫날이야. 다시 초조해지기 시작하고 있어!
W _____

(a) 오늘 신문을 안 읽었어. 무슨 소식이야?
(b) 우린 이 드라마에 대해 생각이 달라.
(c) 넌 오늘 밤 스타야! 행운을 빌어!
(d) 처음부터 시작하는 게 좋을 거야.

어휘 opening night (영화·공연 등의) 첫날 nervous 초조해 하는 the jitters 신경과민 see eye to eye 남과 의견이 일치하다 Break a leg! 행운을 빌어! start from scratch 처음부터 시작하다

핵심 전략

(c)의 break a leg는 누군가에게 행운을 빌어줄 때 쓰는 말이다. 이 관용 표현을 모른다면 정답을 고르는 데 주저할 수 있지만 앞선 문장 You're the star tonight.을 통해 격려하는 상황임을 파악할 수 있다. 오답을 하나씩 소거해 보자.

(a) open과 new를 연결한 오답으로, 쉽게 오답으로 소거할 수 있다.
(b) see eye to eye는 '눈과 눈이 맞다' 즉, '의견이 맞다'라는 의미이다. opening night와 drama를 연결한 오답이다.
(d) from scratch는 '처음부터'라는 의미로 자주 쓰이는 관용 표현이다.

모르는 표현이 나왔다고 당황해 하지 말고, 정답에 확신이 없을 경우에는 오답부터 제거해 나가는 방법을 택하는 것이 안전하다. 아는 표현들부터 하나둘씩 소거해 나가다 보면 정답이 되는 표현의 뜻을 정확히 몰라도 정답을 고를 수 있는 확률이 높아진다. 실제 시험에서 모르는 관용 표현을 듣게 되면 수험자는 순간적으로 당황하게 된다. 이때 주춤하면 뒤에 이어지는 문제들에도 좋지 않은 영향을 줄 수 있다. 관용 표현 한 문제로 인해 도미노처럼 연쇄적으로 문제를 놓칠 수도 있는 것이다. 그 손실은 어마어마하다. 하지만 사전에 관용 표현을 충분히 학습해 둔 학습자라면 자신 있게 정답을 고를 수 있을 것이다. 뒤에 실린 청해 필수 Idiom을 기본으로 숙지하고 추가로 Idiom단어장을 만들어 반복 학습을 해 보자.

LEVEL-UP

PART I

W Do you have a minute? I have a bone to pick with you.
M _____

(a) I don't get it. Did I do something wrong to you?
(b) You just pull the bones out like this and enjoy.
(c) We can't be too picky or choosy about these things.
(d) Sorry, but I don't have a watch. Why don't you check the time on your TV?

▶ have a bone to pick은 관용적인 의미를 모른다면 엉뚱하게 (b)를 고를지도 모른다. 따질 것이 있다는 여자의 말에 무슨 일인지 모르겠다며 상황을 되묻는 (a)가 응답으로 적절하다. (b)는 여자의 말 bone을 반복한 오답이며, (c)는 pick과 유사한 단어인 picky를 쓴 오답이다. (d)는 여자의 말 Do you have a minute?을 시간을 묻는 표현으로 잘못 이해한다면 고를 수 있는 오답이다. 실제 시험에서 네 개의 선택지에 관용 표현이 모두 들어 있는 경우는 없다. 그러니 표현을 잘 모르더라도 맥락을 파악하여 아는 표현과 오답 함정들을 하나씩 소거해 나가는 과정을 통해 정답을 찾는 것이 전략이다.

해석
W 시간 좀 있니? 너에게 따질 게 있어.
M _____
(a) 이해가 안 되네. 내가 네게 뭘 잘못했니?
(b) 그냥 이것처럼 뼈를 발라내고 먹도록 해.
(c) 우린 이런 것들에 너무 까다롭게 굴면 안 돼.
(d) 미안하지만 시계가 없어. TV로 시간을 확인하지 그래?

어휘 have a bone to pick with ~에게 따질 것이 있다   get it 이해하다   picky or choosy 까다로운

전략 9　고유 명사에 긴장하지 말고 전체 맥락을 이해하라.

PART I

M　I can't believe Elisa is a Parisian born and bred.
W　_____

(a) You fell in love with her bread, didn't you?
(b) I also heard of her trip to Persia last summer.
(c) She is? I can't sense a French accent in her English.
(d) Didn't I tell you? She was always the prettiest one in school.

해석
M　엘리사가 파리에서 태어나고 자랐다니 믿을 수 없어요.
W　_____

(a) 그녀가 만든 빵에 푹 빠졌군요, 그렇죠?
(b) 저도 지난여름 다녀온 그녀의 페르시아 여행에 대해 들었어요.
(c) 그래요? 그녀가 영어로 말할 때 프랑스어 억양을 못 느꼈어요.
(d) 얘기 안 했나요? 그녀는 언제나 학교에서 가장 예뻤는걸요.

어휘　Parisian 파리 사람　born and bred 태어나고 자란　sense 감지하다, 느끼다

핵심 전략

'파리인'을 가리키는 Parisian은 아는 단어라고 해도 문장 속에서 들으면 낯설게 느껴질 수 있다. 엘리사가 파리인이라는 걸 믿을 수 없어 하는 남자의 말에 자기도 몰랐다고 말하는 (c)가 응답으로 적절하다. 오답을 하나씩 소거해 보자.

(a) 남자의 말에 언급된 bred와 유사 발음인 bread가 언급된 오답이다.
(b) 문제의 키워드인 Parisian과 혼동할 수 있는 발음인 Persia가 언급된 오답이다.
(d) Didn't I tell you?는 남자의 말 I can't believe에 호응하는 말처럼 들리지만 전혀 다른 내용이다.

지명이나 사람 이름, 회사 이름 등의 고유 명사들은 대부분의 문제에서 정답을 고르는 데 핵심적인 역할을 하지는 않는다. 익숙하지 않은 고유 명사가 나왔다고 해서 순간 긴장하지 말고 전체 맥락에서 유추해 가장 적절한 정답을 고르도록 한다.

청해 필수 Idiom

- ☐ cool as a cucumber (곤란한 상황에서) 대단히 침착한
- ☐ (just) around the corner (시간적으로) 바로 코앞에, (공간적으로) 바로 근처에
- ☐ a chip off the old block (부모와 아주 닮은) 판박이
- ☐ a close call (간신히 사고를 면하는) 아슬아슬한 상황
- ☐ a drop in the bucket 무시해도 좋을 만큼 조금
- ☐ a far cry from ~와는 거리가 먼 경험
- ☐ a fly on the wall 남을 몰래 관찰하는 사람
- ☐ a mixed blessing 좋기도 하고 나쁘기도 한 것
- ☐ a pain in the neck 아주 귀찮은 사람, 골칫거리
- ☐ a slap in the face (고의적인) 모욕, 면박
- ☐ a wet blanket 흥을 깨는 사람
- ☐ act one's age 나이에 걸맞게 행동하다
- ☐ all thumbs 몹시 서툴고 어색한 것
- ☐ be all ears 열심히 귀를 기울이다
- ☐ be in a jam 곤경에 처하다
- ☐ be the apple of one's eye 소중한 사람이 되다
- ☐ beat a dead horse 헛수고하다
- ☐ beat around the bush 둘러말하다, 요점을 피하다
- ☐ behind bars 철창 속에 갇힌, 철창신세인
- ☐ bite the bullet (피할 수 없는 일을) 이를 악물고 하다
- ☐ bite the dust 실패하다, 헛물을 켜다
- ☐ black sheep (집안·조직의) 골칫덩어리, 말썽꾼
- ☐ black[pass] out (잠시) 의식을 잃다
- ☐ blow hot and cold 이랬다저랬다 하다
- ☐ break the ice 서먹서먹한 분위기를 깨다
- ☐ bring home the bacon 밥벌이를 하다
- ☐ butter ... up ~에게 아부를 하다
- ☐ by a close call 간발의 차이로, 간신히
- ☐ by the skin of your teeth 간신히, 가까스로
- ☐ cook the books 장부를 조작하다
- ☐ eat one's words 한 말을 취소하다
- ☐ face the music 비난[벌]을 받다
- ☐ for the heck of it (이유 없이) 그냥 재미로
- ☐ from scratch 맨 처음부터
- ☐ get cold feet 갑자기 초조해지다
- ☐ get hold of ~을 찾다[구하다]; ~와 접촉하다
- ☐ give ... the green light ~에게 허가해 주다
- ☐ hang on for dear life 필사적으로 매달리다
- ☐ have a big mouth 입이 가볍다
- ☐ have a close call 아슬아슬하게 살아나다, 구사일생하다
- ☐ have a frog in one's mouth 목이 잠기다[쉬다]

- ☐ have an axe to grind 다른 속셈이 있다
- ☐ have the time of one's life (난생 처음으로) 재미있는 시간을 보내다
- ☐ have[wear/pull] a long face 우울한 얼굴을 하다
- ☐ have[get] butterflies in the stomach[tummy] 안절부절 못하다
- ☐ hit the books 열심히 공부하다, 벼락치기로 공부하다
- ☐ hit the ceiling[roof] (화가 나서) 길길이 날뛰다
- ☐ hit the nail on the head 정확히 맞는 말[일]을 하다
- ☐ in one's blood 타고난 소질로, 부모에게 물려받은
- ☐ in the public eye (방송 등을 통해) 세간의 주목을 받는
- ☐ kick the bucket 죽다
- ☐ learn the ropes 요령을 배우다
- ☐ let the cat out of the bag 비밀을 누설하다
- ☐ make oneself at home 느긋하게 편히 쉬다
- ☐ make the fur fly 큰 싸움[소동]을 벌이다
- ☐ map ... out ~을 계획하다
- ☐ on the spot 즉각, (일이 벌어지는) 현장에서
- ☐ once in a blue moon 드물게
- ☐ one in a million 아주 진기한 것, 아주 특별한 사람
- ☐ out of this world 최고의, 우수한
- ☐ pay through the nose 바가지를 쓰다
- ☐ pie in the sky 그림의 떡
- ☐ play it by ear (계획을 세우기보다) 그때그때 사정을 봐서 처리하다
- ☐ ring a bell 떠오르게 하다
- ☐ rock the boat 평지풍파를 일으키다
- ☐ roll out the red carpet for ~을 환대하다
- ☐ roll with the punch (공격을) 피하다; (힘든 일에) 대처하다
- ☐ safe and sound 무사히, 탈 없이
- ☐ Shake a leg! 빨리 시작해!
- ☐ smell a rat 낌새를 채다
- ☐ smooth sailing 순탄한 것, 아무 어려움 없이 진행되는 일
- ☐ spill the beans 비밀을 발설하다
- ☐ take with a grain of salt (곧이곧대로 듣지 않고) 가감하여 듣다
- ☐ the last straw 마지막 결정타
- ☐ throw cold water on something (남의 일에) 찬물을 끼얹다, 방해하다
- ☐ turn a deaf ear to ~을 귀담아듣지 않다
- ☐ turn over a new leaf 새사람이 되다
- ☐ with blood in one's eyes 살기를 띠고, 혈안이 되어

Practice Test

정답 및 스크립트 / P. 2

PART I Choose the most appropriate response for each item.

1. (a) (b) (c) (d)
2. (a) (b) (c) (d)
3. (a) (b) (c) (d)
4. (a) (b) (c) (d)
5. (a) (b) (c) (d)
6. (a) (b) (c) (d)
7. (a) (b) (c) (d)
8. (a) (b) (c) (d)
9. (a) (b) (c) (d)
10. (a) (b) (c) (d)

PART II Choose the most appropriate response to complete each conversation.

11. (a) (b) (c) (d)
12. (a) (b) (c) (d)
13. (a) (b) (c) (d)
14. (a) (b) (c) (d)
15. (a) (b) (c) (d)
16. (a) (b) (c) (d)
17. (a) (b) (c) (d)
18. (a) (b) (c) (d)
19. (a) (b) (c) (d)
20. (a) (b) (c) (d)

Dictation

PART I

1.   M   How long is your _____?
      W

      (a) I often take the highway.
      (b) The train is the _____.
      (c) I live _____ of the city.
      (d) It usually takes _____.

2.   W   Are you taking any _____ soon?
      M

      (a) It would be a great place _____.
      (b) As you know, I can't be in the office _____.
      (c) You should have told me when you're _____.
      (d) No, I have to _____ this project.

3.   M   I heard you're in the _____.
      W

      (a) Yes, somewhere to _____ a house.
      (b) I can if you don't mind _____.
      (c) Don't' worry. It's _____.
      (d) No, I really like its _____.

4.   W   Could you _____, please?
      M

      (a) Do you want a _____ for each?
      (b) No problem. When do you want to _____?
      (c) I'm sorry, but it's too hard to _____.
      (d) Thanks, but I'd _____ do it today.

5   M   I _____ how sorry I am.
    W

    (a) I don't care _____ you've told me.
    (b) I have something to tell you about it, too.
    (c) That's okay, but make sure it doesn't _____.
    (d) I'm sorry to hear your father _____.

6   W   Does Sarah always give _____ to beggars?
    M

    (a) She's a very _____ person.
    (b) Don't worry about her _____.
    (c) I'm sorry for the inconvenience.
    (d) Well, it's best to _____.

7   M   I didn't know she's been _____ Chambers lately.
    W

    (a) How long have you been _____?
    (b) Actually, they've been _____ for a while.
    (c) I thought they were staying home today.
    (d) Really? I didn't know she's _____ Chambers.

8   W   Can we make sure this customer _____ on time?
    M

    (a) I'll keep him _____ observation.
    (b) Sorry, I didn't know it was _____.
    (c) One of our most _____.
    (d) Right, the policy change _____.

9   M   Aren't you taking a _____ next week?
    W

    (a) You'll be traveling soon.
    (b) That's the plan _____.
    (c) Let's go _____.
    (d) I'll see you there.

10 W   Alex was in a very _____ at the party yesterday.
    M

    (a) I think he's had a really _____.
    (b) You're right, he was the _____.
    (c) I know. His cooking is just terrible.
    (d) I've been telling him that _____.

PART II

11 M   How are we going to _____?
    W   We need to discontinue our _____.
    M   But I love watching TV!
    W

    (a) Then let's watch something together.
    (b) I'm afraid there's _____.
    (c) We'll buy one when they're _____.
    (d) You can watch lots of _____.

12 W Who's the _____ in your office?

M Oh, he's the new marketing _____.

W Didn't they just _____ a few months ago?

M

(a) I haven't seen any _____.

(b) He's done great work _____.

(c) Yeah, the last person _____ after a few weeks.

(d) They didn't ask me _____.

13 M Be sure to _____ tonight before your test.

W But I still have _____ to do.

M Well, you won't remember any of it if you're _____.

W

(a) I've been sleeping very well lately.

(b) I'll just study for _____.

(c) I have to be at school at 7.

(d) I won't forget my _____.

14 W Hi, is this Home Appliances Plus?

M Yes, it is. _____?

W I _____ there, and it's not working.

M

(a) Tell me more about the _____.

(b) You can pick it up at five o'clock.

(c) Is the oven _____?

(d) _____ to a new location.

15 M I returned a book yesterday, but it's still _____ on my account.

　　　W Where did you return the book?

　　　M I put it in the _____ because the library was closed.

　　　W

　　　(a) I see. We _____ the book bin yet.

　　　(b) You can _____ in the cashier's office.

　　　(c) You have a two week _____.

　　　(d) So do you want to close your account?

16 W How's it _____ your new soccer team member?

　　　M He's a really good player _____, but he's hard to _____.

　　　W Why? Does he have any problems?

　　　M

　　　(a) He never _____ a goal in ten games.

　　　(b) Yes. His _____ camera doesn't work.

　　　(c) No, but he wants to be a professional player.

　　　(d) Not really. He's just _____, I guess.

17 M Sister, can you lend me _____?

　　　W Again? You haven't paid me back from last time.

　　　M Please? I know you can _____.

　　　W

　　　(a) I _____ you will.

　　　(b) Yes, I'm feeling pretty good.

　　　(c) How about _____?

　　　(d) No, I've borrowed enough from you.

18 W What is Kimberly's problem?

M There's _____ with her, as far as I know.

W She's always really _____.

M

(a) It's really long, in my opinion.

(b) I always say that's her _____.

(c) Well, she is _____ sometimes.

(d) Let me introduce you, and then decide.

19 M How long is _____ for a table?

W It'll be about 30 minutes.

M Okay. Could you please _____?

W

(a) Thank you for _____ with us.

(b) Let me tell you about the _____.

(c) I'll call you when we can _____.

(d) How did you hear about us?

20 W This Internet _____ is the absolute worst.

M You should call customer service.

W _____?

M

(a) Just _____ your modem.

(b) Maybe they'll have an explanation.

(c) I'll _____ later.

(d) Someone in customer service.

Unit 05 대의 파악

대의 파악 문제는 각 파트의 첫 3문제에 해당하며, 지문의 전반적인 내용과 요지, 목적을 묻는 문제가 출제된다. 남녀의 대화인 Part III에서 유의할 것은 특정 성별에 대해 묻는 문제가 출제된다는 것이다. 남자 또는 여자가 주로 무엇을 하는지에 대한 문제인데, 성별을 확실하게 구분하여 메모하도록 한다. 다양한 소재의 지문이 출제되는 Part IV에서는 광고의 대상과 강연의 주제에 대해 묻는 문제도 출제된다.

문제 유형

Part III (21~23번)	Part IV (31~33번)
Q: What is the main topic[idea] of the conversation?	Q: What is the main topic[point/ purpose] of the talk?
Q: What is the man[woman] mainly doing in the conversation?	Q: What is mainly being advertised?
Q: What are the man and woman mainly doing in the conversation?	Q: What is the lecture mainly about?
Q: What is the conversation mainly about?	Q: What is the speaker mainly talking about?
Q: What is the woman mainly trying to do?	Q: What is the main idea about postmodernism in the lecture?

전략 10   세부 내용이 언급된 선택지는 오답 소거하라.

 PART III

Listen to a conversation between two friends.

M We tried to reach you last night. Where were you?
W I just locked myself at home.
M Then why didn't you answer my calls?
W Sorry, but I turned it off to concentrate on revising my CV.
M Oh, I'll have my fingers crossed for your job search.
W Thank you. I don't like this feeling of being unemployed.

Q: What is the conversation mainly about?

(a) The woman's anxiety caused by loss of her job
(b) Good tips to write a great résumé
(c) The reason why the woman didn't answer the man's calls
(d) The man's upcoming job interview

해석 두 친구의 대화를 들으시오.
M 어젯밤에 연락하려고 했는데, 어디 있었어?
W 그냥 집에 가만히 있었어.
M 그러면 왜 내 전화를 안 받은 거야?
W 미안. 내 이력서를 수정하느라 전화기를 꺼 놓고 있었어.
M 아, 네 구직 활동에 행운을 빌어 줄게.
W 고마워. 실업자 상태인 기분은 별로야.

Q 대화의 주요 내용은?
(a) 실직으로 인한 여자의 불안감
(b) 훌륭한 이력서를 쓰기 위해 유용한 팁
(c) 여자가 남자의 전화를 받지 않은 이유
(d) 남자의 곧 있을 구직 면접

어휘 concentrate on ~에 집중하다   CV 이력서(=curriculum vitae)   have one's fingers crossed for ~에 행운을 빌다
unemployed 실직한   anxiety 불안감

핵심 전략

대화의 절반 이상이 여자가 남자의 전화를 받지 않은 이유에 대한 것이고, 그 이유는 여자가 이력서를 쓰려고 전화기를 꺼 놓은 것이므로 정답은 (c)이다. 대화를 제대로 파악하지 못한다면 이력서와 구직에 집착해 오답을 고를 수 있다.

(a) 실직으로 인한 자신의 기분을 나타낸 여자의 마지막 말. 즉 세부 내용에 해당하는 오답이다.
(b) 이력서를 나타내는 CV가 résumé로 표현되었다. 이력서는 전화를 받지 않은 이유가 될 수 있지만 그것에 대한 팁을 이야기하고 있지는 않다.
(d) 남녀의 입장이 바뀌었으며, 이력서와 구직에 대한 언급은 있지만 면접에 대한 내용은 언급되지 않았다.

Part III는 상황 설명 → 대화 → 질문 → 선택지 순서로 진행된다. 대의 파악 문제라는 것을 염두에 두고, 남자와 여자의 상황을 구분하여 메모하도록 한다. 전체 맥락을 파악하지 못하면 대화에서 간간이 들리는 단어와 표현들을 가지고서 대화의 일부로 언급되었던 오답을 고르기 쉬우니 주의한다.

LEVEL-UP

 PART III

Listen to a conversation about the newly elected governor.

W I can't believe the newly elected governor wants to increase taxes.
M What is he thinking? We're suffering from a recession.
W To make matters worse, he will try to freeze the basic wage.
M Taxes rise, but the minimum wage would stay the same. I don't like what he's doing.
W Maybe he's planning to prolong this economic contraction.
M Now I regret voting for the governor.

Q: What are the man and woman mainly talking about?

(a) An unfair tax increase
(b) Plans to fight the economic recession
(c) Policies by the governor deemed misguided
(d) Pledges made by the candidates for governor

➡ 두 사람은 주지사의 세금 인상과 최소 임금 동결에 대해 비판하고 있다. 따라서 대화의 주된 내용은 (c)가 적절하다. (a)는 주제를 뒷받침하는 세부 내용이며, (b)와 (d)는 대화에 언급된 일부 단어들을 이용한 오답이다.

해석 새로 당선된 주지사에 대한 대화를 들으시오.
W 새로 당선된 주지사가 세금 인상을 원한다니 믿을 수 없는 걸.
M 무슨 생각인 거야? 우린 경기 침체로 고생하고 있는데.
W 설상가상으로 기본임금은 동결시키려고 한대.
M 세금은 오르는데 최소 임금은 그대로라니. 그 사람 하는 일이 마음에 안 들어.
W 어쩌면 이번 경기 위축을 연장시킬 계획인가 보지.
M 이제 그 주지사에게 투표한 게 후회되네.

Q 남자와 여자가 주로 이야기하고 있는 것은?

(a) 불공평한 세금 인상
(b) 경제 불황에 맞서는 대책
(c) 잘못된 것으로 여겨지는 주지사의 정책
(d) 주지사 후보자들의 공약

어휘 governor 주지사 recession 경기 침체 to make matters worse 설상가상으로 freeze 동결하다 basic wage 기본 임금 prolong 연장하다 economic contraction 경기 위축 deem 생각하다 misguided 잘못 판단한 pledge 약속

전략 11 중요한 문장을 나타내는 표현에 집중하라.

  PART IV

These days, I can't help but see how our community has gone downhill. People don't form an orderly line while waiting for a bus, and they even push each other as they get on or off a bus. The young rarely give up their seats for the old. And not only the young but also people in general seem to forget how to yield seats to others who really need to sit down during the journey. Women with babies and toddlers and soon-to-be moms are sometimes afraid of taking public transportation. To make this community better for all of us, everyone needs to learn how to respect others in public spaces again.

Q: What is the main idea of the talk?

(a) The community no longer follows the town's rules.
(b) Those living below the hill are ruder than those on the hill.
(c) People overall seem less polite than before.
(d) The elderly deserve to be given seats on a bus.

해석 요즘 저는 우리 지역 사회가 어떻게 악화되고 있는지 어쩔 수 없이 보게 됩니다. 사람들은 버스를 기다리면서 질서 있게 줄을 서지 않고, 심지어 승·하차를 할 때 다른 사람들을 밀치기도 합니다. 젊은 사람들은 나이 든 사람들에게 자리를 거의 양보하지 않습니다. 젊은 사람뿐만 아니라 대체로 사람들은 타고 가는 동안 정말로 앉아야 하는 사람들에게 자리를 양보하는 법을 잊어버린 것 같습니다. 아이와 유아를 동반한 여자와 예비 엄마들은 이따금 대중교통 이용을 두려워하지요. 우리 모두에게 더 나은 사회를 만들기 위해 모두가 공공장소에서 다른 사람들을 존중하는 법을 다시 배워야 합니다.

Q 담화의 요지는?

(a) 지역 사회는 더 이상 지역의 규칙을 따르지 않는다.
(b) 언덕 아래에 사는 사람들이 언덕에 사는 사람들보다 무례하다.
(c) 사람들이 전반적으로 전보다 예의가 없다.
(d) 노인들은 버스에서 자리를 양보받을 자격이 있다.

어휘 go downhill 악화되다 orderly 질서 있는 yield 양보하다 toddler 유아 public transportation 대중교통

 **핵심 전략**

Part IV의 담화는 첫 문장과 마지막 문장이 주제를 담고 있을 때가 많다. 첫 번째 문장에서 지역 사회의 변화에 대해 언급하며 논점을 드러내고, 대중교통 이용의 문제로 주제를 뒷받침하고 있다. 그리고 마지막 문장 everyone needs to ~로 사람들이 전보다 덜 공손하다는 주제를 요약하고 있다. 따라서 정답은 (c)이다.

(a) 정답처럼 들릴 수도 있지만 자리 양보는 존중을 표현하는 예절이지 지역의 규칙이라고 할 수 없다.
(b) 담화의 첫 번째 문장 downhill에 언급된 hill을 이용한 오답이다.
(d) 주제를 뒷받침하는 세부 내용을 통해 추론할 수 있는 것이다.

main point나 main purpose를 묻는 문제는 must / have to / should / need to가 들어간 문장이나, It is important[crucial / imperative / mandatory] 등으로 시작하는 문장, However, Unfortunately로 시작하는 문장은 그 뒤를 집중해서 듣자. 이러한 표현 뒤에 담화의 주장이나 요점이 밝혀지는 경우가 많기 때문이다.

LEVEL-UP

 PART IV

Beauty vloggers are prominent on wetube.net with their beauty-related uploads. Vlogger is an acronym for a video blogger, a new Internet word. They are eager to share their beauty secrets and makeup tips via self-recorded video clips and communicate with their subscribers on the net. They probably start with the simple purpose of sharing their interests on cosmetics and make-ups. Unfortunately, some of the biggest uploaders seem to have sold out to companies. Old fans sometimes complain of collaboration between vloggers and beauty brands because they see only specific products being featured. What started as voluntary information sharing among people may have turned into corporate infomercials.

Q: What is the main topic of the talk?
(a) False advertisements betraying the public's trust
(b) A current trend in uploading streaming live videos
(c) Online beauty gurus and possible brand sponsorship
(d) Collaborative projects between real-life celebrities and brands

▶ 담화는 비디오로 미용 관련 정보를 인터넷에 올려 사람들과 정보를 공유하고 소통하는 블로거들에 대한 내용이다. 중반부에 Unfortunately로 시작하는 문장부터 몇몇 인기 블로거들이 기업들과 합작하면서 성격이 변질된 것 같다는 내용으로 마무리되고 있다. 따라서 담화의 주제는 (c)이다.

해석 뷰티 블로거들은 자신들의 미용 관련 업로드로 wetube.net에서 유명하다. (v로 시작하는) 블로거는 인터넷 신조어로, 비디오 블로거의 줄임말이다. 직접 녹화한 비디오 클립을 통해 자신의 미용 비법과 메이크업 팁을 공유하고, 인터넷상의 구독자들과 소통하기를 열망한다. 아마 처음에는 화장품과 그것에 대한 자신의 관심을 나눌 단순한 목적으로 시작한다. 안타깝게도 몇몇 대형 업로더들은 기업에 팔린 것 같다. 오래된 팬들은 때로 블로거와 화장품 브랜드의 공동 작업에 대해 불만을 표출하는데, 특별히 제공되는 특정 제품들만 보여서 그렇다. 사람들 사이의 자발적인 정보 공유로 시작한 것이 기업의 해설식 광고로 변질되고 만 것 같다.

Q 담화의 주제는?
(a) 대중의 신뢰를 저버리는 거짓 광고들
(b) 스트리밍 라이브 비디오 업로드의 현재 경향
(c) 인터넷 미용 전문가들과 브랜드 후원의 가능성
(d) 실제 유명 인사와 브랜드의 합동 프로젝트

어휘 prominent 유명한 acronym 줄임말 subscriber 구독자 collaboration 공동 작업 informercial 해설식 광고 betray 배신하다 guru 전문가 sponsorship 후원

PART IV 주제 – 문화

Part IV 담화에는 여러 분야의 주제가 출제된다. 영미권 문화는 물론 타 문화권에 관한 내용도 등장하는데, 배경 지식이 없다고 해서 크게 걱정할 필요는 없다. TEPS 청해는 고난도의 배경 지식이 없어도 제대로 들었다면 누구나 정답을 찾을 수 있도록 출제되기 때문이다.

🎧 If you're a fan of American dramas, you might have seen this yellowish drink at least once. In many Christmas episodes, people get together and drink a glass of this liquid. You might wonder what it is. This mysterious drink is called eggnog. It is a sweetened dairy beverage traditionally made with milk, sugar, and raw eggs. Brandy, rum, or bourbon can be also added. It is often served with some ground cinnamon or nutmeg on top. Eggnog is consumed throughout the United States and Canada around Christmas time.

Q: What is the speaker mainly talking about?
(a) A traditional drink during a winter holiday
(b) The best-selling drink in North America
(c) A drink embodying the Christmas spirit
(d) American drama fans exposed to alcohol

해석 미국 드라마의 팬이라면 적어도 한 번쯤은 이 노르스름한 음료수를 보았을지도 모릅니다. 많은 크리스마스 에피소드에서 사람들은 함께 모여 이 음료를 한 잔 마십니다. 뭔지 궁금하실 겁니다. 이 미스터리한 음료는 에그녹이라고 합니다. 우유와 설탕, 날계란으로 전통적으로 만든 달콤한 유제품 음료입니다. 브랜디나 럼, 버번도 첨가할 수 있지요. 에그녹은 종종 위에 계피 가루나 넛맥 가루를 뿌려 나옵니다. 에그녹은 크리스마스에 미국과 캐나다 전역에서 마십니다.

Q 화자가 주로 이야기하는 것은?
(a) 겨울 명절에 마시는 전통 음료
(b) 북미에서 가장 잘 팔리는 음료
(c) 크리스마스 정신을 상징하는 음료
(d) 알코올에 노출된 미국 드라마 팬

어휘 liquid 액체 sweetened 설탕을 첨가한 dairy 유제품의 raw 날것의 ground (가루가 되게) 간 consume 마시다 embody 상징[구현]하다 exposed 노출된

정답 (a)

Unit 06 세부 내용 찾기

세부 내용 찾기 문제는 유형이 다양하지 않기 때문에 문제보다는 선택지를 더 잘 들어야 하는 유형이다. 어떤 선택지가 나올지 알 수 없기 때문에 대화[담화]를 들으면서 중요하다고 생각되는 내용을 메모해야 한다. 들으면서 메모하다 보면 놓치는 내용이 생기기 마련이다. 최대한 간단하고 알아볼 수 있게 메모하고 내용 파악에 집중한다.

문제 유형

Part III (24~28번)	Part IV (34~35번)
Q: Which is correct according to the conversation?	Q: What is correct according to the talk?
Q: Which is correct about the woman's new neighborhood?	Q: Which is correct about the conference according to the speaker?
Q: Why does the man advise the woman to do?	Q: What is an effect of herb according to the lecture?

전략 12 숫자, 요일, 금액은 꼭 메모하라.

  PART III

Listen to a conversation between two friends.

M Did you hear Professor Barks was summoned on charges of misusing his research funds?
W What do you mean? Did he embezzle the funds?
M That's what I heard from his secretary on Monday.
W I can't believe it. He must be the most honest person I know.
M He needed extra money to pay his son's sky-high tuition fees, $32,000.
W I feel sorry for him, but he should pay for what he's done wrong.

Q: Which is correct according to the conversation?

(a) The man heard about the news last week.
(b) Mr. Barks son's annual pay is more than $30,000.
(c) The professor recently raised a fund for his research.
(d) The professor is under investigation for embezzlement.

해석	두 친구의 대화를 들으시오.

M 바크스 교수가 연구비 횡령죄로 소환되었다는 얘기 들었어요?
W 무슨 소리예요? 그가 연구비를 횡령했다고요?
M 월요일에 그 교수의 비서에게 그렇게 들었어요.
W 말도 안 돼요. 그분은 제가 아는 사람 중에 가장 정직한 사람인 걸요.
M 3만 2천 달러나 되는 아들 등록금을 내기 위해 돈이 더 필요했대요.
W 안됐네요. 하지만 잘못한 것은 죗값을 치러야죠.

Q 대화에 의하면 옳은 것은?

(a) 남자는 지난주에 소식을 들었다.
(b) 바크스 교수의 아들의 연봉은 3만 달러 이상이다.
(c) 교수는 최근 연구를 위해 기금을 조성했다.
(d) 교수는 횡령죄로 조사를 받고 있는 중이다.

어휘	summon 소환하다 on charge of ~의 혐의로 misuse 오용하다 embezzle 횡령하다 sky-high 너무 높은 tuition fee 등록금 annual pay 연봉 under investigation 조사 중인

핵심 전략

바크스 교수가 연구비를 횡령한 혐의로 조사를 받고 있다는 내용의 대화로 (d)가 정답이다. 아래와 같이 세부 내용을 등장인물에 따라 메모해 볼 수 있다.

```
교수 - 소환, embezzle / son, fee / 32,000
남자 - Mon / 비서
여자 - 믿지 X / 죄 → 벌
```

(a) 지난주가 아닌 월요일에 들었다고 한다.
(b) 아들의 연봉이 아니라, 등록금이 3만 2천 달러이다.
(c) 연구를 위해 기금을 받았기 때문에 연구비를 횡령한 것이겠지만, 최근에 조성했는지는 알 수 없다.

세부 내용을 묻는 문제는 주어진 여러 개의 세부 정보를 기억해 두고 있다가 마지막에 선택지를 듣고 해결해야 하기 때문에 작은 것 하나라도 놓치면 무척 까다로운 문제일 수 있다. 메모를 할 때에도 대화에 나오는 정보를 다 받아 적을 수도 없고, 적다 보면 못 듣고 놓치는 부분도 생기게 된다. 대화의 전반적인 내용을 이해하되, 숫자나 요일, 금액과 관련된 정보가 나오면 오답으로 활용될 가능성이 높으므로 꼭 메모해 놓도록 한다. 정답과 오답은 주어진 대화 속에 있다. 정보를 얼마나 수집할 수 있느냐가 관건이다.

LEVEL-UP

PART III

Listen to two friends discuss a painting.

W Have you ever seen Munch's painting *The Scream*?
M Yes, I believe I've seen it on TV before.
W Maybe you heard the news that it had been stolen.
M Was it stolen? So we can't see it anymore?
W We can. Fortunately, it was recovered in 2006. It sustained some damage, but it was restored.
M Where is it now?
W It's on display in the Munch Museum in Norway.

Q: According to the conversation, what happened to Munch's *The Scream*?

(a) It was stolen in 2006 and is lost forever.
(b) It was returned to the museum without any damage.
(c) It needs several more years to be restored.
(d) It's being displayed in a museum in Norway.

▶ 뭉크의 그림 〈절규〉는 도둑맞았었다가 2006년에 되찾았고, 손상을 입은 부분은 복구되었으며, 현재는 노르웨이에 있는 박물관에서 전시 중이라고 한다. 따라서 (d)가 정답이다. 문제가 그림 〈절규〉에 관한 것이므로 그림에 일어났던 사건들을 아래와 같이 시간의 흐름에 따라 메모해 볼 수 있다.

> 도둑 → 회수 / 2006 → 복원 → 전시 / Nor.

해석 두 친구가 그림에 대해 이야기하는 것을 들으시오.
W 뭉크의 〈절규〉를 보신 적 있으세요?
M 네, 전에 텔레비전에서 본 것 같아요.
W 그 그림이 도둑맞았었다는 뉴스는 들으셨을지 모르겠네요.
M 도둑맞았다고요? 그래서 더 이상 그 그림을 못 보는 건가요?
W 볼 수 있어요. 다행히 2006년에 되찾았지요. 손상은 좀 입었지만 복구되었어요.
M 지금 그 그림은 어디에 있나요?
W 노르웨이에 있는 뭉크 박물관에서 전시 중이에요.
Q 대화에 의하면 뭉크의 〈절규〉에 있었던 일은?
(a) 2006년에 도둑맞아 계속 못 찾고 있다.
(b) 아무런 손상 없이 박물관에 반납되었다.
(c) 복구되려면 몇 년이 더 걸린다.
(d) 노르웨이에 있는 한 박물관에서 전시 중이다.

어휘 recover 되찾다 sustain 피해를 입다 damage 손상, 해 restore 복구[복원]하다 on display 전시 중인

전략 13 패러프레이징에 주목하라.

 PART III

Listen to a conversation between two students.
W Hey, did you submit all the papers?
M Yes, but it took me forever to write the paper on China's economic development.
W Well, I couldn't finish that paper so I wrote to the professor for an extension.
M Why did you not finish it in the first place?
W I was busy preparing for a beauty contest, as you know.
M I don't think she will accept your excuse.

Q: Why is the woman's paper incomplete?

(a) She lost time because of watching a beauty program on TV.
(b) The professor did not adequately outline the assignment.
(c) She didn't have enough time to get the homework done.
(d) It was not easy for her to understand modern China.

해석 두 학생의 대화를 들으시오.
W 리포트 다 제출했어?
M 응. 쓰고 있는 중국의 경제 개발에 대해 리포트가 안 끝나는 줄 알았어.
W 어, 난 그 리포트 다 못 써서 교수님께 연장시켜 달라고 편지를 보냈어.
M 애초에 왜 못 끝낸 거야?
W 난 미인 대회 준비하느라 바빴잖니.
M 교수님이 네 사유를 받아들이실 것 같지 않은데.

Q 여자의 리포트가 미완성인 이유는?
(a) TV에서 미용 프로그램을 보느라 시간을 빼앗겼다.
(b) 교수가 과제를 제대로 알려 주지 않았다.
(c) 숙제를 끝낼 시간이 충분하지 않았다.
(d) 현대 중국을 이해하는 것이 쉽지 않았다.

어휘 submit 제출하다 extension 연장, 확대 excuse 변명 adequately 적절히 outline ~의 개요를 말하다 assignment 과제

 **핵심 전략**

대화에서 미인 대회 준비로 바빴다(was busy)라는 여자의 변명이 숙제를 할 시간이 충분하지 않았다(didn't have enough time)는 내용으로 패러프레이징된 (c)가 정답이다.

(a) 여자의 말 beauty contest와 유사한 beauty program을 언급한 오답이다.
(b) 대화에서 교수를 언급했지만 과제에 대해 잘못 알려 줬다는 내용은 없다.
(d) 남자의 말에서 중국 경제 개발에 관한 리포트를 쓰는 게 힘들었다고 언급하고 있다.

세부 내용을 확인하는 문제에서는 대화 중에 언급된 말을 동의어와 유의어를 사용하여 바꿔 표현한 즉, 패러프레이징(paraphrasing)된 선택지가 정답인 경우가 많다. 패러프레이징에 대비해 평소에 TEPS 어휘를 공부할 때 동의어와 유의어까지 함께 묶어서 공부하는 것이 많은 도움이 된다. 오답들은 대화에 언급된 단어를 그대로 사용하는 경우가 많은데, 역으로 대화에 언급된 단어를 패러프레이징한 것이 오답인 경우도 있으니 주의하자.

LEVEL-UP

PART IV

If you are looking to make a healthy change in your life, this course is designed to give you a sound foundation in proper weight-lifting techniques, weight-lifting exercise, and an individualized exercise regimen. During your six one-hour sessions, a nationally certified trainer will assist you in your diet and fitness goals. Weight training can be risky and ineffective if you are unsure of proper training techniques. Having a certified professional trainer will reduce the risk of injury, decrease pain, teach proper lifting techniques, improve balance and coordination skills, and provide the right program for your specific needs.

Q: Which is correct according to the talk?

(a) Advanced trainers will benefit from this course.
(b) Injured people are discouraged from participating.
(c) A personal trainer will be helping the participants.
(d) Participants will work out in a group of six.

▶ 개인을 위한 맞춤형 웨이트 트레이닝 강좌를 소개하는 광고로, 담화의 individualized가 personal로 바뀌어 표현된 (c)가 정답이다. 기초를 제공한다(give you a sound foundation)고 하므로 (a)는 옳지 않으며, 부상의 위험을 줄여 준(reduce the risk of injury)는 언급은 있지만 부상당한 사람의 참여에 대해서는 언급되지 않았으므로 (b)도 오답 소거한다. 6회에 걸친 한 시간짜리 수업(six one-hour sessions)에 대한 언급은 있지만 여섯 명이 한 팀이 된다는 내용은 없으므로 (d)도 옳지 않다.

해석 여러분의 삶에 건강한 변화를 주고자 한다면 이 강좌는 적절한 웨이트 트레이닝 방법과 웨이트 트레이닝 실습, 개인별 운동 요법에 대한 건강한 기초를 여러분께 제공하기 위해 고안된 것입니다. 6회에 걸친 한 시간짜리 수업 동안 전국적으로 공인된 트레이너가 여러분의 식이요법과 체력적인 목표에 도움을 줄 것입니다. 여러분이 적절한 운동 방법에 대한 확신이 없다면 웨이트 트레이닝은 위험하고 비효율적일 수 있습니다. 공인된 전문 트레이너는 부상의 위험을 줄여 주고, 고통을 감소시키고, 적절한 웨이트 트레이닝 방법을 가르쳐 주고, 균형과 조정의 기술을 향상시키고, 여러분의 특정한 필요에 딱 맞는 프로그램을 제공해 줄 것입니다.

Q 담화에 의하면 옳은 것은?
(a) 고급 트레이너들이 이 강좌를 통해 이득을 볼 것이다.
(b) 부상당한 사람들은 참가하지 않을 것을 권한다.
(c) 개인 트레이너가 참가자들을 도울 것이다.
(d) 참가자들은 여섯 명이 한 팀이 되어 운동할 것이다.

어휘 sound 건강한 weight-lifting 웨이트 트레이닝 individualized 개별화된 exercise regimen 운동 요법 certified 자격을 갖춘, 공인된 coordination 조정 advanced 고급의, 심화의 discourage 막다 participate 참여하다

전략 14 　반드시 성별을 구분하라.

 PART III

Listen to a conversation between two colleagues.
W　Oh, I didn't see you there. Why did you come out so early?
M　Actually, I didn't go home yesterday. I stayed all night at the office.
W　For the McLachlan paper? I'm worried you're pushing yourself too much.
M　I'll be fine after a coffee break before the regular working hours.
W　Take a morning off. You know, all work and no play make Jack a dull boy.
M　Thank you so much. I'll come back to work before lunch.

Q: Which is correct according to the conversation?

(a) The woman thinks the man needs a break from work.
(b) The woman should finish the report by this morning.
(c) The man and woman need some coffee before work.
(d) The man needs a new toy to make his boy happy.

해석　두 동료 간의 대화를 들으시오.
W　아, 거기 있는지 몰랐네요. 왜 이렇게 일찍 나왔어요?
M　사실 어제 집에 안 갔어요. 사무실에서 밤을 꼴딱 새웠거든요.
W　맥라클란 보고서 때문에요? 너무 자신을 채찍질하는 거 같아 걱정되네요.
M　근무 시간 전에 커피를 좀 마시면 괜찮아질 거예요.
W　오전 휴가를 써요. 알다시피, 쉬지 않고 일하기만 하면 좋을 거 하나 없어요.
M　감사합니다. 점심시간 전에 돌아올게요.
Q　대화에 의하면 옳은 것은?
(a) 여자는 남자가 일에서 벗어나 휴식이 필요하다고 생각한다.
(b) 여자는 오늘 아침까지 보고서를 마무리해야 한다.
(c) 남자와 여자는 근무 시작 전에 커피를 마셔야 한다.
(d) 남자는 아들을 기쁘게 하기 위해 새 장난감을 사야 한다.

어휘　stay all night 밤을 새우다　push oneself 스스로를 채찍질하다　break 휴식　take … off (~동안) 쉬다
All work and no play make Jack a dull boy. 놀지 않고 공부만 하면 사람을 버린다.

 핵심 전략

밤새 일했다는 남자에게 여자는 쉴 것을 권하고 있으므로 (a)가 정답이다. 아래와 같이 남녀에 따라서 세부 내용을 메모해 볼 수 있다.

(b) 보고서를 쓰는 것은 남자이며, 언제까지 해야 한다는 언급은 없다.
(c) 커피를 마셔야겠다고 말하는 사람은 남자이다.
(d) 여자의 말 all work and no play make Jack a dull boy를 이용한 오답 함정이다.

남자 – 밤샘/ 커피 ok
여자 – 걱정/ 오전 반차? → 남 ok

대화에서 남자와 여자의 입장이나 의견이 다른 경우, 어느 한쪽에 대한 것인지가 이 문제의 포인트이다. 메모를 할 때는 화자의 성별에 따라 구분을 해야 하는데, 보통 화자가 자신에 대한 정보를 말하지만 때에 따라 상대 성별에 대한 정보를 말하기도 한다. 선택지에서는 맞는 내용이어도 성별을 반대로 말하여 오답이 되는 함정을 주의해야 한다. 예시 문제의 정답 (a)에 대해 말해 보면, 여자가 남자에게 권유하는 말인 Take a morning off가 선택지에서는 the man needs a break from work로 표현되었다.

전략 15 all / every / only / usually를 쓴 선택지는 오답 소거하라.

PART IV

Have you ever looked at the best-selling book list? You'll probably find that there are at least 3~4 self-help books in the top 10. A self-help book is written with the intention to guide its readers and help them solve their personal problems. In the late 20th century, self-help books became a cultural phenomenon. They are still popular with lots of people. What happened to our society? Why do readers choose to read such books? Opinions from critics and social analysts might differ, but my personal opinion is that people need mentors. We live in a world without enough true mentors, so people use books to help themselves.

Q: Which is correct according to the talk?

(a) Self-help books were popular only in the 1990s.
(b) All of the best-selling books are self-improvement books.
(c) The appeal of self-help books is in coaching people.
(d) Usually, self-help books are written simply because they sell well.

해석 베스트셀러 도서 목록을 본 적 있습니까? 여러분은 아마도 10위권 안에 자기 계발서가 서너 권은 있는 걸 발견하게 될 겁니다. 자기 계발서는 독자들을 인도하고 그들의 개인적인 문제를 해결하는 데 도움이 되려는 의도로 집필됩니다. 20세기 후반에 자기 계발서는 하나의 문화적 현상이 되었습니다. 지금까지도 자기 계발서는 많은 사람들에게 인기가 있습니다. 우리 사회에 무슨 일이 생긴 걸까요? 왜 독자들은 이런 책들을 읽을까요? 비평가들과 사회 분석가들의 의견은 다를 수 있지만, 제 개인적인 의견으로는 사람들이 멘토를 필요로 한다는 것입니다. 우리는 진정한 멘토가 충분하지 않는 세계에 살기 때문에 스스로를 돕기 위해 책을 이용하는 것입니다.

Q 담화에 의하면 옳은 것은?
(a) 자기 계발서는 1990년대에만 인기가 있었다.
(b) 모든 베스트셀러 도서 목록은 자기 계발서이다.
(c) 자기 계발서의 매력은 사람을 돕는다는 것이다.
(d) 자기 계발서는 잘 팔리기 때문에 대개는 단순하게 써진다.

어휘 self-help book 자기 계발서 intention 의도 phenomenon 현상 critic 비평가 analyst 분석가
mentor 멘토, 지도자 self-improvement 자기 계발 coach 지도하다

핵심 전략

화자에 의하면 자기 계발서가 인기가 있는 이유는 멘토가 없는 세계에서 이런 류의 책에 의존하기 때문이다. 따라서 (c)가 옳다. 담화의 마지막 부분 to help themselves가 coaching people로 표현되었다. 오답을 하나씩 소거해 보자.

(a) the late 20th century가 1990s로 표현되었으나, only로 한정하여 담화의 내용과 달라졌다.
(b) 담화의 at least 3~4 self-help books in the top 10이 all로 비약된 오답이다.
(d) 사회적 통념에 기댄 오답으로 담화에서는 언급되지 않았다.

담화에 특별히 언급된 경우가 아니라면, 선택지에 all, every, only, usually 등 내용을 강조하거나 일반화시키는 표현들이 나올 경우 오답일 가능성이 크다. 시험에 나오는 내용 중 어떤 사실을 비약하거나 단정해서 말하는 일은 거의 없고, 대신 mostly, almost, hardly, rarely, few, little 같이 반론의 여지를 주는 표현을 쓴다.

PART IV 주제 – 역사

역사 분야는 낯선 인명과 지명, 연도 등으로 인해 어려울 수 있지만, 낯선 어휘에 집착하지 말고 글의 흐름과 인과 관계를 이해하면 충분히 정답을 맞힐 수 있다.

🎧 The House of Medici was truly a distinguished family and later a royal house in Western history. During the 15th century, with the successful Medici Bank, the Medicis gained political power in Florence. The family even produced four popes for the Catholic Church in Rome. There are also two art patrons from that family that art lovers can be grateful for, Lorenzo de' Medici and Anna Maria Luisa de' Medici. The former is famous for sponsoring artists such as Botticelli and Michelangelo. With his death, the Golden Age of Florence also came to an end. And the latter was the last scion of the Medici. As a patron of the arts, she left the family's large art collection to the famous Uffizi Gallery in Florence.

Q: Which is correct according to the talk?
(a) The Medici clan was the only family that could elect popes.
(b) The Medici family supported all the artists of the time.
(c) Thanks to the Medicis, Florence gained political power.
(d) The last of the Medicis donated her family's art collection.

해석 메디치 가는 진정으로 서양 역사에서 유명한 가문이자 후에는 왕가였다. 15세기에 메디치 은행의 성공으로 메디치 가는 플로렌스에서 정치적 권력을 얻었다. 심지어 로마 가톨릭교회의 교황을 네 명이나 탄생시키기도 했다. 예술을 사랑하는 사람들이 감사할 예술 후원자도 두 명이 있는데, 로렌초 데 메디치와 안나 마리아 루이자 데 메디치이다. 전자는 보티첼리와 미켈란젤로 같은 예술가를 후원한 것으로 유명하다. 그의 죽음으로 플로렌스의 황금기도 종말을 맞이했다. 그리고 후자는 메디치 가의 마지막 후손이다. 예술의 후원자로서 그녀는 가문의 엄청난 예술 수집품을 플로렌스의 유명한 우피치 갤러리에 남겼다.

Q 담화에 의하면 옳은 것은?
(a) 메디치 가는 교황을 선출할 수 있는 유일한 가문이었다.
(b) 메디치 가는 당시의 모든 예술가를 후원했다.
(c) 메디치 가 덕분에 플로렌스는 정치적 권력을 얻었다.
(d) 메디치 가의 마지막 사람은 그녀 집안의 예술 수집품을 기증했다.

어휘 distinguished 유명한, 성공한 pope 교황 patron 후원자 former 전자 sponsor 후원하다 come to an end 끝이 나다, 죽다 latter 후자 scion 자손 clan 씨족, 문중 donate 기부하다

정답 (d)

Unit 07 추론하기

추론하기 문제는 각 파트의 마지막 부분에서 2문제, 1문제씩 나온다. 전체 맥락을 이해하는 데 초점을 두면 대체로 무리 없이 해결할 수 있다. 세부 내용 찾기 문제처럼 따로 메모할 필요는 없고, 선택지를 들으며 오답을 하나씩 소거해 나가는 방법을 사용해 보자.

전략 16   기억의 흐름을 구성하라.

PART III

Listen to a conversation between two friends.
W What's that smell? And what about this smoke?
M Perhaps there's a fire in the station.
W A fire in the subway station? I never imagined this happening.
M We'd better report this to the authorities.
W Please hurry, and let's get out of here.
M Sure thing. It's strange that there's no announcement through the PA.

Q: What can be inferred from the conversation?

(a) The man once worked as a firefighter.
(b) The subway workers have not warned the public yet.
(c) The man and woman are on their way to a fire station.
(d) They will stay and wait for the authorities to arrive.

해석   두 친구 간의 대화를 들으시오.
W 무슨 냄새지? 이 연기는 또 뭐고?
M 역에 불이 났나 봐.
W 지하철역에 불이? 이런 일이 일어날 거라고는 상상도 못했는데.
M 이 일을 당국에 알리는 게 좋겠어.
W 빨리 해. 그리고 밖으로 나가자.
M 당연하지. 스피커로 안내 방송이 없다니 이상하네.

Q 대화에서 추론할 수 있는 것은?
(a) 남자는 한때 소방관으로 일했다.
(b) 지하철 직원들은 아직 시민들에게 경고하지 않았다.
(c) 남자와 여자는 소방서에 가는 길이다.
(d) 그들은 당국이 도착할 때까지 기다릴 것이다.

어휘   authorities 당국   PA(=public address) 스피커, 확성기   warn 경고하다

> **핵심 전략**

지하철역에 화재가 난 것 같은데 안내 방송은 없고, 대화자들이 신고를 하고 역 밖으로 나가려고 하는 상황이다. 따라서 추론할 수 있는 것은 (b)가 적절하다. 오답을 하나씩 소거해 보자.

(a) 지하철역에 있던 두 사람이 화재가 난 것을 감지하는 상황으로, 남자가 소방관이었다는 단서는 없다.
(c) 화재에 대해 빨리 당국에 알려야겠다고 하지만, 두 사람이 함께 소방서에 가는 중이라고 볼 수는 없다.
(d) 여자가 let's get out of here라고 하고 남자는 Sure thing이라며 동의하고 있으므로 옳지 않다.

추론 문제는 대화[담화]에 집중해 전체 내용과 흐름을 머릿속으로 정리하는 작업이 가장 중요하다. 추론 문제가 가장 어려울 거라고 생각하는 수험자들이 있는데, 끝까지 집중력을 잃지 않고 들리는 내용을 머릿속에 정리하고 선택지를 오답부터 소거해 나가면 어렵지 않게 풀 수 있다.

LEVEL-UP

PART III

Listen to a conversation between a representative and a customer.

M Good evening. We made a reservation for Schuster.
W Good evening, sir. I'm sorry but I'm not seeing anything under that name.
M Are you sure? Last night, I booked a spot for two on your website.
W Oh, we don't have a website.
M This is Magnolia's, isn't it?
W Sorry, this is Maglie's. The restaurant you're talking about is one block away from here.

Q: What can be inferred from the conversation?

(a) His reservation was under a different name.
(b) The man was confused with the locations of restaurants.
(c) The woman didn't want to serve the man as a customer.
(d) The man didn't know how to make a reservation on the net.

▶ 남자는 인터넷으로 저녁 식사를 예약했지만 여자에 의하면 식당에는 그의 이름으로 된 예약 기록이 없다. 대화 후반에서 남자가 식당을 잘못 찾아온 것으로 볼 때 (b)를 추론할 수 있다.
대화를 들으면서, [남자/ 예약 → 예약 X → 웹 사이트 X → 다른 식당]과 같이 대화의 흐름을 간단하게 머릿속에 정리하면 정답을 그리 어렵지 않게 고를 수 있다.

해석 직원과 고객의 대화를 들으시오.
M 안녕하세요. 슈스터라는 이름으로 예약했습니다.
W 안녕하세요. 죄송하지만, 그 이름으로 하신 예약은 없는데요.
M 확실해요? 어젯밤에 이곳 웹 사이트에서 2인 자리를 예약한걸요.
W 저희는 웹 사이트가 없어요.
M 여기 매그놀리아 아니에요?
W 죄송하지만, 여긴 매글리예요. 말씀하시는 식당은 여기서 한 블록 떨어져 있답니다.
Q 대화에서 추론할 수 있는 것은?
(a) 남자의 예약이 다른 이름으로 되어 있었다.
(b) 남자는 식당의 장소를 혼동했다.
(c) 여자는 남자를 손님으로 모시고 싶지 않았다.
(d) 남자는 인터넷으로 예약하는 방법을 몰랐다.

전략 17　첫 번째도 이해, 두 번째도 이해! 이해해야 추론할 수 있다.

PART IV

Hey, Mike! Amanda told me that you two are going next week to the Bahamas. Gosh, I wish I could take a trip like that to some exotic islands. Unfortunately, I'm up to my ears in work. I haven't talked to you for a long time, and sorry I couldn't attend your wedding ceremony in Hawaii. I still remember the good times we had when we worked in Asia together. Those were the days. But now it seems you have even better days ahead of you. Please give me a ring when you're back. Hope to talk to you soon.

Q: What can be inferred from the talk?

(a) The speaker feels the friend has neglected to stay in touch.
(b) The speaker hasn't found time for personal vacation days.
(c) The speaker wishes to go back to Asia with Mike and Amanda.
(d) The speaker is currently in search of company to book a trip with.

해석　마이크! 아만다에게서 너희 둘이 다음 주에 바하마에 간다고 들었어. 휴, 나도 그렇게 이국적인 섬으로 여행하면 좋겠다. 안타깝게도 일이 너무 많아서 말이지. 너랑 오랫동안 통화도 못했고, 하와이에서 했던 네 결혼식에 못 갔던 것도 미안해. 우리가 아시아에서 함께 일했을 때 보냈던 좋았던 시간이 아직도 생각나. 그때가 좋았는데. 하지만 더 좋은 나날이 너를 기다리고 있겠지. 돌아오면 전화 줘. 조만간 통화하면 좋겠다.

Q 담화에서 추론할 수 있는 것은?
(a) 화자는 친구가 연락을 등한시했다고 여긴다.
(b) 화자는 개인적으로 휴가를 보낼 시간이 없었다.
(c) 화자는 마이크, 아만다와 함께 아시아로 돌아가기를 원한다.
(d) 화자는 현재 여행을 같이 예약할 동행을 구하고 있다.

어휘　exotic 이국적인　be up to one's ears in work 꼼짝 못할 정도로 일이 많다　give a ring 전화를 하다
neglect 등한시하다　in search of ~을 찾아서

　핵심 전략

화자는 여행을 가는 친구를 부러워하고, 자신은 일이 많아 휴가도 못 가고, 친구의 결혼식에도 참석하지 못했다는 점으로 미루어 볼 때 (b)를 추론할 수 있다.

(a) 그동안 친구와 연락이 닿지는 않았지만, 친구의 탓이라기보다 자신이 일 때문에 바빴기 때문이라고 한다.
(c) 마이크와 함께 한 시간을 그리워하긴 하지만, 다시 돌아가기를 원하는지 추론할 수 있는 힌트가 없다.
(d) 함께 여행하면 좋겠다는 언급은 있으나 화자의 소망일 뿐, 실제로 여행을 계획하는 것은 아니다.

Part IV의 추론 문제는 담화 내용을 완벽히 이해해야만 풀 수 있는 문제가 많다. 선택지를 들을 때마다 이해한 담화 내용과 머릿속으로 비교해 보고 정답이 아닌 선택지에 대해 오답인 이유를 짧은 시간에라도 정리하여 확실한 정답을 골라야 한다. 복잡하고 불가능한 과정처럼 들리지만 청해 고득점을 위해 청해의 마지막 세 문제에 막판 집중력을 발휘하는 것도 후에 성적표를 받아 보면 가치 있는 일이었다는 것을 알게 될 것이다.

PART IV 주제-시사

시사 관련이라면 우리나라 뉴스만 들어도 어려울 때가 많은데, 영어로 된 정치 관련 담화라니 말만 들어도 두려워하는 수험자가 많을 것이다. 평소 영어권 뉴스 방송을 들으면서 시사 관련 표현을 익혀 두는 방법이 최선이다. 1분 내외의 짧은 뉴스 클립을 하루에 하나씩 보는 걸로 시작해 보자. 영어권 방송의 웹 사이트에 가면 언제든지 최신 뉴스를 볼 수 있고, 특히 CNN, BBC 방송은 영어 학습을 위한 웹 페이지도 따로 제공하고 있으며, 무료 이용이 가능하다.

A nuclear attack by terrorists would be extremely destructive, hurting hundreds of thousands people's lives in a densely-populated target area. Compared to conventional terror attacks, a nuclear one can also result in some serious political, economic, and military disruptions. Fortunately, it has not occurred yet, but nuclear terrorism is definitely a serious danger. In order to foil such an attack, states should be ready to deter it. To begin with, they should coordinate with each other on safeguarding their nuclear stockpiles. No government would presumably want nuclear weapons to get into the wrong hands. If a terrorist group threatens to use nuclear weapons, governments should have a plan of action on how to deal with that scenario.

Q: What can be inferred from the talk?
(a) Terrorists have attacked some cities with nuclear weapons.
(b) Terrorists are hiring scientists to develop unclear weapons.
(c) It is not easy for terrorists to gain nuclear weapons.
(d) International cooperation is vital to prevent terrorists' nuclear attacks.

해석 테러리스트에 의한 핵 공격은 인구가 밀집된 공격 지역에서 수많은 사람들의 목숨을 희생시키며 엄청난 파괴력을 보일 것이다. 종래의 테러 공격과 비교해 봤을 때, 핵 공격은 심각한 정치적, 경제적, 군사적 붕괴 또한 초래할 수 있다. 다행히 아직 발생하지 않았지만, 핵 공격은 확실히 매우 위험한 것이다. 이런 공격을 저지하기 위해 국가는 핵 공격을 중단시킬 준비가 되어 있어야 한다. 우선 그들은 핵무기 비축량을 보호하는 데에 서로 조정을 해야 한다. 아마 어떤 정부도 핵무기가 잘못된 손에 넘어가는 것을 바라지 않을 것이다. 테러리스트들이 핵무기를 이용해 위협한다면 정부들은 그런 시나리오에 어떻게 대처할지 행동 계획을 세워야 한다.
  Q 담화에서 추론할 수 있는 것은?
(a) 테러리스트들은 핵무기로 몇 개의 도시들을 공격한 경험이 있다.
(b) 테러리스트들은 핵무기 개발을 위해서 과학자를 고용하고 있다.
(c) 테러리스트들이 핵무기를 획득하는 것은 쉽지 않다.
(d) 테러리스트들의 핵공격을 예방하기 위해 국제적 협력이 필수적이다.

어휘 nuclear 핵의 destructive 파괴적인 densely-populated 인구가 밀집된 conventional 종래의 disruption 붕괴 foil 좌절시키다 deter 저지하다 coordinate 조정하다 safeguard 보호하다 stockpile 비축량 presumably 짐작하건대

정답 (d)

Unit 08

1지문 2문항 (뉴텝스 신유형)

신유형인 Part V는 하나의 주제에 관한 긴 담화형으로 1지문 2문항으로 구성되며, 1지문에 〈중심내용 + 세부정보〉, 〈세부정보 + 세부정보〉, 〈세부정보 + 추론〉 등으로 출제가 된다. 특히, 세부정보를 묻는 문제유형에서 육하원칙에 관한 내용을 묻는 문제가 새롭게 등장했으며, 신유형에 맞는 청해 학습법이 요구된다.

전략 18 문제 유형 파악 후 노트테이킹(note-taking)하라.

PART V

As an area of low pressure sweeps northward from Cape Cod on its way toward Nova Scotia, scattered snowfall will lightly dapple the southern part of the state but drop several inches across the north. There's been a change in our predictions regarding total snow accumulation for today. Yesterday we told you to expect between three and five inches, but the low-pressure area is further north and west than we expected. What this means for you in the northern part of the state is heavier-than-expected snow. Heavy snowfall can pose risks to individuals and property, and cause interruptions to basic services. So, here are a few tips to help you prepare for today's weather. First of all, you should check the condition of your heating system and make sure you have enough fuel. It is also good to avoid all unnecessary travel and non-essential appointments for older adults, young children and the sick. When you have to go out, wear warm clothes according to the temperature outside. Before going on the road, call the Info Transport to check road conditions.

Q1: What is the speaker mainly talking about?

(a) Factors that cause heavy snowfall
(b) The effects of snowfall on adults and children
(c) Precautions against heavy rain to come
(d) Different ways to cope with the future change in the weather

Q2: What is correct according to the weather report?

(a) Cape Cod will not be getting any snow soon.
(b) More snow will fall in the north than the south.
(c) No area will receive more than five inches of snow.
(d) Forecasters were highly accurate in their predictions.

해석 저기압이 케이프 코드로부터 노바스코샤 쪽으로 가는 진로에서 북쪽으로 휩쓸고 지나가면서, 산발적인 눈이 주의 남부 지역에 가볍게 드리우겠지만, 북부 전역에는 수 인치의 눈이 내릴 것입니다. 오늘 총 적설량과 관련하여 예보에 변화가 있었습니다. 어제 3에서 5인치 사이를 예측한다고 말씀드렸지만, 저기압은 저희가 예상했던 것보다 더 북부와 서부에 있습니다. 이것은 주의 북부 지방에 계시는 분들에게는 예상보다 더 많은 눈을 의미합니다. 폭설은 개개인과 재산에 위협이 될 수 있고, 기본적인 서비스를 중단시킬 수도 있습니다. 따라서 당신이 오늘 날씨를 대비하기 위한 몇 가지 조언이 있습니다. 무엇보다도 당신의 난방기구의 상태를 점검하고 충분한 연료가 있는지 확실히 해야 합니다. 또한 연로한 사람들, 어린아이들과 환자들을 모든 불필요한 이동과 별로 중요하지 않은 약속은 피하십시오. 외출을 해야 할 때는 바깥 날씨에 따라서 따뜻한 옷을 입으세요. 도로에 나갈 때는 도로 상태를 확인하기 위해 Info Transport로 전화하세요.

Q1 화자는 주로 무엇에 대해서 이야기하고 있는가?
(a) 눈이 많이 내리게 되는 요인들
(b) 어른과 아이에게 폭설이 미치는 영향
(c) 앞으로의 엄청난 비에 대한 예방책
(d) 앞으로의 날씨 변화에 대처하는 다양한 방법

Q2 일기 예보에 의하면 옳은 것은?
(a) 케이프 코드에는 바로 눈이 내리지 않을 것이다.
(b) 남부보다 북부에 더 많은 눈이 내릴 것이다.
(c) 어느 지역에도 5인치 이상의 눈이 오진 않을 것이다.
(d) 예보관들이 매우 정확하게 예보를 했다.

어휘 sweep 휩쓸다, 지나가다 scattered 산발적인 dapple 얼룩지게 하다, (그늘을) 드리우다 accumulation 축적
heavier-than-expected 예상보다 많은 accurate 정확한 prediction 예측 pose (위협을) 제기하다
property 재산, 소유물 interruption 중단 heating system 난방장치

핵심 전략

첫 번째 문제(Q1)는 주제 및 요지에 대한 문제임을 인지하고, 키워드를 들으면서 간단히 적어 보자. 일기예보에 대한 변화에 이야기하면서 앞으로의 폭설에 대비하는 몇 가지 조언들을 후반부에 언급하고 있으므로 정답은 (d)이다.

두 번째 문제(Q2)는 일기예보에 따라 맞는 내용을 찾는 문제(correct)임을 인지한 후, 내용의 흐름에 따라 간략하게 포인트를 적어 보자. 저기압이 케이프 코드에서 시작하여 노바스코샤로 향해 이동하므로 케이프 코드는 그 영향권 안에 있어 눈이 곧 올 것이며, 남부보다 북부에 더 많은 눈이 내릴 것이다. 북부 지방에는 예측한 3~5인치보다 더 많은 눈이 온다고, 틀린 예보를 정정하고 있으므로 옳은 내용은 (b)뿐이다.

뉴텝스에서 등장하는 신유형 Part V는 지문(talk, news report, announcement 등)과 질문(two questions)을 두 번씩 들려준다. 이때 선택지(choices)는 단 한 번만 들려주므로, 1회 청취 후 질문을 들으면서 문제유형을 미리 파악한 후, 2회 청취에서 문제유형에 필요한 정보를 Note-taking(필기)해야 좀 더 정확하게 정답을 고를 수 있다. 특히, 세부정보에 관한 단답형(육하원칙) 문제는 질문에서 요구하는 내용을 미리 파악 후, 2회 청취에서 정답을 체크해야 한다.

청해 필수 Collocation

- address the issue 문제를 다루다
- administer first-aid 구급처치를 하다
- apply ointment 연고를 바르다
- attract[draw] one's attention ~의 관심을 끌다
- attract tourists 관광객들을 끌다
- bear fruit 결실을 보다[맺다]
- bid farewell to ~에게 작별을 고하다
- bounce[dishonor] a check 수표가 부도나다
- break[shatter] the silence 정적을 깨다
- bring up the subject 말을 꺼내다
- bring[file] a suit against ~에게 소송을 걸다
- cast a vote 투표하다
- catch a glimpse of ~을 힐끗 보다
- catch one's eyes 눈길을 끌다
- change the subject 화제를 바꾸다
- conclude[sign] a contract 계약을 체결하다
- contract disease[cancer] 병[암]에 걸리다
- deliver[reach] a verdict 평결을 내다
- draw a conclusion 결론을 내다
- draw a line 선을 긋다, 구분하다
- drive a nail 못을 박다
- earn[receive] a degree 학위를 받다
- ease[relieve / sooth] pain 고통을 덜다
- enjoy longevity 장수하다, 오래 살다
- entertain questions 질문에 응하다
- exercise caution 주의하다
- exercise the right 권리를 행사하다
- exhaust all the measures 모든 조치를 다 써 보다
- follow suit 남이 한 대로 따라 하다
- forge a relationship 관계를 구축하다
- form[organize] a committee 위원회를 조직하다
- formulate a hypothesis 가설을 세우다
- give ... a ride ~을 태워 주다
- give[pay] attention to ~에 주의를 기울이다, ~을 돌보다
- give thanks[praise] 감사하다
- handle finances 재정 문제를 다루다
- hold one's breath 숨을 죽이다
- hold[have] a meeting[conference] 회의를 열다
- host the World Cup 월드컵을 개최하다

- identify the problem 문제를 찾아내다
- impose a ban[curfew] 규제[통행금지]를 시행하다
- lift[remove] a ban 금지를 해제하다
- invade privacy 사생활을 침해하다
- issue a statement 성명을 발표하다
- keep it a secret 비밀로 하다
- keep one's word 약속을 지키다
- launch an attack 공격을 개시하다
- make a fuss 크게 떠들어대다, 소란을 피우다
- make fun of ~을 놀리다[비웃다]
- make way 비켜 주다, 자리를 내주다
- meet the demand 수요를 충족시키다
- merit[deserve] one's attention 주의를 기울일 만하다, 주의할 필요가 있다
- pass judgment on ~에 대한 판결을 내리다
- pay the price 대가를 지불하다
- place an order 주문하다
- pool money 돈을 모으다
- pose a problem 문제를 일으키다
- pull the trigger 방아쇠를 당기다; 촉발시키다
- pull[play] a trick on ~에게 장난치다
- reach a conclusion 결론에 이르다
- run[take] a risk 위험을 감수하다
- set a date for the wedding 결혼 날짜를 잡다
- set the alarm clock 알람을 맞추다
- sign a pact[treaty] 조약을 체결하다
- stifle one's creativity 창의성을 억누르다
- strike a balance between A and B A와 B 사이에 균형을 유지하다[조화를 이루다]
- take advice 조언을 받아들이다, 조언에 따라 행동하다
- take back one's promise ~의 약속을 취소하다
- take medicine 약을 복용하다
- throw a party 파티를 열다
- wage war 전쟁을 벌이다
- watch one's step 조심해서 걷다, 조심하다
- watch one's weight 체중을 조절하다
- weigh the consequence 결과를 신중히 고려하다
- work out a solution 해결책을 찾아내다

청해 필수 주제별 Vocabulary

경제

- blue chip 우량주
- breach 계약을 위반하다
- business cycle 경기 순환
- business trend 경기
- currency 통화
- deflation 디플레이션
- economic adjustment 경기 조정
- economic boom 호황
- economic fluctuation 경기 변동
- exchange rate 환율
- expiration 만기
- free market system 자유 시장
- inflation 인플레이션
- invisible hand 보이지 않는 손
- merge 합병하다
- recession 불황(=depression)
- stipulation 조항, 조건
- tariff 관세
- trade balance 무역 수지
- trade embargo 통상 금지 조치
- trade friction 무역 마찰(=dispute)

법

❶ 법, 법정

- act 법률
- be accused of ~로 비난을 받다, 기소되다
- bill 법안
- break-in 무단 침입
- bylaw 조례
- court 법정
- embezzlement 횡령
- felony 중죄
- get compensation for ~에 대한 보상을 받다
- homicide 살인
- judge 판사
- jury 배심원
- lawsuit 소송
- lawyer 변호사(=attorney, advocate)
- legislation 법률의 제정, 입법 행위
- perjury 위증(=false testimony)
- prosecutor 검사
- witness 증인

❷ 범죄자

- accomplice 공범자(=conspirator)
- arsonist 방화범
- assassin 암살자
- burglar 주거 침입 강도
- deserter 탈영병(=AWOL; Absent Without Leave)
- drug dealer 마약 거래인(=trafficker)
- forger 위조범(=counterfeiter)
- gangster 갱
- hijacker (비행기·차량의) 납치범
- hooligan 훌리건, 무뢰한
- kidnapper 유괴범(=abductor)
- mugger 노상강도
- murder 살인(=manslaughter, homicide)
- offender 범죄자(=culprit, criminal)
- pickpocket 소매치기
- safe cracker 금고 털이
- smuggler 밀수꾼(=contrabandist)
- stowaway 밀항자, 밀입국자
- vandal 공공 기물 파손자

정치

- ally 동맹국; (정치적) 협력자
- authority 지휘권
- ballot box 투표함
- by-election 보궐 선거
- candidacy 입후보
- candidate 입후보자
- cast a vote 투표하다(=vote)
- census 인구 조사
- colony 식민지
- conduct[wage] an election campaign 선거 운동을 하다
- congress (미국) 의회
- decision by majority 다수결
- delegate 대의원
- dictator 독재자
- diplomacy 외교
- electoral college 선거인단

- electoral district 선거구(= constituency)
- electorate 유권자들(= voters)
- empire 제국
- equality 평등
- floating vote 유동표
- general election 총선거
- govern 통치[지배]하다
- hustings 선거 운동, 유세
- liberty 자유
- monarch 군주
- official (고위) 공무원[관리]
- opinion poll 여론 조사(= opinion survey)
- patriot 애국자
- (political) party 정당
- polling place[station] 투표소
- pollster 여론 조사 요원
- refugee 난민, 망명자
- republic 공화국
- treaty 조약

문화·예술
- aesthetic 미의, 심미적인, 미학 이론
- allegory 우화, 풍자
- allusive 암시적인
- banality 진부(함)
- choreography 안무
- colloquial 구어의, 일상적인 대화체의
- conceit 자만, 기발한 착상
- connotation 함축, 내포
- consummate 완성된, 유능한
- delineate 묘사[서술]하다
- dexterity 솜씨 좋음, 재치
- distort 왜곡하다
- get into full swing 최고조에 달하다
- flowering of (예술·과학 등에서) ~의 전성기
- foreshadow 전조가 되다, 조짐을 나타내다
- hue 빛깔, 색조
- impromptu 즉흥적인
- laud 칭송하다, 찬미하다
- make compelling reading (흥미로워서) 눈을 뗄 수 없다
- pathos 비감, 비애감
- quintessential 정수의, 본질적인

- rapture 황홀경
- resonate with (어떤 기운·느낌으로) 가득하다
- synesthesia 공감각
- virtuoso (음악의) 대가, 대연주가
- workmanship 솜씨, 기술, 기량

뉴스·광고
- allegedly 주장하는 바에 의하면
- box office 매표소; 흥행 성적
- cable network 유선 텔레비전 방송망
- commercial 광고 (방송)
- correspondent 특파원
- coverage 취재
- editorial 사설
- freedom of the press 언론의 자유
- on the air 방송 중인
- press conference 기자 회견
- subscribe 구독하다

일기예보
- acid rain 산성비
- air pollution 대기 오염
- avalanche 눈사태
- breeze 미풍
- Celsius 섭씨
- drizzle 가랑비
- earthquake 지진
- Fahrenheit 화씨
- fog 안개(= mist)
- greenhouse effect 온실 효과
- hail 우박
- humidity 습도
- lightning 번개
- lightning rod 피뢰침
- natural disaster 자연 재해
- shower 소나기
- sleet 진눈깨비
- snowstorm 폭설
- storm 폭풍
- temperature 온도
- thermometer 온도계
- typhoon 태풍(= hurricane, cyclone)

- ☐ weather advisory 기상주의보
- ☐ weather report[forecast] 일기예보
- ☐ weather warning 기상 경보

과학

- ☐ coagulate 응고하다
- ☐ coalesce 합치다
- ☐ decomposer 분해자
- ☐ embryo 배아
- ☐ fetus 태아
- ☐ intricate 복잡한
- ☐ juxtapose (대조·비교를 위하여) 병치하다, 나란히 놓다
- ☐ meld 섞이다, 혼합하다
- ☐ metabolism 신진[물질]대사, 대사
- ☐ metamorphosis 변형, 변질
- ☐ microbe 미생물, 병원균
- ☐ molecule 분자, 미립자
- ☐ novelty 신기한 물건
- ☐ oxidation 산화 (작용)
- ☐ photosynthesis 광합성
- ☐ pundit 전문가, 권위자
- ☐ qualitative 질적인
- ☐ quantitative 양적인
- ☐ resilient 탄력 있는
- ☐ semiconductor 반도체
- ☐ taxonomy 분류학
- ☐ ubiquitous 어디에나 있는, 편재하는
- ☐ ultrasonic 초음파의
- ☐ universal gravitation 만유인력
- ☐ volatile 휘발성의, 변동하는

의학

- ☐ abrasion 찰과상
- ☐ acupuncture 침술
- ☐ anesthetic 마취제
- ☐ antibiotic 항생제, 항생 물질
- ☐ bronchitis 기관지염
- ☐ bulimia 식욕 이상 항진증, 폭식증
- ☐ come down with ~병에 걸리다
- ☐ congested (코가) 막힌, 충혈된
- ☐ contagious 전염되는, 전염성의
- ☐ contraceptive 피임(약)
- ☐ crutch 목발
- ☐ debilitate 쇠약하게 하다
- ☐ degenerative disease 퇴행성 질환
- ☐ efficacy (약·치료의) 효능, 효험
- ☐ hemorrhage 출혈
- ☐ inhale 들이쉬다, 흡입하다
- ☐ malpractice 의료 과실
- ☐ numb 감각이 없는
- ☐ panacea 만병통치약
- ☐ pandemic 유행병, 전국적으로 퍼지는
- ☐ regimen 식이 요법
- ☐ respiratory 호흡기의
- ☐ seizure (병의) 발작
- ☐ therapeutic 치료상[법·학]의

역사

- ☐ accede (왕위에) 오르다, 동의하다
- ☐ antecedent 선행된, 이전의
- ☐ assassinate 암살하다
- ☐ brandish 휘두르다
- ☐ confederation 연합, 연맹
- ☐ despotism 폭정
- ☐ emancipate 해방하다
- ☐ excavate 발굴하다
- ☐ feudalism 봉건 제도
- ☐ heir 계승자
- ☐ hieroglyph 상형 문자
- ☐ imperialism 제국주의
- ☐ insurgence 모반, 폭동, 반란
- ☐ massacre 대학살
- ☐ nomadic 유목의, 방랑의
- ☐ oppressive 억압[탄압]하는, 억압적인
- ☐ patriarchy 가부장제
- ☐ patrimony 유산, 세습 재산
- ☐ perpetuate 영구화하다, 영속시키다
- ☐ promulgate 반포[공포]하다
- ☐ revolt 반란, 봉기, 저항
- ☐ unearth 파내다, 발굴하다
- ☐ usurp 빼앗다, 찬탈하다
- ☐ wield (권력 등을) 행사하다, (무기를) 휘두르다

정답 및 스크립트 / P. 7

PART III Choose the option that best answers the question.

1. (a) (b) (c) (d)
2. (a) (b) (c) (d)
3. (a) (b) (c) (d)
4. (a) (b) (c) (d)
5. (a) (b) (c) (d)
6. (a) (b) (c) (d)
7. (a) (b) (c) (d)
8. (a) (b) (c) (d)
9. (a) (b) (c) (d)
10. (a) (b) (c) (d)

PART IV Choose the option that best answers the question.

11. (a) (b) (c) (d)
12. (a) (b) (c) (d)
13. (a) (b) (c) (d)
14. (a) (b) (c) (d)
15. (a) (b) (c) (d)
16. (a) (b) (c) (d)

PART V Choose the option that best answers each question.

17. (a) (b) (c) (d)
18. (a) (b) (c) (d)
19. (a) (b) (c) (d)
20. (a) (b) (c) (d)

Dictation

PART III

1 **Listen to a conversation between two friends.**

M   I don't _____ of e-books.

W   Why? E-book reading is so convenient.

M   I'll always prefer the look of _____.

W   But some e-book readers have _____ text.

M   Still, I would _____ holding a device instead of a book.

W   Well, I think e-books are _____.

Q   What are the man and woman mainly discussing?

(a) The latest e-reader technology
(b) The man's _____ to e-books
(c) The future of e-books over paper
(d) The woman's reading _____

2 **Listen to a conversation between a doctor and a patient.**

W   Your results look good overall, but your blood pressure is _____.

M   Is it really bad? Should I be concerned?

W   It's not _____, but you should make _____.

M   What would you suggest?

W   Eat more vegetables, _____, and get more exercise.

M   I guess I really need to _____.

Q   What is the main topic of the conversation?

(a) Recommendations for exercise
(b) New research about _____
(c) _____ to be concerned about
(d) How to manage a health condition

3   Listen to a conversation between two friends.

M   Hi, Kate. I was _____ last night.

W   I'm sorry I _____ that I couldn't come. So how was the party?

M   It was great. You know, I think we've _____ more than 10,000 dollars.

W   Great! Isn't it _____ than you'd expected?

M   Of course it is. The committee said that with this money, they'll be able to _____ they need to send to _____.

W   They're doing a really good job. Can I _____ a small amount of money for the _____ in Africa by mail?

M   Sure, a lot of people are donating their money _____.

Q   What is the conversation mainly about?

(a) A birthday party
(b) A _____ party
(c) A vacation to Africa
(d) Mailing a _____

4   Listen to a conversation between a representative and a customer.

W   Can you tell me which _____ are on sale?

M   We're offering discounts on those _____.

W   Which one is the _____, you think?

M   This one has a good price and comes with a _____.

W   Does it have any _____?

M   It's very basic, but that makes it easy to _____.

Q   What is the woman mainly doing in the conversation?

(a) Asking where she can find a product
(b) _____ about a product she purchased
(c) Deciding which appliance she _____
(d) Offering _____ to a store clerk

5 **Listen to a conversation between an airline representative and a customer.**

M   Hi, there. I need to change my _____.

W   Sure thing. Do you have the _____?

M   I don't. Can you use my name and _____?

W   Sure. But you should know there will be a _____ to make the change.

M   Yes, that's not a problem. My office will _____.

Q   What are the man and woman mainly doing in the conversation?

(a) Trying to locate the man's _____
(b) _____ seats for a vacation trip
(c) _____ the man's travel _____
(d) Discussing the man's plans for work

6 **Listen to a conversation between two acquaintances.**

M   Congratulations! I heard you're going to have a baby.

W   Thank you. Who did you _____?

M   Jennifer told me. Is it supposed to be a _____?

W   No, no. We're starting to _____ it to people.

M   Is it a boy or a girl? Do you know?

W   We don't know, and we told the doctor not to _____.

Q   Which is correct according to the conversation?

(a) The woman is _____ a baby boy.
(b) The man is looking forward to seeing the baby.
(c) The woman does not want to know the baby's _____ now.
(d) The man will tell Jennifer that the woman is _____.

7   Listen to a conversation between a representative and a customer.

M   This morning I tried to _____ some money from an ATM, but I got an _____ .

W   Could you tell me your name and the last _____ of your Social Security number?

M   My name is Robert Stevenson and the numbers are 4768.

W   Okay. Did you _____ more than three times?

M   Actually, yes, because I couldn't remember _____ at first.

W   Since you entered _____ PINs more than three times, your account was _____ .

M   Could you help me _____ my account?

W   Sure, I'll _____ for you immediately.

Q   According to the conversation, why couldn't the man withdraw his money?

(a) He didn't have enough money in his account.
(b) Someone else tried to _____ to his account.
(c) He entered the _____ PIN several times.
(d) He couldn't find where the ATM was _____ .

8   Listen to a conversation between a husband and a wife.

W   Are you almost _____ ? I'm worried we won't catch our flight.

M   I'm _____ . I just need a few more minutes.

W   I really wish you'd finished _____ .

M   I'm sorry. I had to work late. I just didn't _____ .

W   Well, if we don't make it to the airport soon, _____ .

M   Don't worry! There's _____ . I promise we'll get there.

Q   Which is correct according to the conversation?

(a) The woman is _____ about a vacation.
(b) The man _____ to the airport.
(c) The woman is concerned they will be _____ .
(d) The man is _____ about traveling.

83

9 **Listen to a conversation between two friends.**

M   Look at that. They _____ me again.

W   Are you sure?

M   I got charged twice for the beans and an _____.

W   Let's go in and get your _____.

M   No, I just won't shop there _____.

W   You should _____ what happened.

Q   What can be inferred about the man from the conversation?

(a) He bought two bottles of orange juice.
(b) He was overcharged for _____ he bought.
(c) He wants the woman to get his money back.
(d) He is _____ going to the grocery store.

10 **Listen to a conversation between two friends.**

W   Great ride today, Michael.

M   Yeah, I enjoyed the _____. Same time next week?

W   _____. I have to take my bike into the shop.

M   Well, you could _____.

W   Thanks, but it's too _____ for me.

M   OK, let's _____ as soon as you get your bike back.

Q   What can be inferred from the conversation?

(a) He runs a bicycle _____.
(b) She wants a smaller bicycle than her _____ one.
(c) He can _____ the woman's bicycle.
(d) They _____ bike together.

PART IV

11 Welcome, everyone to our Student Town Hall meeting. We'll be _____ several student council proposals and _____ before the council _____. Tonight, we'll discuss installing more _____ on campus, adding several sports to the _____, and ideas for helping students _____ _____ faster. We first want to know which issues matter to you most and then we'll be _____ your ideas and feedback.

Q   What is the speaker mainly talking about?
(a) Recent complaints from parents about _____
(b) _____ and students to resolve problems
(c) _____ recreation opportunities for students
(d) Initiatives to improve students' _____

12 Find _____ Italian style to match your home and express your personality at Divina Gallery. For more than _____, Divina has been offering harmonious and creative furniture for _____. Our _____ designs accented with decorative details and fine Italian leather will _____ your living space. Those who have purchased Divina home furnishings know that our furniture concepts are the _____ and comfort. Visit our elegant showroom at 1144 North Broadway Avenue.

Q   What is mainly being advertised?
(a) A store that sells _____
(b) Contemporary art on display at a _____
(c) Decorations by an Italian _____ designer
(d) A modern housing _____ on Broadway

13 _____, by its very nature, makes it difficult for politicians to _____ that the populace does not care about, in particular _____. Politicians necessarily avoid environmental _____ that are disagreeable to the public, no matter how critical those actions may be for the _____ of the planet. It doesn't make sense for them to _____ when popular support is the basis of their power. If their constituents fail to recognize the importance of _____ global warming, politicians won't _____ with legislation.

Q What is the main idea of the talk?

(a) Politicians _____ the impact of global warming.
(b) Voters must _____ their concerns about global warming.
(c) Global warming is not taken seriously by _____ leaders.
(d) Democracy makes important but unpopular _____ difficult.

14 It's about time to celebrate another Thanksgiving, and this Saturday _____ we will be having our _____. If you haven't already agreed to make a certain dish, please look on the _____ to find what is still needed. The dinner will start at about 5 o'clock p.m. and will last _____. The _____ will follow the dinner and take place at Newman Hall. Family and friends are all welcome at this time of _____.

Q Which is correct according to the announcement?

(a) The church social is planned for the Saturday _____.
(b) The dinner is scheduled to last approximately _____.
(c) Dinner will be served _____ the church social.
(d) Every church member is required to _____ to the dinner.

15   There are tens of millions of known _____ and more being assembled every day. The number of future combinations of elements is _____, and the periodic table of elements continues to expand. We've become almost too good at our craft. Like kids in a candy store, the question is not _____ there is more chemistry to be discovered but where we should focus first. With all the problems facing _____, we can't afford to continue acting like a million monkeys working in a million labs and just hope that solutions will arise.

Q   Which is correct according to the talk?

(a) Ten million chemical compounds have been _____ so far.

(b) _____ of the chemical elements has been finalized.

(c) We have to _____ monkeys for our chemical experiments.

(d) There are an _____ number of chemical compounds possible.

16   Starting next week, we will _____ at the restaurant. It's extremely important that waiters _____ of the new menu, which you'll find in front of you. As you can see, we'll now be including and _____, but this has caused our prices to increase. When customers ask why, you must kindly explain that while they are _____, they are receiving the _____ grown in the area. The same is true for the chicken and beef, all of which comes _____.

Q   What can be inferred from the talk?

(a) Waiters must recommend new dishes of the menu.

(b) Customers are _____ for their meals.

(c) The restaurant has changed its _____.

(d) Chefs must pursue training in other _____.

PART V

17~18 Good morning, everyone. Thanks for being here. As you know, we are excited to add a new department to the business. We are finally able to create a _____ marketing department that will help us increase visibility in the marketplace and bring in more revenue. I want to _____ you to the new marketing director, Jane Roberts. As the holder of an upper level position, she will generally _____ various aspects of the marketing process from every angle. In other words, she will be responsible for planning, budgeting, executing and _____ as well as consulting clients. Since 10 years ago, she has been dedicated to _____ target audiences and determining the best way to reach that audience. Of her achievements, she brought about good results in developing advertising campaigns and _____ media outlets, such as TV, online, billboards or newspapers. Today is her first day on the job, and I hope you will help her around. She'll spend the next few weeks getting _____ and interviewing candidates for the two open positions.

Q17 What is correct according to the talk?

(a) The company is expanding to a second _____.
(b) One of three new employees has been _____.
(c) The meeting will be spent _____ new procedures.
(d) A marketing department will _____ next month.

Q18 What is the best of Jane Roberts' ability?

(a) Client consultation
(b) _____ mass communications
(c) _____ products
(d) Interviewing _____

19~20 For the next six weeks, we will explore the definition and various _____ of feminist theory. Feminist theory, or feminism, is the _____ of equality for men and women. In other words, all women should have the same rights and _____ in society as men. Although all feminists try to achieve gender equality, there are various approaches to this theory including liberal feminism, _____ feminism and socialist feminism. It's difficult to provide a complete picture of this study, but in general it aims to understand _____ between the sexes as it relates to sociology, communication, literature, politics, education and philosophy. This is not an objective inquiry. Rather, feminist theory assumes women are confined to a lower level of the _____. It then asks why this is, how the power structures are reinforced, and how it can be altered. Our society often sees class as if it is separate from other forms of _____. But while it's not usually discussed as an issue related to feminism, class is at the center of feminist work.

Q19 Which is correct about feminist theory according to the lecture?
(a) Its history is complex and _____ the globe.
(b) It questions whether gender equality _____.
(c) It applies a single _____ across many fields.
(d) It excludes the male _____ in its research.

Q20 What is the most relevant to feminism?
(a) Social hierarchy
(b) Women's education
(c) Social _____
(d) Women's _____

II

NEW TEPS
실전 모의고사

Actual Test 1
Actual Test 2
Actual Test 3
Actual Test 4
Actual Test 5

ACTUAL TEST

1

TEPS

Listening
Comprehension

DIRECTIONS

1. In the Listening Comprehension section, all content will be presented orally rather than in written form.
2. This section contains five parts. For each part, you will receive separate instructions. Listen to the instructions carefully, and choose the best answer from the options for each item.

MP3 바로 듣기
받아쓰기 테스트
모바일 단어장

Part I Questions 1—10

You will now hear ten individual spoken questions or statements, each followed by four spoken responses. Choose the most appropriate response for each item.

Part II Questions 11—20

You will now hear ten short conversation fragments, each followed by four spoken responses. Choose the most appropriate response to complete each conversation.

Part III Questions 21–30

You will now hear ten complete conversations. For each conversation, you will be asked to answer a question. Before each conversation, you will hear a short description of the situation. After listening to the description and conversation once, you will hear a question and four options. Based on the given information, choose the option that best answers the question.

Part IV Questions 31—36

You will now hear six short talks. After each talk, you will be asked to answer a question. Each talk and its corresponding question will be read twice. Then you will hear four options which will be read only once. Based on the given information, choose the option that best answers the question.

Part V   Questions 37—40

You will now hear two longer talks. After each talk, you will be asked to answer two questions. Each talk and its corresponding questions will be read twice. However, the four options for each question will be read only once. Based on the given information, choose the option that best answers each question.

ACTUAL TEST

2

TEPS

Listening Comprehension

DIRECTIONS

1. In the Listening Comprehension section, all content will be presented orally rather than in written form.
2. This section contains five parts. For each part, you will receive separate instructions. Listen to the instructions carefully, and choose the best answer from the options for each item.

MP3 바로 듣기
받아쓰기 테스트
모바일 단어장

Part I Questions 1—10

You will now hear ten individual spoken questions or statements, each followed by four spoken responses. Choose the most appropriate response for each item.

Part II Questions 11—20

You will now hear ten short conversation fragments, each followed by four spoken responses. Choose the most appropriate response to complete each conversation.

Part III Questions 21—30

You will now hear ten complete conversations. For each conversation, you will be asked to answer a question. Before each conversation, you will hear a short description of the situation. After listening to the description and conversation once, you will hear a question and four options. Based on the given information, choose the option that best answers the question.

Part IV Questions 31—36

You will now hear six short talks. After each talk, you will be asked to answer a question. Each talk and its corresponding question will be read twice. Then you will hear four options which will be read only once. Based on the given information, choose the option that best answers the question.

Part V Questions 37—40

You will now hear two longer talks. After each talk, you will be asked to answer two questions. Each talk and its corresponding questions will be read twice. However, the four options for each question will be read only once. Based on the given information, choose the option that best answers each question.

ACTUAL TEST

3

TEPS

Listening Comprehension

DIRECTIONS

1. In the Listening Comprehension section, all content will be presented orally rather than in written form.
2. This section contains five parts. For each part, you will receive separate instructions. Listen to the instructions carefully, and choose the best answer from the options for each item.

MP3 바로 듣기
받아쓰기 테스트
모바일 단어장

Part I Questions 1—10

You will now hear ten individual spoken questions or statements, each followed by four spoken responses. Choose the most appropriate response for each item.

Part II Questions 11—20

You will now hear ten short conversation fragments, each followed by four spoken responses. Choose the most appropriate response to complete each conversation.

Part III Questions 21—30

You will now hear ten complete conversations. For each conversation, you will be asked to answer a question. Before each conversation, you will hear a short description of the situation. After listening to the description and conversation once, you will hear a question and four options. Based on the given information, choose the option that best answers the question.

Part IV   Questions 31—36

You will now hear six short talks. After each talk, you will be asked to answer a question. Each talk and its corresponding question will be read twice. Then you will hear four options which will be read only once. Based on the given information, choose the option that best answers the question.

Part V Questions 37—40

You will now hear two longer talks. After each talk, you will be asked to answer two questions. Each talk and its corresponding questions will be read twice. However, the four options for each question will be read only once. Based on the given information, choose the option that best answers each question.

ACTUAL TEST

4

Listening
Comprehension

DIRECTIONS

1. In the Listening Comprehension section, all content will be presented orally rather than in written form.
2. This section contains five parts. For each part, you will receive separate instructions. Listen to the instructions carefully, and choose the best answer from the options for each item.

MP3 바로 듣기
받아쓰기 테스트
모바일 단어장

정답 및 스크립트 / P. 63

Part I Questions 1—10

You will now hear ten individual spoken questions or statements, each followed by four spoken responses. Choose the most appropriate response for each item.

Part II Questions 11—20

You will now hear ten short conversation fragments, each followed by four spoken responses. Choose the most appropriate response to complete each conversation.

Part III **Questions 21—30**

You will now hear ten complete conversations. For each conversation, you will be asked to answer a question. Before each conversation, you will hear a short description of the situation. After listening to the description and conversation once, you will hear a question and four options. Based on the given information, choose the option that best answers the question.

Part IV Questions 31—36

You will now hear six short talks. After each talk, you will be asked to answer a question. Each talk and its corresponding question will be read twice. Then you will hear four options which will be read only once. Based on the given information, choose the option that best answers the question.

Part V Questions 37—40

You will now hear two longer talks. After each talk, you will be asked to answer two questions. Each talk and its corresponding questions will be read twice. However, the four options for each question will be read only once. Based on the given information, choose the option that best answers each question.

ACTUAL TEST

5

TEPS

Listening Comprehension

DIRECTIONS

1. In the Listening Comprehension section, all content will be presented orally rather than in written form.
2. This section contains five parts. For each part, you will receive separate instructions. Listen to the instructions carefully, and choose the best answer from the options for each item.

MP3 바로 듣기
받아쓰기 테스트
모바일 단어장

Part I Questions 1—10

You will now hear ten individual spoken questions or statements, each followed by four spoken responses. Choose the most appropriate response for each item.

Part II Questions 11—20

You will now hear ten short conversation fragments, each followed by four spoken responses. Choose the most appropriate response to complete each conversation.

Part III Questions 21—30

You will now hear ten complete conversations. For each conversation, you will be asked to answer a question. Before each conversation, you will hear a short description of the situation. After listening to the description and conversation once, you will hear a question and four options. Based on the given information, choose the option that best answers the question.

Part IV Questions 31—36

You will now hear six short talks. After each talk, you will be asked to answer a question. Each talk and its corresponding question will be read twice. Then you will hear four options which will be read only once. Based on the given information, choose the option that best answers the question.

Part V Questions 37—40

You will now hear two longer talks. After each talk, you will be asked to answer two questions. Each talk and its corresponding questions will be read twice. However, the four options for each question will be read only once. Based on the given information, choose the option that best answers each question.

III

NEW TEPS
실전 모의고사

Dictation Workbook

Actual Test 1

Actual Test 2

Actual Test 3

Actual Test 4

Actual Test 5

MP3 바로 듣기
받아쓰기 테스트
모바일 단어장

Dictation

PART I

1 W What a terrible thing to _____.
M
(a) According to management.
(b) I could use the _____.
(c) I can't imagine the feeling.
(d) Almost 300 people are _____.

2 M How do you _____ your finances?
W
(a) I _____ of our company.
(b) She monitors each track.
(c) I _____ everything I spend.
(d) Let me _____ them for you.

3 W I just know I'm going to _____.
M
(a) There's no reason to _____.
(b) That seems fine to me.
(c) It's not that _____.
(d) You _____ better.

4 M I can't believe Sam built _____.
W
(a) The _____ finished it yesterday.
(b) We should _____ to see it.
(c) He's pretty _____ with a hammer.
(d) I'd rather _____ on the patio.

ACTUAL TEST 1

5 M I really enjoyed your _____, Tina.
    W

    (a) _____ paintings, mostly.
    (b) It's a _____ to hear that.
    (c) I'll tell her you said so.
    (d) _____.

6 M There's a _____ number of men in this class.
    W

    (a) The lecture just started.
    (b) Your grade is _____.
    (c) I'm sure he can help _____ you.
    (d) That's _____ in engineering.

7 W Someone _____ of $400,000 on the house!
    M

    (a) It's got _____ and two bathrooms.
    (b) They plan to spend it on _____.
    (c) Take it before they change their minds.
    (d) Now we only have _____.

8 M You should get your car's _____ before your trip.
    W

    (a) I should have _____ it to my friend.
    (b) The trip is mostly for business.
    (c) It's _____.
    (d) I hope the car isn't _____.

9   W   How do I _____ the train platform?

       M

       (a) It's not really _____.

       (b) It's best to take a taxi.

       (c) Use the _____ over there.

       (d) The train is _____.

10   M   Am I late? Have you been _____?

       W

       (a) I can't remember what _____.

       (b) I'm sorry about the _____.

       (c) Are you okay? Why the _____?

       (d) No, I _____ a few minutes early.

PART II

11   M   The wedding _____ at 3, right?

       W   According to the _____.

       M   How long will it _____?

       W

       (a) At the _____ downtown.

       (b) I expect it'll be _____.

       (c) Make it enough for three.

       (d) Their marriage won't _____.

12 W Why hasn't this document _____?

M I thought I'd do it tomorrow.

W But the _____ needs it _____!

M

(a) Well, let me _____.
(b) All the data has been _____.
(c) Sorry, I'll _____.
(d) That's what I've been saying.

13 M Which team do you think will _____ this year?

W I think it's a _____.

M You mean the chances are exactly 50-50 between _____?

W

(a) You don't know until you _____ many times.
(b) I don't know which teams play in this year's Super Bowl.
(c) Wow. Are you saying that both teams _____ 50?
(d) To be honest with you, I _____ who wins.

14 M What TV programs do you like?

W I love _____. Baseball and soccer are my favorites.

M Do you watch TV _____?

W

(a) I only watch it for certain movies or TV dramas.
(b) That's why watching TV too much makes _____.
(c) I'm not a _____ and watch only big games.
(d) Yes, I go to the baseball park about _____.

127

15 W   This is a _____ for your help.

   M   Oh, you shouldn't have. I can't accept it.

   W   This is nothing expensive. It's just something I _____.

   M

   (a) It's a really good idea to _____ for our boss.

   (b) How much should I pay if I want to buy it?

   (c) But we cannot receive anything from our _____.

   (d) Why did it _____ if you made it yourself?

16 W   What are your single _____?

   M   65 on _____, 75 on weekends.

   W   I'd like to _____ for this Saturday.

   M

   (a) Sure, I'll meet you there.

   (b) I think I'll be _____.

   (c) How many rooms do you need?

   (d) That'll be 75 dollars, please.

17 M   Well, I've got to run and _____.

   W   The bus? I thought you were going _____.

   M   Yeah, don't any buses go there?

   W

   (a) You'd be _____ taking the subway.

   (b) Don't _____.

   (c) Sure, I'll call you when I get there.

   (d) Yes, you need to buy a ticket first.

18 M _____. It looks _____ out there.

   W You know, we could just stay home.

   M No, we promised we'd _____ my mom.

   W

   (a) She's going to be visiting soon.

   (b) I'll _____, in that case.

   (c) Thanks, that's very honest of you.

   (d) The weather should be _____.

19 M How was your _____ tournament?

   W Really fun. And I did _____ I expected.

   M That's great. Are you _____ today?

   W

   (a) I made sure I was very careful.

   (b) You should _____ next time.

   (c) I couldn't play the _____.

   (d) Only a little, but it was _____.

20 M We've been waiting for a meal _____!

   W They're a little slow, but let's be _____.

   M Are you serious? It's been _____!

   W

   (a) Well, at least my dish was _____.

   (b) Oh, now you're _____.

   (c) Right, we'd better _____.

   (d) I'll _____ you mine for yours.

129

PART III

21 Listen to a conversation between two friends.

M Hmm… _____ total seems too high.

W Let's take a look at each _____ .

M Well, I'm not finding any errors _____ .

W Here. They charged us for four drinks and we _____ .

M Aha. That must be the problem.

W I'll _____ and let him know.

Q What is mainly being discussed in the conversation?

(a) How many _____ to buy

(b) What they will order next

(c) Being _____ on their bill

(d) Examining the problems with a _____

22 Listen to a conversation between two colleagues.

W What's our schedule _____ this Friday, James?

M Friday's going to be a _____ .

W Oh dear. I was hoping to take a _____ .

M Why not take Monday _____ ?

W Would that make things easier for you?

M Definitely. Monday should be _____ .

Q What is the main topic of the conversation?

(a) Days of the week that are busy

(b) _____ that the man requires

(c) What the schedule is for the week

(d) When the woman should _____

23 Listen to a conversation between two acquaintances.

M   It was great _____ with you tonight.

W   Likewise. _____. You're a lot of fun.

M   Forgive me for asking, but are you _____?

W   No, _____. Why do you ask?

M   Well, I'd really like to take you out sometime.

W   I'd like that. Give me your number, and I'll call you this week.

Q   What is the man mainly doing in the conversation?

(a) Talking about a party he attended

(b) _____ the woman on a date

(c) _____ the woman for a good time

(d) _____ news about a friend

24 Listen to a conversation between two colleagues.

W   Are you _____ retiring next month?

M   I'm actually _____ about it, to tell the truth.

W   Really? How come? You finally get to _____ and relax.

M   But I've never had _____. It's very different.

W   That's understandable. I know it'll be _____.

M   I'm already making _____ to keep myself busy.

Q   Which is correct according to the conversation?

(a) The woman wants to find _____.

(b) The man has been waiting _____.

(c) The woman is looking for _____.

(d) The man is planning to _____.

25 **Listen to a conversation between two acquaintances.**

M   My niece is _____ to Branson State College.

W   Really? I went to Branson State.

M   Oh, I thought you _____ from Camberton.

W   I did, but I _____ there from Branson after three semesters.

M   _____ the state college?

W   Their classes _____ for me.

Q   Which is correct according to the conversation?

(a) The man's niece is a Branson _____.

(b) The woman was _____ at Camberton.

(c) The man thought the woman _____.

(d) The woman found the Branson classes _____.

26 **Listen to a conversation between a couple.**

W   OK, all our _____ is in the car.

M   You packed the _____, _____, and helmets?

W   Yes, and the _____ we bought online.

M   And what about the _____?

W   Oops, I think I forgot those.

M   I know where they are. I'll _____ them.

Q   Which is correct according to the conversation?

(a) The couple are unpacking their _____.

(b) The woman already packed the goggles.

(c) The couple need to _____ lift tickets.

(d) The man is _____ to find the gloves.

132

27 Listen to a conversation between two friends.

W I was in Belgium last week to _____ a business conference.

M That sounds really great. How was _____?

W It was very beautiful, but _____ for me because I didn't bring any _____.

M Too bad. Did you have some time to look around the country?

W Not really. My conference schedule was so _____ that I had meetings _____.

M If I were you, I would've _____ the conference _____ around the country.

W I wanted to, but I couldn't miss the conference since I was _____ it.

Q Which is correct according to the conversation?

(a) The woman missed the conference and took a tour.

(b) The man went on a _____ with the woman.

(c) The woman _____ in Belgium and stayed in the hotel.

(d) The woman was _____ the conference and had meetings all day.

28 Listen to a conversation between two friends.

W I wish you'd play your guitar _____ more.

M Thanks, but I'm happy just playing _____.

W Don't you want people to hear _____ you play?

M Well, I'm not _____ anyone.

W So what do you _____?

M It actually helps me _____.

Q Which is correct about the man according to the conversation?

(a) He plays guitar _____.

(b) He is _____ about his ability.

(c) He is learning to play the guitar.

(d) He finds guitar playing _____.

29 Listen to a conversation between two colleagues.

M   Does our company _____?

W   You pay the first $200 and the company covers everything else.

M   Okay. That's a lot of money, but it still helps.

W   Yes, it's not _____. But it's _____.

M   I need to get my _____, so it's good to know.

W   Just make sure you _____ and receipts.

Q   What can be inferred from the conversation?

(a) The woman is _____ of the company's policies.

(b) The man is facing serious health concerns.

(c) The man is trying to learn about _____.

(d) The woman _____ understands the company's policy.

30 Listen to a conversation about retirement accounts.

M   I just don't get retirement accounts.

W   Are you having _____?

M   I'm trying to figure out which kind to set up.

W   Are you serious? You don't have a _____?

M   No, I never used to worry about it much.

W   You'd better _____ as soon as possible.

Q   What can be inferred about the woman from the conversation?

(a) She is unclear about her retirement options.

(b) She works as the man's _____.

(c) She is surprised at the man's _____.

(d) She hopes to establish a retirement account soon.

PART IV

31 About 15.7 percent of our population _____. What's more, millions of others balance _____ at this very moment. The only bulwark preventing their _____ is the antipoverty efforts of our government. Federal aid in the form of _____, tax credits for workers, and the food stamp program buoyed 4.5 million Americans in 2018. These individuals would otherwise have _____ poverty. To keep our country _____, the government must maintain its relief and _____.

Q   What is the main topic of the talk?

(a) The rise of poverty in America
(b) The critical necessity of _____
(c) The popularity of _____
(d) The cost of government relief efforts

32 Now, class, to return to our discussion of _____, it's important to note that its precise origins are _____. There are records from the Han dynasty in China indicating that people in the second century used _____ and kicked them across a field into _____. Similar evidence exists for the Romans, Greeks and Japanese. But modern soccer _____ in England. In medieval times, the sport was _____, and players would engage in punching, _____ to win the game.

Q   What is the main idea about soccer in the lecture?

(a) Different cultures followed the same rules.
(b) We can't know by whom or where it was first _____.
(c) There are different rules in different countries.
(d) It first appeared as a _____ in England.

33 Take a plastic spoon and _____ or on a sweater until the spoon acquires a static charge, as evidenced by the attraction of the spoon for the _____ on the sweater. Turn on a faucet so that there is a very _____ of water. Hold the spoon close to the water and you will see the _____. What just happened? It's called electron transfer. _____ will cause electrons to transfer from one material to another if one of the materials _____ on them.

Q What is the lecture mainly about?

(a) How to _____

(b) How electrons are created

(c) How to _____ water

(d) How electric charge works

34 The Agriculture Committee says milk prices are _____ in the next few weeks, _____ $4.50 for a gallon, an increase of 75 cents. Officials say they have discovered a _____ in milk sold by the country's largest producer. This means the _____ will drop significantly, which will _____. Smaller producers are working to increase their _____, which may help _____ in about two months.

Q Which is correct about milk prices according to the news report?

(a) They should return to normal in a few weeks.

(b) A _____ is causing them to increase.

(c) They could rise higher than $5 per gallon.

(d) They are dropping due to an _____.

35 As the temperature of a liquid changes, so do its behavior and _____.
It has been known for some time that these transformations occur in particularly _____ as a liquid approaches a _____ known as the glass transition temperature. Yet, MIT scientists recently discovered this is not the only transition point. There is another one _____ _____, where the properties of a liquid again _____. The newly discovered transition point is being called the dynamic crossover temperature.

Q   Which is correct about liquids according to the talk?

(a) Their behavior at a _____ temperature is well known.
(b) High temperature changes are still a mystery to scientists.
(c) Few can be heated to the glass transition temperature.
(d) They never reach a _____ temperature.

36 _____ and awaken your senses this weekend by attending Florida's _____ of experimental and free-form jazz — the Threshold Festival. This year, the very best musicians _____ are coming to open minds and _____. There will be performances by Ann Kofax and the Clutch, Tel Aviv punk _____ the Brass Ascent, and electronic violinist Will MacKenney. Due to _____, Aubrey Tucker will lead the jazz workshop at Studio 310 this Saturday.

Q   What can be inferred from the advertisement?

(a) This is _____ of the Festival.
(b) Ann Kofax and her band are from Florida.
(c) Aubrey Tucker _____ in the field of music.
(d) Tel Aviv's quartet is attending _____.

PART V

37~38 Today, let me recommend a wonderful vacation spot to you! If you're looking for a place _____ and unwind, Lakeside Resort offers a beautiful weekend vacation just _____. We're located only 45 miles north of the city, and you'll find yourself surrounded by trees, hills and beautiful Lake Madison. The five-star Lakeside Resort has established an identity for itself within the town's wider hospitality industry that is _____ with exceptional staff, service and _____. Our concierge can arrange horseback rides and boat excursions, and we offer a number of activities for children, so you can spend a little time alone. Additionally, there are memorable events from July through December. We share the nearest beach with sea turtles which _____ during this period. We participate in efforts to protect the sea turtle population and watch baby sea turtles take their first steps towards their home in the ocean. All the guests are given a chance to _____ this incredible event. Make your reservation at LakesideResort.com.

Q37 What is mainly being advertised?

(a) A relaxing and convenient _____ experience
(b) An introduction to _____ outdoor activities
(c) A family-oriented trip to a _____ country
(d) An _____ for people seeking adventures

Q38 Which is correct about Lakeside Resort according to the advertisement?

(a) It _____ further away from the town.
(b) The local residents don't _____ it to others.
(c) It _____ various activities only for adults.
(d) Special events are offered during _____ of the year.

39~40

Today, let's discuss the widespread _____ that the use of electronic media has _____ on all aspects of society. The steady proliferation of electronic media has caused some to view screen-based text and literature with suspicion. They _____ qualms concerning the negative influence of digital media, accusing it of making today's readers inattentive and fickle. In so doing, they imply that the media of the past — that is, print media — always held readers rapt and _____ them to finish everything they started. But these characterizations of print media are idealized and, frankly, untrue. If advertising companies are targeting global subscribers, then print is not the medium they should go for. Instead, the Internet has a much wider reach than print media. Indeed, there are many _____ when it comes to attracting various audiences as newspapers may be available to only certain subscribers. On the other hand, people can get access to the Internet from anywhere and everywhere. Plus, the lifespan of print media is very short as most people tend to throw them or keep them aside after a reading. Therefore, we have to keep all these matters in mind and plan wisely to make _____ of print media.

Q39 Which is correct according to the lecture?

(a) The _____ of electronic media is rising steadily.

(b) Some blame print media for making subscribers easily _____.

(c) Print media are readily _____ for people who want information on the Internet.

(d) _____ tend to prefer newspapers to digital media.

Q40 What can be inferred about the speaker?

(a) He is _____ about the benefits of electronic media.

(b) He doubts readers of the past were more _____.

(c) He wants today's readers to be more _____.

(d) He supports efforts to _____ print books.

DICTATION

PART I

1 W I'm thinking about looking for a _____.
   M
   (a) It is a great building to live in.
   (b) I couldn't _____.
   (c) I wouldn't look at it that way.
   (d) I think you can find a _____.

2 M I can't seem to find my _____, and I'm late!
   W
   (a) I'm sure everything will _____.
   (b) You'll need to _____ your card soon.
   (c) We can take the next train instead.
   (d) Don't worry. Just _____ for now.

3 W I thought the film was _____.
   M
   (a) Yeah, it's one of my favorites this year.
   (b) I had a _____ it, too.
   (c) I don't know. It seemed fine to me.
   (d) I wasn't expecting to feel so _____.

4 M I'm _____ over what to do.
   W
   (a) No, I saw something there.
   (b) Yes, we should _____ them.
   (c) I _____ about it as well.
   (d) You can have one if you'd like.

140

ACTUAL TEST 2

5   M   Your picture doesn't _____.

       W

- (a) No, I don't _____ very well.
- (b) Let's take a photograph together.
- (c) I believe justice _____.
- (d) Do you want me to retake your picture?

6   W   To check the _____, I need your account number.

       M

- (a) It's 437812.
- (b) I made a payment Tuesday.
- (c) I think the bill is _____.
- (d) Can you _____ the question?

7   M   How should I _____?

       W

- (a) It's 102 King Street.
- (b) I'm _____ soon.
- (c) Call me _____.
- (d) I'm a new employee.

8   M   _____ your physics class?

       W

- (a) It meets very early on Wednesdays.
- (b) We're starting a _____ this week.
- (c) It's _____, but really interesting.
- (d) Dr. Daniels is our _____.

9   M   _____ the ski mountain's parking lot is.
    W
    (a) The roads are a _____.
    (b) _____ are discounted as well.
    (c) I'll ski down first followed by you.
    (d) The _____ must be so crowded.

10 W   Can you _____ for the hiking trip tomorrow?
    M
    (a) The hike takes about 90 minutes.
    (b) I'm sorry, but it just _____.
    (c) You'll see a lot of interesting animals.
    (d) I don't think it _____.

PART II

11 M   Can you recommend a _____ nearby?
    W   There's a discount shop _____.
    M   Oh, I'm looking for something _____.
    W
    (a) I want you to _____ for your job.
    (b) There's a better shop a little _____.
    (c) Well, I just want you to be comfortable.
    (d) There's a great gift shop _____.

12 W How was your _____ yesterday?

　　　M It was a _____ .

　　　W Why? I heard a lot of people _____ .

　　　M

　　　(a) I think they liked it very much.

　　　(b) Yes, but _____ showed up.

　　　(c) I'm looking forward to it.

　　　(d) The _____ was too hard.

13 W Is Wilson _____ the Claymore account?

　　　M He was actually _____ .

　　　W It must be Greta, _____ .

　　　M

　　　(a) I _____ on the specifics.

　　　(b) Yes, with a _____ .

　　　(c) I can _____ your interest to her.

　　　(d) No, Wilson's in charge of it.

14 M I hear you _____ . Congratulations!

　　　W Thanks. It's a lot more work, but _____ .

　　　M So, you think you'll _____ for a while?

　　　W

　　　(a) It could _____ to get a promotion.

　　　(b) It's _____ and we can have lunch.

　　　(c) At least for the next two years.

　　　(d) I think you would like working there.

15 W This job is the _____ I've ever had.
　　M But I thought your uncle was your boss.
　　W He is, but he's not giving me _____.
　　M

　　(a) It's a tough job but I admit it _____.
　　(b) I guess that's fair to the others.
　　(c) You got the job _____.
　　(d) You must have a close relationship.

16 W Mark, did you get my email about the meeting?
　　M An email? _____.
　　W But I _____ two hours ago.
　　M　　　　　　　　　　　　　.

　　(a) Oh, at that time, I was out of my office.
　　(b) Let me give you my _____.
　　(c) I'm afraid I can't help you right now.
　　(d) It might be sitting in my _____.

17 W Are you interested in our _____ service?
　　M Yes, I'd like to _____.
　　W What are you looking for in the design?
　　M

　　(a) It _____ of my company.
　　(b) Something that _____
　　(c) That's OK, I've already found it.
　　(d) A positive customer _____ so far.

144

18 M How was the interview with the _____?

W He has _____, but doesn't communicate well.

M Are you interviewing other _____?

W

(a) Yes, a few people have asked about the position.

(b) I think they're going to _____.

(c) Yes, there are a few more schedules this week.

(d) I need to _____ next time.

19 W When can we _____ this week?

M I can probably meet you on Thursday.

W Can we _____ near downtown?

M

(a) I can be there in time for dinner.

(b) I have a meeting over there, _____.

(c) It's a _____ on Seventh and Broadway.

(d) Sounds like it's a bad time for you.

20 M My _____ is 550 dollars.

W When could you _____?

M It'll probably take me till the end of the month.

W

(a) I think I can give a _____.

(b) Sorry, we need a faster _____.

(c) Well, as long as you're happy there.

(d) The project _____ was excellent.

PART III

21 Listen to a conversation between two colleagues.

M Do you know what's wrong with the _____?

W I think there was a _____.

M Should I try and fix it? I'm _____ to make copies.

W I think a few people have tried, _____.

M This is ridiculous. What am I supposed to do?

W Yeah, I know. But I think a repairman is _____.

Q What is the conversation mainly about?

(a) A piece of equipment _____

(b) How the copy machine should be used

(c) _____ to making copies

(d) _____ about a problem

22 Listen to a conversation between a husband and a wife.

W Ugh, I'm so tired. Today was _____!

M What happened? I thought things had _____.

W They did, but we got a _____ to _____.

M Oh, that sounds really stressful.

W And the client _____ what he wanted.

M Here, sit down and relax. Tell me about it.

Q What is the woman mainly doing in the conversation?

(a) Talking about a difficult day

(b) Reminding him of _____

(c) _____ a story she heard

(d) Reviewing plans for a project

146

23 **Listen to a conversation between two colleagues.**

W   I just can't _____ this every month.

M   That's not the _____ for me. It's the fact that we don't _____ for it.

W   You're right. This isn't in our _____, is it?

M   Not only that, but you don't see any of the _____ doing it, do you?

W   How can they do that?

M   It's simple. They _____ and we don't.

Q   What are the man and woman mainly doing in the conversation?

(a) Complaining about an _____

(b) Accusing the employer of _____

(c) Praising the employer for their power

(d) _____ without getting paid

24 **Listen to a conversation between two friends.**

M   Hi, Judy. It's good to see you. I enjoyed _____ last week.

W   Same here. I've been hoping to meet people _____.

M   Well, I'm _____ next week. A lot of musicians will be there.

W   _____. And I heard that you're friends with Elaine.

M   Oh, yes. _____ for years. We're very close.

W   I knew her _____. Please give her _____ when you see her.

Q   Which is correct according to the conversation?

(a) They recently moved to _____.

(b) They have _____.

(c) They listen to the same musician's album.

(d) They _____ the week before.

25 **Listen to a conversation between a couple.**

M I thought we might _____ today.

W Actually, the carnival's _____.

M Oh? Then what would you _____ ?

W Let's go see _____ at the history museum.

M I'd be _____. You mean the museum uptown?

W Yes. And then we'll _____ near a new restaurant I want to try.

Q Which is correct according to the conversation?

(a) The woman offered _____.

(b) The woman lives _____.

(c) The man doesn't enjoy visiting museums.

(d) The man _____.

26 **Listen to a conversation between two strangers.**

M Nice to meet you, Cindy. _____ ?

W I was born in Seattle, but I've _____.

M What's been your _____ ?

W I spent two years in Zambia with the Peace Corps.

M And _____ ?

W In Brooklyn with my husband.

Q Which is correct about the woman according to the conversation?

(a) She has _____ often.

(b) _____ was Zambia.

(c) Her time in Zambia was _____.

(d) She lives with her husband in Seattle.

148

27 **Listen to a conversation between a representative and a customer.**

M What are the _____ of this cell phone model?

W You can use it in over 50 countries.

M And the _____?

W Yes. It's locked in at 10 cents a minute.

M It looks like it also has a universal _____.

W Right. You can _____ it anywhere in the world.

Q Which is correct about the phone according to the conversation?

(a) It is _____ to 15 countries.

(b) It provides calls at varying rates.

(c) It charges users up to 10 cents a call.

(d) It has a globally _____.

28 **Listen to a conversation between two acquaintances.**

W Do you know of any companies that are _____ these days?

M I know of a few _____. Why do you ask?

W It's time for me to _____. I'm really unhappy with mine.

M Do you think _____ might change sometime soon?

W I doubt it. I work so hard and I feel like they just _____.

M I see what you mean, but you might consider _____ how you feel.

Q Why is the woman looking for a new job?

(a) She doesn't like the work she's asked to do.

(b) She is hoping to increase her _____ significantly.

(c) She doesn't feel _____ by her supervisor.

(d) She isn't _____ with her co-workers.

29 Listen to a conversation between two colleagues.

M   Are you planning to attend the _____ this afternoon?

W   I'm not sure. I've heard the speaker before and wasn't that _____.

M   Oh? I'm really interested in hearing about new _____.

W   In that case, you should attend. You'll learn a lot from him.

M   That's the most important thing. I really want to hear _____.

W   Of course. I just hope the speaker is _____ this time.

Q   What can be inferred about the keynote speaker from the conversation?

(a) He is very knowledgeable, but not very _____.

(b) He has received awards for his medical presentations.

(c) He has much experience with _____.

(d) He will be telling stories rather than _____.

30 Listen to a conversation between two friends.

W   I'm feeling _____ about Shelly.

M   Is that because of last night?

W   Yeah, I _____ at the concert.

M   But you weren't _____. You had to leave.

W   Even so, I bet she wasn't happy at _____.

M   Maybe you should just _____.

Q   What can be inferred about the woman from the conversation?

(a) She often suffers from illnesses.

(b) She is _____ about her actions.

(c) She does not enjoy going to concerts.

(d) She will receive an _____ from Shelly.

150

PART IV

31 Now let's turn our attention to a feature of _____.
As you know, most birds migrate in large flocks, but the hummingbird is an _____ for several reasons. First, the birds are so small it's difficult for predators to _____. By flying in flocks, hummingbirds would put themselves _____. They must also stop frequently to feed from _____, but it would slow their travel if many birds had to stop in the same place to feed from a _____.

Q   What is the lecture mainly about?

(a) The _____ of hummingbird migration
(b) Details of the hummingbird's diet
(c) Environmental reasons for bird relocation
(d) _____ of hummingbird migration

32 During tight financial times like these, states looking for ways to _____ _____ might take their cue from Governor Ana Garcia Rodriguez. Her tactic is to cut costs by reforming financially _____ in her state. For example, the cost of housing state _____ jumped from $12 billion a year to $52 billion a year in the past decade. To _____ that expense, Ms. Rodriguez has introduced legislation that would enable judges to _____ to crimes, with nonviolent offenses qualifying for _____.

Q   What is the main idea of the talk?

(a) Ms. Rodriguez has a plan for trimming her _____.
(b) Ms. Rodriguez is faced with running an inefficient state.
(c) State governments are doing their best to reduce expenses.
(d) Criminals with no _____ deserve short sentences.

33 _____ constantly plagued nineteenth-century composer Fryderyk Chopin, who died at 39. Looking back on the composer's personal history, medical experts have offered _____ that might explain his health problems: cystic fibrosis, depression, heart disease. Yet none is completely _____. But a paper in the journal *Medical Humanities* offers a new conclusion about Chopin's health that explains many of his _____. In this, the study's authors conclude Chopin suffered from temporal lobe epilepsy, a seizure disorder.

Q What is the main idea of the talk?

(a) Chopin died _____ from ill health.
(b) It is difficult to diagnose Chopin's health problems.
(c) Health problems suffered by Chopin were _____.
(d) Chopin's health issues were perhaps due to epilepsy.

34 I next want to talk about _____, organisms which don't require oxygen to grow. Some of these life forms can make use of oxygen _____. This sort of anaerobic organism is known as a facultative anaerobe. There are two other classes of anaerobic life. There are those that can _____ environments though they cannot use oxygen, and others that cannot _____. The former type is designated aerotolerant while the latter is called an _____ anaerobe.

Q Which is correct about anaerobes according to the talk?

(a) Most of them die if _____.
(b) Facultative anaerobes try to avoid all oxygen.
(c) They typically prefer oxygen-free environments.
(d) The aerotolerant variety can _____ any oxygen.

35 Fragrant with _____ of freshly baking pizzas, South Street Pizzeria has _____. Indeed, it wouldn't _____ at all in a real "pizza city" like Brooklyn or Chicago. Clearly, owners Nora Elsom and Clarence Halliday know pizzas intimately, which is why South Street Pizzeria is _____. When the two opened up their first shop four years ago, it was _____ in their South Royalton neighborhood. Today, they're still _____.

Q Which is correct according to the review?

(a) The pizzeria is located in Brooklyn.
(b) The pizzas are made Chicago style.
(c) The pizzeria is celebrating _____.
(d) The pizzeria _____ in South Royalton.

36 My staff and I invite you to experience an _____ gastronomical outing at La Violette. Here, Charleston's long-lost appreciation for _____ is being renewed, one diner at a time. Years ago, _____ with Charleston's dining scene, I left home in search of flavor and culinary stimulation. My quest _____ where in the cuisines of France, Morocco, and Thailand I found _____. The menu at La Violette allows local diners to taste for themselves these foreign tastes which _____ me to open the restaurant.

Q What can be inferred about La Violette from the advertisement?

(a) It ranks among the many _____ in Charleston.
(b) Its menu _____ French, Moroccan, and Thai influences.
(c) It received a complete menu _____ just recently.
(d) Its food may not _____ to Charlestonian tastes.

PART V

37~38 Aesthetics is a branch of _____ that pursues aesthetic experience such as art, beauty and taste, and explores the _____ of art and criticism. Although its own history follows a path parallel to both, aesthetics is _____ the history of art and the practice of art criticism. It is not the empirical study of the psychology or sociology of art, nor is it the same as aestheticism. Today, I will outline _____ of Western aesthetics from its eighteenth-century foundations, back through earlier anticipations from the classical period. Western aesthetics typically refers to Greek philosophers as _____ of formal aesthetic explorations. And then academia encountered a slow revolution into what is often called _____ from the late 17th to the early 20th century. Indeed, German and British thinkers regarded beauty as _____ of art and stressed that the aim of art is to achieve absolute beauty. In the 19th century, experimental aesthetics was founded by Gustav Theodor Fechner. In the early 20th century, the existing notions of beauty were challenged by artists, musicians and composers, so the scope of art and aesthetics _____.

Q37　What is the main topic of the lecture?

(a)　Introduction to _____

(b)　_____ of art criticism

(c)　History of Western aesthetics

(d)　_____ of aesthetic experience

Q38　When did Gustav Theodor Fechner found experimental aesthetics?

(a)　In the 17th century

(b)　In the 18th century

(c)　In the 19th century

(d)　In the 20th century

39~40 Thank you, everyone, for attending this meeting. Unfortunately, I have bad news about our graduate fellowship program. The _____ for the Young Achieving Scientists (YAS) fellowship has not been renewed during the administrators' recent annual _____ review. It's their belief that the money formerly _____ to supporting the work of YAS fellows would be better spent on other climate research programs.
I have registered my misgivings _____. What this means is that your projects have no chance of being funded by our organization after December. Even if you think you may not be able to achieve your goals, don't be disappointed yet. There will be three types of _____ supported by endowment funds of other organizations and annual contributions by companies. The general _____ requirements for candidates are as follows. The applicant must be an existing graduate student pursuing a course of study leading to a Ph.D. degree. Also, the laboratory which the recipient belongs to must be conducting fundamental _____ for the advancement of bioscience and biotechnology. For more information, visit www.western.edu.au.

Q39   What is the main purpose of the talk?

(a)   To explain the scholarship schemes to new undergraduates

(b)   To _____ students about a scholarship program change

(c)   To _____ the entrance requirements for graduates

(d)   To _____ the pros and cons of the existing scholarship program

Q40   What can be inferred from the talk?

(a)   New fellowships for YAS will become _____.

(b)   The speaker _____ in the YAS fellowship program.

(c)   The speaker strongly _____ the funding decision.

(d)   YAS has a chance of _____ next year.

Dictation

PART I

1. M   Is Tara Ford _____?
   W
   (a) She can't believe it, either.
   (b) It's a pleasure to meet you.
   (c) Sorry, she's _____.
   (d) It's _____, of course.

2. W   Aren't you _____, Don?
   M
   (a) Sure, I can _____ to him.
   (b) _____ through the Internet.
   (c) How should I _____?
   (d) Yes, he's a really nice guy.

3. M   I heard Josef kind of _____.
   W
   (a) Things are a bit _____.
   (b) Hey, _____?
   (c) Oh, you don't have to do that.
   (d) He didn't offer me any help.

4. M   _____ of tablet computers?
   W
   (a) They have remarkable _____.
   (b) We'll be sold out _____.
   (c) I'll take one if you've got it.
   (d) For a _____ only.

ACTUAL TEST 3

5 W Should I invest in this _____?

M

(a) _____ their annual report, yes.

(b) With no _____ necessary.

(c) Well, I'm short on _____.

(d) You'll never believe what I spent.

6 M You _____. Did something happen?

W

(a) It's _____ to ask about it.

(b) I expected you to be worried.

(c) I got some _____ earlier today.

(d) I wish I had an answer for you.

7 W _____ 25 thousand dollars for the car.

M

(a) My car _____ than that.

(b) I don't mind giving you a ride.

(c) That seems quite _____.

(d) I've been selling cars for years.

8 M I can't access this document _____.

W

(a) That's because it's _____.

(b) I can set up your new email account.

(c) Thanks for sending me _____.

(d) Open the document and see.

9   W   Your hair never seems to _____.

    M

    (a) Thanks, it's a new style.

    (b) My stylist _____.

    (c) I like it best when it's straight.

    (d) I admit it's looking a little _____.

10 M   _____ for the meeting this morning?

    W

    (a) I'd like to take a day off for a _____.

    (b) Could you postpone the meeting to Monday morning?

    (c) My alarm clock didn't _____ and I got up late.

    (d) I'm sorry, but I can't attend the meeting tomorrow.

PART II

11 M   Hi, can I help you with something?

    W   Have we met? You _____.

    M   Was it at the sales conference?

    W

    (a) Ah, I knew I'd _____.

    (b) That'd be wonderful if it's true.

    (c) I'm just wondering where it is.

    (d) Your _____ looks great.

12 W Who was that _____?

   M Someone from Dr. Rand's office

   W Is there a problem with my _____ tomorrow?

   M

   (a) No, the results were recorded.

   (b) I'll be there _____.

   (c) I'm sure you'll get well soon.

   (d) It was just a _____.

13 M I heard you _____ in your department.

   W Yes, he started a couple of weeks ago.

   M What's the _____?

   W

   (a) He likes to play golf.

   (b) He's a perfect boss _____.

   (c) He hasn't started to like anything yet.

   (d) He has a new _____.

14 M Hi, I'm David. You _____ here?

   W Yes, I just started as a photographer last week.

   M Great. Did you _____ to meet the _____ yet?

   W

   (a) I think she's in a meeting now.

   (b) That's her office _____.

   (c) I'm really glad to be working here.

   (d) We met _____ last Thursday.

15 M Mary, I need someone to _____.

W What about Maurice Sanchez?

M Actually, I was _____.

W

(a) It's nice that you thought I did.

(b) Find someone better than him.

(c) I suppose I could _____.

(d) I haven't seen them in ages.

16 W Could you show me how to _____?

M Sure, but you'll find it's pretty _____.

W It seems really complicated to use.

M

(a) Make sure you ask an expert before operating this machine.

(b) Actually, nobody _____ in using this machine yet.

(c) Think of its _____ and you'll realize how cheap it is.

(d) It will tell you what to do once you _____.

17 M What are your feelings on _____?

W I support it for those who will find work and _____.

M What about people who enter the country _____?

W

(a) I don't know anyone in that situation.

(b) My opinion on that is more complicated.

(c) We have to address _____.

(d) I think tourism is great for the economy.

18 M   Did you ask your _____ about your tax problem?

W   Yes, he needs time to _____.

M   So, he didn't know the answer _____?

W

(a) He doesn't want to _____.

(b) Sure, you can try if you want.

(c) No, I talked to him last week.

(d) I guess it's a _____.

19 W   If you ask me, I don't think she's the _____ for you.

M   But there are good things about our _____.

W   I know, but I can tell you're not happy.

M

(a) Sometimes you're just too _____.

(b) Well, we're trying to _____.

(c) I'm trying to be a better friend.

(d) I don't _____ about it.

20 M   What was _____ about?

W   Shirley is angry at me for eating her sandwich.

M   Oh, you _____ that.

W

(a) Don't _____ so quickly.

(b) Sorry, I didn't realize it was yours.

(c) But she really _____ about it.

(d) It's easy enough to make a sandwich.

PART III

21 Listen to a conversation between two colleagues.

W   Hi, Mr. Jones. You wanted to see me?

M   Yes, it's about your _____ in the meeting today.

W   Oh, I didn't realize you were there.

M   I was _____ and I was impressed.

W   Well, that's very nice of you to say.

M   I think you _____ for presentations.

Q   What is mainly happening in the conversation?

(a) The man is _____ the woman.
(b) The woman is thanking the man for his help.
(c) The man is inviting the woman to a meeting.
(d) The woman is showing her presentation _____.

22 Listen to a conversation between two colleagues.

M   When did you come back from your business _____?

W   I came back last week.

M   You still haven't _____, have you?

W   Yes, I have. I didn't feel much jet lag this time.

M   Good for you. Do you travel a lot?

W   I go abroad on business almost _____.

M   Then you must _____ quickly, I guess.

W   I normally do.

Q   What are the speakers mainly discussing in the conversation?

(a) _____ to new climates
(b) Tourism abroad
(c) The _____ of business trips
(d) Recovering from jet lag

23 Listen to a conversation between a husband and a wife.

W I think we should get a bigger apartment.

M But we're so _____ of our offices.

W I know, but we don't have any _____.

M I see your point, but it will take time and money.

W Yes, but we've been really _____ this year.

M Okay, then. Do you want to _____?

Q What are the man and woman mainly doing in the conversation?

(a) Discussing future _____
(b) Arguing about their apartment
(c) Determining plans for their guests
(d) Talking about the _____

24 Listen to two friends discuss a telescope.

M Hey, I didn't know you had such _____, Suzy.

W You like it? I got it _____ from my boyfriend.

M Have you always been _____?

W No, it's just a _____ hobby.

M Used it much? _____ is it?

W Actually, I was hoping to _____ tonight.

Q Which is correct about the woman according to the conversation?

(a) She received a gift from the man.
(b) She _____ as her major.
(c) She has _____ in astronomy.
(d) She will first use her telescope next week.

25 Listen to two friends discuss a vacation plan.

W _____ going to Paris this summer.

M Paris? Why go there?

W Hey, I thought you'd be _____!

M Sorry. But Paris is _____.

W I didn't realize you found it _____.

M After _____ about it, the reality is a letdown.

Q Which is correct according to the conversation?

(a) The woman _____ her tickets to Paris.

(b) The man loved Paris as soon as he saw it.

(c) The woman is _____ of Paris' reputation.

(d) The man was _____ with Paris.

26 Listen to a conversation about a condo.

W Tell me about the _____ you looked at.

M It was small, but the location was good.

W What about _____?

M The layout was attractive, and it had _____.

W So, do you think you'll purchase this one?

M I wouldn't mind _____.

Q Which is correct according to the conversation?

(a) The woman is hoping to sell her condo.

(b) The man had _____ a large apartment.

(c) The man found the interior design _____.

(d) The woman wants to look at the condo again.

164

27 Listen to a conversation about a job.

M   Well, your job application seems to be _____.

W   Can I ask what the _____ is?

M   We're offering 35 thousand a year to the _____.

W   Oh, is that all?

M   That's the most our company budget will _____.

W   I had the _____ it'd be closer to 45 thousand.

Q   Which is correct according to the conversation?

(a) The woman was just offered a job.
(b) The man's company will pay 45 thousand.
(c) The company cannot _____.
(d) The woman thought the salary would be higher.

28 Listen to a conversation about a new assistant.

W   How's the new assistant you hired last month?

M   Frankly, I'm pretty _____.

W   Why? I thought she had pretty _____.

M   She did, but it turns out she can _____.

W   What a nightmare! Have you talked to her about it?

M   I have, and I think she'll eventually _____.

Q   Which is correct according to the conversation?

(a) The woman is concerned about _____.
(b) The man isn't working well with an employee.
(c) The man has a very _____.
(d) The woman is planning to apply for a new job.

29 Listen to a conversation between two friends.

M How's _____, Janice?

W OK. I'm going to physical therapy for it twice a week.

M Do you know how long a _____ is supposed to take?

W The surgeon _____ three months.

M Wow, that's a long time.

W Yeah, but it'll be worth it to _____.

Q What can be inferred from the conversation?

(a) The woman's pain is at a _____.

(b) The woman's wrist was recently operated on.

(c) The man needs to go to physical therapy, too.

(d) The man is surprised at the woman's _____.

30 Listen to a conversation between an airline representative and a passenger.

M Ma'am, I see you booked a seat in the _____.

W That's right. I want the _____.

M Are you aware of the _____ of a seat in this row?

W No, what are they?

M You need to be fit enough to _____ in an emergency.

W Oh, that's no problem. I can do that.

Q What can be inferred about the woman from the conversation?

(a) Her seat is going to be changed.

(b) Her flight has been _____.

(c) She does not care where she sits.

(d) She is in _____.

PART IV

31 Many say our _____ on digital devices has caused greater isolation, but this isn't the _____. Certainly, we've seen friends sitting together at a dinner table looking at their phones _____ to one another. But these same devices allow friends to communicate more often, share personal moments, and _____. Moreover, families separated by long distances can stay in touch more often at a very low price. So, I would argue that our mode of communication has _____ but hasn't _____.

Q What is the main idea of the talk?

(a) Digital devices invade _____.
(b) Improvements in technology have a downside.
(c) Changes in communication have their benefits.
(d) The effects of new devices can't be _____.

32 A government panel is investigating a major automaker for problems with the _____. It's possible more than 300 people have died in _____ because airbags in their cars did not _____. The investigation spans three years of _____, and lawmakers are reviewing cases from customers nationwide. If the _____ are true, the company could _____ that may _____ _____.

Q What is the news report mainly about?

(a) How airbags function during a _____
(b) Why road accidents increased in recent years
(c) An _____ into car safety complaints
(d) Improvements in automobile performance

33 At first glance, the concept of _____, borderlands, and _____ would seem to be straightforward. A border or boundary is a line on a map delineating a _____ or the limit of a political jurisdiction. Borders are primarily, but far from exclusively, seen as properties of and under the _____. Nevertheless, this has generally not always been the case. Even in the _____ where such an interpretation often does apply, the _____ frequently becomes much more complicated.

Q   What is the speaker mainly discussing?

(a) Differences between borders and frontiers

(b) A _____ of borders and boundaries

(c) The complexity of defining borders

(d) The _____ of a territorial boundary

34 For many years, the proton, neutron, and electron were believed to be _____ of matter. But in recent decades, _____ of matter was discovered — the quark. The quark can _____ into six types, but they _____ as three pairs. What's especially interesting is that quarks have only a fractional _____. Some have a one-third charge, others a two-thirds charge. Protons and electrons have a full charge of _____ and negative one _____.

Q   Which is correct about quarks according to the lecture?

(a) They can be seen under a common microscope.

(b) They _____ by protons, neutrons, and electrons.

(c) They don't have a _____.

(d) They are made from _____ matter.

35 No matter how the temperature _____ us changes, our bodies remain at _____. The process by which we maintain our _____ at this level is called thermoregulation. It's essential for humans, in part because our metabolism depends on enzymes that only operate _____. In addition, certain processes within the cells are also very _____. If we become too warm or too cold, vital functions — like active transport across cell membranes — cannot be performed.

Q Which is correct about thermoregulation according to the talk?

(a) It keeps the body's _____ stable.
(b) It is _____ carried out by enzymes.
(c) It is _____ of the human metabolism.
(d) It inhibits the process of _____.

36 It's often difficult to know _____ you should help your friends. One of my friends is in a very _____, and she's very troubled by it. I want _____ and tell her she should leave, but I also have to realize she won't follow my advice and she's a grown-up who can _____. I have another friend who can't find a job and really needs money. I want to help him, but I also have to realize I'm _____ for paying his bills.

Q What can be inferred from the talk?

(a) _____ can cause serious harm.
(b) The speaker isn't _____ friends with problems.
(c) Maintaining friendships can raise _____.
(d) The speaker is disappointed in his friend's decisions.

PART V

37~38 As spring reaches the state of California, 740,000 acres of almond trees await _____ by honeybees. But commercial growers maintain far too many _____ for local honeybees to pollinate naturally, so colonies from other parts of the country must be imported. Every February, _____ beekeepers transport more than a million hives to pollinate California groves. Around 40 billion _____ honeybees participate, pollinating about 80 percent of the world's almond crop. For the pollination of almond trees, nothing can be more important than honeybees. But some orchards also _____ other insects, such as blue orchard bees, wild bees and flies as pollinators. These pollinators move to collect pollen and _____ like honeybees. According to researchers from Northern California, _____ different pollinator species can help almond tree growers ensure reliable pollination. Almond tree growers can benefit from adopting multiple pollination strategies. _____ crop pollination is combining strategies to improve pollination.

Q37 What is the lecture mainly about?

(a) Almond crops around the world

(b) _____ of California almonds

(c) California's almond _____

(d) The _____ of US honeybee colonies

Q38 Which is correct according to the lecture?

(a) Local honeybees rarely pollinate California's almond trees.

(b) About 40 billion honeybees pollinate approximately four-fifths of the world's almond crop.

(c) It is not important for honeybees to pollinate almond trees.

(d) There is no advantage in almond tree growers using various pollination _____ .

39~40 Today, I'd like to discuss social changes within the _____. Sixty years ago, women could hold only a limited number of jobs, usually as secretaries, teachers and nurses. Now, however, women are able to work in nearly every field, _____ the military or as business executives. In particular, the married _____ participation rate has substantially increased over the last 50 years, while the rates for men have increased by much less. There are various reasons for this rise in married women's LFP (Labor Force Participation) rate. Above all, there is social _____ including changes in intra-marital relationships. Economists focus on _____ of advanced technology like vacuum cleaners, dishwashers and washing machines reducing the time for house work. According to the researchers, men with working mothers are more likely to have working wives. Yet, most industries are still _____ by men. At the same time, women are generally paid 30% less than men who do the same work. In general, society hasn't fully _____ women, who are still forced to take care of nearly all of the household and child-rearing duties within the family.

Q39 What do economists think is the most important reason for married women's LFP increases?

(a) Using high technologies for housework
(b) Men _____ working wives to housewives
(c) The _____ of labor working in specific jobs
(d) The need for women to _____ their family

Q40 What can be inferred about the modern workforce from the lecture?

(a) Men are paid more because they have more experience.
(b) Women are _____ more as a result of better education.
(c) More men are willing to contribute in the _____.
(d) Women have seen improvements but not _____.

DICTATION

PART I

1   M   How about _____ to eat?

       W

          (a)   Yes, I'm quite _____.

          (b)   It'll be ready this evening.

          (c)   I thought you'd never talk to me.

          (d)   _____ more slowly.

2   W   When is your family _____?

       M

          (a)   They're coming _____.

          (b)   I talked to my mom Friday.

          (c)   I can't predict their reactions.

          (d)   The week _____.

3   W   This apartment is an _____.

       M

          (a)   Well, I don't think there's _____.

          (b)   I've got more living space than that.

          (c)   The tenant didn't take good care of it.

          (d)   That's why it was _____ last week.

4   M   It looks _____, doesn't it?

       W

          (a)   Hey, thanks for _____.

          (b)   I don't see anything like that.

          (c)   I agree it's not the right time.

          (d)   It's supposed to _____.

ACTUAL TEST 4

5 W Rebecca is really _____.

　M

(a) It must be a _____ for her.

(b) She wasn't sure she would make it.

(c) The job is challenging for _____.

(d) Anything she can do, I can do better.

6 M I hope the rain doesn't _____ Saturday.

　W

(a) We can _____ if we have to.

(b) Yes, it could be bad for everyone.

(c) It's been rather dry the last few months.

(d) Don't worry. I've _____ every day.

7 M Amber Tech's _____ is so powerful.

　W

(a) I need to replace the _____.

(b) I'm working on my computer now.

(c) Nothing on the market _____.

(d) _____ been performing well for years.

8 W George, we _____ at the meeting this morning.

　M

(a) I'll be there as soon as I can.

(b) Great, thanks for _____.

(c) Sorry, something important came up.

(d) The one in the main _____.

9   M   Something came up and I have to _____ an extra day.

       W

       (a) I didn't mean to add _____.

       (b) You can take your time, so don't worry.

       (c) We were expecting to travel tomorrow.

       (d) You'll have a great time _____.

10   M   What can I do if I want to return this product without paying a _____?

       W

       (a) We refund only _____ after purchase.

       (b) You can return it directly to the manufacturer.

       (c) I can give you an additional 10% discount.

       (d) You can pay the fee _____.

PART II

11   M   Won't you come to the park with me?

       W   Sorry, but I'm really _____.

       M   That's what you say every time.

       W

       (a) I'll be happy to _____.

       (b) You can find it near First Street.

       (c) The park's not open this time of year.

       (d) Well, I guess I could _____.

12 M You've met Mr. Simons before, right?

W No, but _____ has.

M Then, do you know much about him?

W

(a) That's what my friend was saying.

(b) I think you must _____.

(c) Just that he's _____.

(d) He's an old friend of mine.

13 W Did you see *Sky Runners* last night?

M Yeah, the _____ were excellent!

W What did you think of the _____?

M

(a) _____. How tremendous!

(b) Right, I loved them too.

(c) What a _____!

(d) I wasn't able to attend.

14 M Jenna, remember Tom Patterson?

W You'll have to _____.

M He works with Liam over at Formica.

W

(a) Tell me if they're hiring.

(b) Oh, yes, tall guy, _____.

(c) Yes, you're right about Formica.

(d) I'll let Tom know you're _____.

15 M Can you help me out _____ again tomorrow?

　　　W Sure. When do you want to _____?

　　　M What time is best for you?

　　　W

　　　(a) I'm always happy to help.

　　　(b) My favorites are the _____.

　　　(c) I'm free most of the afternoon.

　　　(d) I have a friend who can _____.

16 W I'm so sorry I'm late, Professor Frommer.

　　　M You know how I feel about _____, Samantha.

　　　W Yes, and I promise it _____ again.

　　　M

　　　(a) Sure, why don't we do that, then?

　　　(b) You'll have to make up the assignment.

　　　(c) It's amazing how _____ you are.

　　　(d) Well, I'll _____ this time.

17 M Excuse me. Where is the _____ bus station?

　　　W It's just a few _____ on the right.

　　　M You mean near that tall office building?

　　　W

　　　(a) The buses are running late today.

　　　(b) The _____ is very expensive these days.

　　　(c) It's here in the neighborhood.

　　　(d) Close. It's just a little _____.

18 M Emily just keeps _____ me!

W She can't admit the _____.

M I don't know how to make her understand.

W

(a) Tell her I'm _____.

(b) She probably just needs time.

(c) She's a very independent person.

(d) Maybe it's best to _____ her.

19 W Will you please stop making that noise?

M What, _____ like this?

W It's really getting _____.

M

(a) Sorry to be a _____.

(b) I'll try not to chew it up.

(c) I'll eat _____, then.

(d) I heard that noise as well.

20 M We _____ at the party on Saturday.

W I was sad I couldn't be there. Something came up.

M Well, we're getting _____ on Saturday.

W

(a) Tell everyone I'm _____.

(b) I wish I'd been there to see it.

(c) Oh, I can _____ be there.

(d) I feel bad, but I had to work late.

PART III

21 Listen to a conversation between two friends.

M   Are you and your boss _____?

W   Yes, she agreed we have to hire an assistant.

M   That'll really help _____ your workload.

W   Ideally. But I worry she'll _____ filling the job.

M   Well, you should _____ regularly.

W   I know. I just wish I didn't have to check on _____.

Q   What is the main idea of the conversation?

(a) The woman worries she'll be _____.

(b) The woman is _____ with her supervisor.

(c) The man wants a position with the company.

(d) The man needs advice for a promotion.

22 Listen to a conversation between a representative and a customer.

M   I'd like to _____ for another item.

W   Is there a problem with it?

M   No, I just realized it's _____.

W   I understand. Does it still have the _____?

M   It does. It's never been worn.

W   Great. Then I just need to see the _____.

Q   What are the man and woman mainly doing in the conversation?

(a) Agreeing about fashion _____

(b) Reviewing items on sale in a shop

(c) _____ of a purchase

(d) Choosing clothing for him to wear

23 Listen to a conversation between two friends.

M I can't believe what Diana said to you.

W I know. It nearly _____.

M She's always been rude, but this was _____.

W I'm not sure I can _____ her anymore.

M I don't blame you.

W It's a shame, because we used to be friends.

Q What are the man and woman mainly talking about?

(a) How Diana has no friends

(b) A _____ from Diana

(c) A friend who was ashamed

(d) How it is rude to be _____

24 Listen to a conversation between two friends.

W Have you gotten all your books _____?

M Yes, I went to the bookstore this morning.

W Did you _____ the DVD for chemistry class?

M What DVD? Do we need one?

W It _____ and is on the syllabus.

M Well, looks like I'll have to _____ and get it.

Q Which is correct about the man according to the conversation?

(a) He _____ for the semester.

(b) He picked up _____ for class.

(c) He is not going to _____.

(d) He will _____ to the bookstore.

25 **Listen to a conversation between two friends.**

W My computer is _____, and I've got to finish this report.

M I know a little about computers. What's going on?

W I opened a spam email and now _____.

M You should turn it off right away and take it to a repair shop.

W Really? You think it's that bad? I guess _____.

M Exactly. But I know a guy who's great with that type of equipment.

Q Which is correct according to the conversation?

(a) The woman can't find an important computer file.

(b) The man suggests the woman _____ quickly.

(c) The woman doesn't have the equipment she needs.

(d) The man needs her report as soon as possible.

26 **Listen to a conversation between a representative and a customer.**

M _____ Ms. Summers of Summers Cleaning Services.

W This is Judy Summers.

M Can you explain your _____ in your cleaning fees?

W We've had to increase them to _____.

M The change seems _____.

W Believe me, we're not happy about it, either.

Q Which is correct according to the conversation?

(a) The man is looking for a new cleaning service.

(b) The woman's company has _____.

(c) The woman is offering the man a discount.

(d) The man agrees with the increase in fees.

27 **Listen to a conversation between a representative and a customer.**

W   Excuse me, but I think there's a _____.

M   Alright, let me look into it. What seems to be the problem?

W   For one thing, I didn't make the _____ listed here.

M   Ah, yes. It looks like we billed that to the _____.

W   I thought so. And I didn't order the room service listed here.

M   Miss, I'm sorry for the errors. Here's a coupon _____.

Q   Which is correct according to the conversation?

(a) The woman asked about extra hotel _____.
(b) The man believes the fees were _____.
(c) The woman is disputing items on her bill.
(d) The man offered the woman a _____ next time.

28 **Listen to a conversation between a woman and her boss.**

W   Theodore, I know we're busy at the end of the year, but I'd like to take three days off _____.

M   Let me take a look at the _____. Do you mean from the 29th?

W   Yes. I need the three days from the 29th to the 31st.

M   Those are the days between the Christmas and New Year holidays. Alright, you can _____.

W   Thanks. I'd like to go south and enjoy a warm Christmas with my family.

M   I see. I'll _____ for you for those three days.

Q   Which is correct according to the conversation?

(a) The woman wants to go on vacation before Christmas.
(b) The woman will take a long vacation after Christmas.
(c) The man will _____ during her vacation.
(d) The man does not want the woman to take any time off.

29 Listen to a conversation between a professor and a student.

M   Sorry, I missed class yesterday, Professor. I _____.

W   That's OK. We all get sick.

M   Thanks. Anyway, what did I miss?

W   We covered the chapter 6 reading, and I _____.

M   Great. I've done the reading, so I just need the assignment.

W   _____.

Q   What can be inferred from the conversation?

(a) The man has completed the essay.

(b) The woman will not _____ the man.

(c) The woman doubts the man has done the reading.

(d) The man hopes to _____ from the assignment.

30 Listen to a conversation about a business idea.

W   Have I told you my latest business idea?

M   No, what is it?

W   Fashion bandages — band-aids with _____ on them!

M   That's certainly an _____.

W   All I need is some startup capital to _____.

M   I might be able to help you out.

Q   What can be inferred from the conversation?

(a) The woman runs a _____.

(b) The man would consider investing.

(c) The woman has made many inventions.

(d) The man is _____ of the band-aid idea.

PART IV

31 I want to turn now to a method of art that relies heavily on _____ _____. The Nigerian artist El Anatsui, for example, uses discarded _____ to create giant tapestries. The materials are not just cheap and easy to find, but they _____ — how conflicts in Nigeria have left the population poor and unemployed, causing many men to _____. The use of so many beer bottle caps in his work is meant to _____ of the problem.

Q What is the talk mainly about?

(a) How an artist is helping his local environment
(b) The _____ in Nigeria
(c) Benefits of using discarded items in artwork
(d) The materials of an artwork as a part of its message

32 The anti-piracy strategies of Hollywood film studios have impeded retailers' efforts to _____. In making their films unable to be copied, studios _____ on most devices. The film industry, however, is setting a new course with the release of a new platform for _____. The new technology, called Ultraviolet, is expected to be _____ with most electronic devices, so it should be possible to download films onto smartphones, computers, televisions, and set-top units while still _____.

Q What is the main idea about Ultraviolet in the talk?

(a) It will prevent the illegal downloading of films.
(b) It may not operate on all types of _____.
(c) It is a universally compatible digital movie format.
(d) It was specifically designed for the movie industry.

33 Researchers at Massachusetts General Hospital recently published their findings regarding a new _____ that may ultimately _____ _____. While analyzing RNA molecules from tumors, the researchers _____ a previously unrecognized feature of cancer cells, called "satellites." Basically long segments of repetitive RNA sequences, these satellites are, presumably, _____. Not only that, they also seem to be _____ among all different types of cancer.

Q What is the main idea about RNA satellites in the talk?

(a) They were discovered completely by accident.

(b) They only rarely appear in healthy cells.

(c) They are specific to one type of cancer.

(d) They may aid _____ of cancer.

34 Belmont Area Transit has begun _____ that riders may want to acquaint themselves with before boarding their next bus. An attempt to simplify the fare structure will result in a _____ for certain routes, though other routes will _____. There will now be only two fare categories Local and Express. The normal rate of $1.00 per ride applies to all travel _____ designated Local, while trips on Express buses will now cost $2.00.

Q Which is correct according to the news report?

(a) Passengers have to face a more complicated _____.

(b) All Belmont Area Transit fares will increase somewhat.

(c) Express fares will cost $2.00 more than Local fares.

(d) Single-ride fares on Local buses will cost $1.00.

35 Beneath the Pacific Ocean lies a vast tectonic plate of 103 million square kilometers. This huge Pacific Plate is slowly making its way northwest, _____ the neighboring North American Plate as it moves. As the two abrade, earthquakes occur _____. It's a zone of tectonic activity known as a fault, or, more specifically, a transform fault — a place where two plates _____. The name of this _____ between the Pacific and North American Plates is the San Andreas Fault.

Q Which is correct according to the lecture?

(a) The Pacific Plate is 103 million square miles in size.
(b) The North American Plate is moving northwest.
(c) Transform faults have less _____.
(d) The San Andreas Fault is a transform fault.

36 For centuries, camel caravans _____ the blistering sands of the Sahara between Timbuktu in central Mali and _____ of Taoudenni in north Mali. However, this particular tradition has come _____ from climate change. With every passing year, the impact of drought becomes _____. Nowadays, caravans can't always complete the journey because the camels can't find _____. As a result, people are trading their camels in _____.

Q What can be inferred from the lecture?

(a) _____ remain in the northern Mali region.
(b) There used to be _____ along the route.
(c) Transportation by truck is _____ than camel caravans.
(d) Climate change has affected northern Mali more than southern Mali.

PART V

37~38 In accordance with the state's health and _____,
employees must be notified of the presence of _____ materials
on campus. Because Waterman Hall was constructed prior to 1981, all
floor tiles, laboratory surfaces, and _____ in the
building must be presumed to contain asbestos. So all Waterman employees
should follow appropriate work practices in order to avoid _____
asbestos-containing materials. As you know, asbestos fibers are most harmful
when airborne. We can minimize our health risk by leaving asbestos-containing
materials undisturbed. Microscopic asbestos fibers are _____
to the naked eye, so it is easy to inhale or swallow the dust without even
realizing it. Symptoms like _____, scarring and genetic
damage appears years after exposure to asbestos dusts. Accordingly, we
are decided to hire an asbestos abatement company, which is the wisest
and safest way to _____ materials containing asbestos from
our buildings. The asbestos abatement company will go into work from next
week. Please, don't do anything yourself before the company starts the right
abatement _____. We ask for your cooperation. For more
information, visit this web site: www.waterman.com.

Q37 What is the purpose of the announcement?

(a) To _____ employees not to use asbestos.
(b) To explain how to remove asbestos from office materials.
(c) To inform employees of _____ properties of asbestos.
(d) To notify employees of some cautions about _____.

Q38 What can be inferred from the announcement?

(a) Future health problems are _____ because of asbestos.
(b) Waterman Hall is one of the newest buildings on campus.
(c) Buildings _____ after 1981 usually will not contain asbestos.
(d) Some employees will consider leaving Waterman Hall.

39~40 Although data _____ women and migration is generally inadequate, certain details about female migrants are clear. For one thing, migrant women contribute economically to their _____ and to their countries of origin through the transfer of earnings. For many families in developing countries, financial contributions in the form of _____ from female migrants remain _____ of income. In fact, female migrants remit approximately the same amount of money to their family as male migrants. What is more surprising about their remittances is that women tend to send a higher proportion of their income despite their earning less than men. Additionally, these women may _____ their culture of origin by spreading new beliefs about the rights and roles of women. At the global level, the migration of women is essential to service-sector jobs, in particular, to the health and care economy, carrying out household chores and caring for the growing number of elderly and disabled people. This has led women to take up _____ and better-paying jobs.

Q39   Which is correct about migrant women according to the lecture?

(a)   They have been well studied by researchers.
(b)   They _____ financially to their countries of origin.
(c)   They often _____ money from home countries.
(d)   They quickly adopt customs of their adopted countries.

Q40   Which sector do female migrants mostly contribute to?

(a)   The field of education
(b)   The health care _____
(c)   The area of _____
(d)   The field of public services

DICTATION

PART I

1 M Who are you trying to _____?
   W
   (a) My name is Edgar Lee.
   (b) _____ 9890, please.
   (c) That would be great, thanks.
   (d) _____ it's not any trouble.

2 W Somebody hit my parked car and _____.
   M
   (a) I'm sorry, but this parking lot is full.
   (b) You can park anywhere _____.
   (c) My car is being kept in the garage.
   (d) You'd _____ it to the police.

3 W It's time for me to _____.
   M
   (a) About 30 minutes a day.
   (b) I've been _____.
   (c) No, at the gym downtown.
   (d) You should hire a trainer.

4 M Your help on the Fuller account was _____.
   W
   (a) Take some time to _____.
   (b) I just wish I _____.
   (c) _____ when you're ready.
   (d) Their operation is _____.

188

ACTUAL TEST 5

5 M I _____ in the cooking competition.
W

(a) All of my friends love eating there.
(b) The judges are very well-known.
(c) That's a _____.
(d) I know how much you enjoy cooking.

6 W Please make sure to _____ on these expense reports.
M

(a) Thanks, I'll make a report soon.
(b) Just _____.
(c) They approved the budget.
(d) Don't worry, I'll attend to it.

7 M Why are you _____ that old wooden door home?
W

(a) I want to _____ it as a table.
(b) I can get it on my own, thanks.
(c) I'm glad you like the _____.
(d) I'll let you have it, if you want.

8 W I never _____ this camera.
M

(a) Well, I wouldn't go out and buy it yet.
(b) You've made it into a fun hobby.
(c) You mentioned the images were of _____.
(d) We don't _____ at this location.

9 W What kind of _____ do you expect at the convention?

   M

   (a) The _____ is available.

   (b) Everyone said it was a success.

   (c) It's going to be held in November.

   (d) More than a thousand people _____.

10 M I'll be ready in just _____, I promise.

   W

   (a) I'm glad you've arrived.

   (b) I wish I had believed you.

   (c) My patience is _____.

   (d) Unfortunately, I expect it will be.

PART II

11 W Is there a problem, James?

   M Looks like we have an _____.

   W Did you _____ online sales?

   M

   (a) No, not unless it worked.

   (b) I'll try _____.

   (c) I simply can't find the books.

   (d) I did, and they still don't _____.

12 M How did you spend _____?

　　　W I went to visit my sister and her _____.

　　　M Oh, that must have been wonderful.

　　　W

　　(a) She was born three months ago.

　　(b) She's really good with children.

　　(c) It was like _____ from a baby.

　　(d) Except we hardly got any sleep.

13 M What's this book *The Great Voyage* about?

　　　W Magellan's _____ of the globe.

　　　M _____?

　　　W

　　(a) _____ for three copies.

　　(b) I read that book for history class.

　　(c) I've been _____ it myself.

　　(d) There are _____ on the topic.

14 W I was up till 5 a.m. this morning writing essays.

　　　M I've been _____ too.

　　　W I'm not sure I can go on like this.

　　　M

　　(a) Good thing the semester's almost over.

　　(b) _____ I am.

　　(c) I'll be finished with it this afternoon.

　　(d) _____ is too noisy to sleep.

15 M Will you rent or buy a place when you move?

W I'm hoping to buy, but I can't _____.

M Sounds like you've _____.

W

(a) It's difficult trying to _____.

(b) I'll _____ it when I get there.

(c) I'll rent if it's _____.

(d) I worry I _____.

16 W I'm _____ to go to the jazz concert.

M Well, let's get online and order tickets.

W You don't think it might've _____?

M

(a) I don't see how it could have.

(b) Fine, I'll pick you up after 7.

(c) I will, if you _____ the money.

(d) I've never been a _____ of jazz.

17 M What's your opinion about _____ after the presidential election?

W I think they'll be going up if _____ wins.

M Can I ask what makes you think so?

W

(a) My husband thinks the current president will _____.

(b) I'll definitely vote. I don't want to miss my first vote!

(c) Actually, this election has _____ stock prices.

(d) _____ I read this morning said so.

18 W Are you _____ for Jefferson Computing?

   M Yeah, but just as an independent contractor.

   W So, you don't get _____?

   M

   (a) No, they gave me another job.
   (b) One of the top local _____.
   (c) Let me check out your health plan.
   (d) No, but I'm really getting _____.

19 M I'm planning to _____ and go back to school.

   W But why? You have a _____.

   M I just know I won't be happy doing this forever.

   W

   (a) Well, _____ is very important.
   (b) If you keep working at it, you'll be successful.
   (c) Your company really needs to make changes.
   (d) I guess you're trying not to _____ too much.

20 W Lee, welcome back from your _____!

   M Thanks, Catherine. It's great to be home.

   W What did you _____ while you were away?

   M

   (a) Well, I was glad to see you back.
   (b) I was planning to leave Tuesday.
   (c) There were a lot of idiosyncrasies.
   (d) Basically, just a _____.

PART III

21 Listen to a conversation between two friends.

M Let's go _____.

W OK. Shall we drive over to Hampstead Park?

M Hampstead? Why don't we just walk to Carter Field?

W Hampstead's nicer than Carter.

M Yeah, but I'd _____ if we don't have to.

W I guess we'd _____ exercise walking.

Q What is the conversation mainly about?

(a) Which park is closer

(b) Where to play outdoors

(c) Where they can _____

(d) Why Hampstead is a nice park

22 Listen to a conversation between two friends.

W Where was your favorite _____ as a kid?

M Oh, my family didn't take many vacations at all.

W Sorry to hear that. _____ were just too busy?

M Yeah, basically. And also I guess we didn't have much money.

W So did you feel you were _____ as a child?

M No, I still think I had a _____ overall.

Q What are the man and woman mainly talking about?

(a) What opinions the woman has on vacations

(b) Why the woman is _____ for the man

(c) The man's childhood without many vacation trips

(d) The problems the man faced during childhood

23 **Listen to a conversation between two friends.**

W So, how did it go with the professor yesterday?

M He's not going to let me _____.

W Are you serious? How can he do that?

M He says he has a _____.

W That's _____. You should speak to the _____.

M I'm considering it.

Q What is mainly being discussed in the conversation?

(a) A disagreement with the man's professor

(b) A complaint against the professor's test

(c) A _____ in university policy

(d) A natural look without makeup

24 **Listen to two friends discuss diet.**

M Wow, you really look fit. Did you _____?

W I did. Thanks for noticing. I just had to _____.

M Really? _____?

W I was having pretty serious _____.

M Oh, I'm sorry. But you're feeling better now, _____?

W Completely. I _____ bread and dairy, and I feel fantastic.

Q What is the main reason the woman changed her diet?

(a) She received _____ from several friends.

(b) She _____ at the farmer's market.

(c) She was trying to lose weight _____.

(d) She was experiencing _____.

25 **Listen to a conversation between two friends.**

W Carl, you're still here?

M Yeah. I completely _____ this morning.

W Oh no! What happened?

M I set my alarm clock to p.m. _____.

W What a shame you missed a flight just because of that.

M I know. But I _____ for tomorrow.

Q Which is correct according to the conversation?

(a) The woman just missed her flight.

(b) The man's clock was broken in the morning.

(c) The woman is _____ her behavior.

(d) The man was able to find another flight.

26 **Listen to a conversation about an art contest.**

M Where can I _____ at the Spring Fair?

W You'll have to go to City Hall for that.

M And where's that, exactly?

W You have to walk _____ Elm Street and turn left.

M Would that be First Avenue?

W Right. It should be _____ at the corner.

Q Which is correct about the man according to the conversation?

(a) He wants to enter an art competition.

(b) He knows how to get to City Hall.

(c) He will turn left onto Elm Street.

(d) He has to walk _____.

27 Listen to a conversation between two friends.

W I can't believe how long this line is for customer service.

M I know. I've heard they _____ and laid people off.

W Well, they're going to _____ this way.

M I agree. People won't _____ for very long.

W And given the _____ on their products, this is _____.

M Yes, when customers pay that much, they expect better than this.

Q Which is correct according to the conversation?

(a) The two people are frustrated with a business.

(b) The woman is returning a product _____.

(c) The man is displeased with an item he bought.

(d) The company sells products for the _____.

28 Listen to a conversation about a film.

M What did you think of the film? Did you like it?

W It was _____ for me, actually.

M Oh, I thought it was really smart and interesting.

W I just found it confusing. I like _____.

M Well, I enjoyed not knowing exactly what happened.

W Then I guess we'll just _____ on this one.

Q Which is correct according to the conversation?

(a) The man wouldn't recommend the film.

(b) The woman fell asleep while the movie was playing.

(c) The man and woman have similar taste in movies.

(d) The woman's opinion about the film _____ the man's.

29 **Listen to a conversation about a welfare policy.**

W   Are you for or against government-sponsored _____?

M   Frankly, I think the whole debate is _____.

W   But it's a hot issue right now.

M   Yes, and candidates are using it to _____.

W   What's wrong with that?

M   They're behaving like _____.

Q   What can be inferred about the man from the conversation?

(a) He usually does not bother to vote.

(b) He believes in government welfare programs.

(c) He gets annoyed with _____ political debate.

(d) He will vote for a different candidate than the woman.

30 **Listen to a conversation between two colleagues.**

M   Jim was looking for you this morning.

W   I know. I was late for a meeting with him.
    I forgot to _____.

M   Didn't you forget about _____ last year, too?

W   I did. So I was trying not to forget this year, but I thought it would start next week.

M   Yes, it _____ this year. I hope Jim understands.

W   He said he was _____ it when I didn't show up on time.

Q   What can be inferred from the conversation?

(a) Jim is very angry because the woman was late for the meeting.

(b) The woman forgot about daylight savings time _____.

(c) The man didn't know when daylight savings time started.

(d) Jim wants to know when daylight savings time _____.

PART IV

31 Not too long ago, it was believed that the earth was the center of the universe. Those who challenged that concept were often punished and _____ _____. Gradually, the truth took hold and now, only people who truly _____ believe that the earth is the center of all things. Science has often challenged people's beliefs and taken them outside of the _____. Because most people do not like to feel uncomfortable, resistance to new scientific discoveries is often common among _____.

Q What is the main idea of the talk?

(a) Scientific truth often meets people's resistance.
(b) Scientific discoveries cannot be made _____.
(c) Some people are punished for having wrong ideas.
(d) The earth is not the center of the universe.

32 _____ a limestone cliff overlooking the Philippine Sea, Jeweline offers diners an unforgettable experience. The setting is _____, the dining sumptuous, and the atmosphere relaxing. Jeweline, the signature restaurant of our island, _____ from the turquoise waters surrounding Boracay. Fishermen of the region _____ to our chefs twice a day, ensuring that all of our seafood is _____.

Q What is mainly being advertised?

(a) The _____ of Boracay
(b) The freshness of Jeweline's food
(c) A Philippine seafood restaurant
(d) A tour of a Philippine island

33 When the cost of food rises gradually, people have time to adjust to _____ _____. However, things are different when there's a _____ _____ in food prices. For families and individuals just barely making _____, there's the potential for a volatile situation that could lead to _____. It's something that happened back in 2017, when a spike in food prices resulted in _____ and rioting worldwide. Ultimately, this precipitated the fall of a number of governments.

Q   What is mainly being discussed?

(a) Why the cost of food rises over time
(b) Why food prices affect _____
(c) The link between poverty and food security
(d) The social repercussions of food cost spikes

34 I'd like to continue my talk on autism by focusing on _____, especially considering autistic students struggle to _____. Many schools provide specialists who work with parents and autistic children to develop _____. These can include speech therapy, social skill development, and dietary changes. This is paired with academic plans based on a student's _____. When families and professionals work together, communicate honestly and set reasonable goals for growth, autistic students often _____.

Q   Which is correct about autistic students according to the talk?

(a) Schools have limited resources to help families address the problem.
(b) Learning plans are available in new books about this topic.
(c) Attention to social relationships will _____.
(d) Guided planning with various caretakers helps students grow.

35 The current quarter hasn't _____ yet, but it's clear from _____ that our mobile GPS application isn't selling _____. Evidently, we underestimated the amount of time it would take for customers _____ our product, and they're embracing the technology much more slowly than expected. Consequently, our retailers around the country have canceled or _____. I assure you that our executives are developing a new plan for improving _____.

Q Which is correct according to the talk?

(a) Early quarterly predictions indicate successful product marketing.
(b) The public showed _____ in the product than anticipated.
(c) _____ from retailers is growing nationwide.
(d) Executives have settled on a strategy to improve performance.

36 I'd like to take this opportunity to support the city's _____ project. Business developments are increasing in the city and using up our _____. By expanding the local park, we can preserve more trees and _____ for families as the area becomes more crowded. The project also calls for a new swimming area and playground, which will allow children to _____. It's important we protect and preserve these spaces for our children so they have a relationship _____.

Q What can be inferred about the speaker?

(a) The speaker has reservations about spending money on parks.
(b) The speaker wants to _____ in several ways.
(c) The speaker believes children need to spend time outdoors.
(d) The speaker encourages business development in the area.

PART V

37~38 To review today's lecture, scientists only have _____ of what causes Alzheimer's disease. Among possible causes of Alzheimer's disease, _____ are believed to play a big role. That is, someone may inherit _____ from a parent, or a person may experience a mutation in his or her own genetic make-up which activates the disease. Additionally, some scientists have researched how age-related changes in the brain including _____ of certain parts of the brain and breakdown of energy production within cells may harmfully affect nerve cells and contribute to Alzheimer's disease. Environmental and other health factors can also contribute. Research shows that the chance of getting Alzheimer's can be increased by several cardiovascular risk factors and conditions. Researchers are showing increasing interest in the relationship between _____ and vascular conditions like heart disease, high blood pressure and stroke, as well as metabolic conditions such as obesity and _____ . Repeated trauma to the head increases risk for the disease, as do heart conditions that limit _____ to the brain. Those who have had a severe head injury can be at much higher risk of contracting Alzheimer's disease, but much research is still needed in this area.

Q37 What is the main topic of the lecture?
(a) _____ of Alzheimer's disease
(b) Stages of _____ in Alzheimer's disease
(c) _____ that lead to Alzheimer's disease
(d) Testing and _____ of Alzheimer's disease

Q38 What is the principal cause of Alzheimer's disease?
(a) Metabolic _____
(b) Cardiovascular diseases
(c) _____ factors
(d) Serious head _____

39~40 Municipal law limits use of carpool lanes (also known as HOV or High-Occupancy Vehicle lanes) to vehicles with two or more passengers. One exception to the _____ is the Pass Program that enables eligible energy-efficient vehicles to use the 70-mile Robben Island Expressway HOV lanes regardless of the number of occupants in the vehicle. Section 210.14 of the Sabine City Statutes specifies that an HOV _____ will remain on your driving record for a minimum of five years. You must answer this ticket within 15 days of the date of offense. Failure to answer will result in the _____ of your license and a default judgment against you. If you believe you received this ticket in error, you may request a hearing to contest it. _____ companies would basically consider an HOV violation as a sign violation which _____ vehicles from using a certain road or lane at certain times. Accordingly, your insurance rates might go up if you got a ticket for driving in the HOV lane in Sabine City. While some violations including a sign violation might not have caused any type of dangerous situation, insurance companies cannot _____ between the less and more risky _____ that cause violations.

Q39 When should the recipient respond to the ticket?
(a) Within 14 days
(b) Within 15 days
(c) Within 16 days
(d) Within 17 days

Q40 What can be inferred about the recipient of the message?
(a) The recipient was cited for a carpool lane _____.
(b) The recipient transported too many passengers at one time.
(c) The recipient recently received a license in Sabine City.
(d) The recipient had his or her license suspended for _____.

출제 원리에 철저하게 맞춘 전략형 뉴텝스 청해

NEW TEPS 청해

마스터편 실전 500+

라보혜·넥서스TEPS연구소 지음

Listening

부가 제공 자료 www.nexusbook.com

MP3·단어장
VOCA TEST
정답 자동 채점

3가지 버전
MP3

모바일 단어장
& VOCA TEST

받아쓰기
정답 자동 채점

+

어휘 리스트
& 테스트

ACTUAL TEST
5회분 수록

정답 및 해설

NEXUS Edu

NEW TEPS
마스터편 실전 500+ 청해

Listening

정답 및 해설

NEXUS Edu

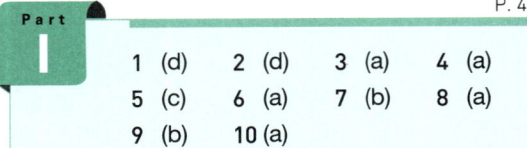

P. 49

1 (d)	2 (d)	3 (a)	4 (a)
5 (c)	6 (a)	7 (b)	8 (a)
9 (b)	10 (a)		

1

M How long is your commute to work?
W _____

(a) I often take the highway.
(b) The train is the fastest way.
(c) I live north of the city.
(d) It usually takes 45 minutes.

해석 M 출퇴근 시간은 얼마나 걸려요?
W _____

(a) 종종 고속 도로를 이용해요.
(b) 기차가 가장 빠른 방법이에요.
(c) 저는 도시의 북쪽에 살고 있어요.
(d) 보통 45분 걸려요.

해설 How long 의문문으로 출퇴근 소요 시간을 묻는 질문이므로 45분쯤 걸린다고 답한 (d)가 정답이다. (a), (b)는 출퇴근 방법을 말하고 있다.

어휘 **commute** 통근하다 **take** 이용하다; (시간이) 걸리다

2

W Are you taking any vacation time soon?
M _____

(a) It would be a great place for relaxation.
(b) As you know, I can't be in the office on Fridays.
(c) You should have told me when you're available.
(d) No, I have to finally finish this project.

해석 W 곧 휴가를 갈 계획이니?
M _____

(a) 쉬기에는 아주 좋은 곳일 거야.
(b) 알다시피 금요일에는 사무실에 있을 수 없어.
(c) 네가 시간이 될 때 나한테 말을 했어야지.
(d) 아니, 결국 이 프로젝트를 끝내야 해.

해설 휴가 계획을 묻는 말에 자신의 현재 상황에 관해 이야기하며 휴가를 낼 수 없음을 나타내는 (d)가 적절하다. (a)의 relaxation은 휴가와 관련이 있는 단어를 이용한 함정이다.

어휘 **relaxation** 휴식 **available** 시간이 되는

3

M I heard you're in the market for land.
W _____

(a) Yes, somewhere to build a house.
(b) I can if you don't mind helping.
(c) Don't worry. It's on the house.
(d) No, I really like its location.

해석 M 당신이 토지 구입에 관심이 있다고 들었어요.
W _____

(a) 네, 집을 지을 곳으로요.
(b) 당신이 도와주는 게 괜찮다면 할 수 있어요.
(c) 걱정하지 마세요. 무료입니다.
(d) 아뇨, 전 그곳의 위치가 정말 마음에 들어요.

해설 토지 구입에 관련이 있는 사람이 할 수 있는 말로 그 용도를 말하고 있는 (a)가 가장 자연스럽다. (c)의 house와 (d)의 location이 남자의 말 land와 관련이 있게 들리지만 대화의 흐름에 맞지 않는다.

어휘 **in the market for** ~ 구입에 관심이 있는 **on the house** 무료로 제공되는 **location** 위치

4

W Could you split the bill, please?
M _____

(a) Do you want a separate check for each?
(b) No problem. When do you want to pick it up?
(c) I'm sorry, but it's too hard to break.
(d) Thanks, but I'd rather not do it today.

해석 W 계산서를 나눠 주시겠어요?
M _____

(a) 계산서를 각자 드릴까요?
(b) 문제없습니다. 언제 가져가실 건가요?
(c) 죄송합니다만, 너무 단단해서 깨뜨릴 수 없네요.
(d) 고맙지만 오늘은 그렇게 하지 않겠어요.

해설 계산서를 나눠 달라는 여자의 말은 돈을 나눠서 낼 수 있도록 계산서를 따로 달라는 의미이다. 따라서 적절한 응답은 각자 나눌 것인지를 되묻는 (a)이다. 요청의 말에 대한 승낙으로 (b)의 No problem은 적절하지만 뒤에 이어지는 말이 맥락에 어울리지 않으며, (c)는 split과 유의어인 break를 이용한 함정이다.

어휘 **split the bill** (비용을) 나눠 내다 **separate** 분리된 **check** 계산서

5

M I can't tell you how sorry I am.
W _____

(a) I don't care how many times you've told me.
(b) I have something to tell you about it, too.
(c) That's okay, but make sure it doesn't happen again.
(d) I'm sorry to hear your father passed away.

해석 **M** 정말 죄송해요.
W _____

(a) 저에게 몇 번이나 말하셔도 괜찮아요.
(b) 저도 그 문제에 대해 말씀 드릴 것이 있어요.
(c) 괜찮아요. 하지만 다시는 그런 일이 일어나지 않도록 해 주세요.
(d) 당신 아버지께서 돌아가셨다니 유감이에요.

해설 남자의 말은 직역하면 '얼마나 죄송한지 말할 수 없다'로 사과의 표현이다. 따라서 사과를 받아들이며 주의를 주는 (c)가 가장 적절하다. (a)와 (b)는 남자의 말 tell을 이용한 단어 반복 함정이고, (d)는 sorry를 이용한 단어 반복 함정이다.

어휘 **pass away** 돌아가시다

6

W Does Sarah always give spare change to beggars?
M _____

(a) She's a very compassionate person.
(b) Don't worry about her finances.
(c) I'm sorry for the inconvenience.
(d) Well, it's best to ignore them.

해석 **W** 사라는 항상 남는 잔돈을 걸인들에게 주나요?
M _____

(a) 그녀는 굉장히 동정심이 많은 사람이에요.
(b) 그녀의 재정에 대해선 걱정하지 마요.
(c) 불편을 끼쳐서 미안해요.
(d) 음, 그들은 무시하는 게 제일 좋아요.

해설 사라가 항상 걸인들에게 돈을 주는지 물었으므로 응답으로는 사라의 그러한 특성에 대한 언급이 이어지는 것이 자연스럽다. 따라서 (a)가 적절하다. '여분의 잔돈'이라는 뜻의 spare change를 알아두자.

어휘 **spare** 여분의 **change** 동전, 잔돈 **beggar** 거지 **compassionate** 동정하는 **finance** 재정, 자원 **inconvenience** 불편, 애로 **ignore** 무시하다

7

M I didn't know she's been going out with Chambers lately.
W _____

(a) How long have you been seeing each other?
(b) Actually, they've been dating for a while.
(c) I thought they were staying home today.
(d) Really? I didn't know she's related to Chambers.

해석 **M** 그녀가 최근에 챔버스와 만나고 있는지 몰랐어.
W _____

(a) 너희 얼마나 오래 만나고 있는 거야?
(b) 실은 걔네 데이트한 지 꽤 됐어.
(c) 걔네 오늘 집에 있다고 생각했는데.
(d) 정말? 그녀가 챔버스와 친척인지 몰랐네.

해설 go out with가 '데이트하다, 사귀다'의 date와 같은 의미임을 안다면 쉽게 (b)를 고를 수 있다. (a)의 see 또한 같은 의미이지만 주어가 you이므로 적절하지 않다. (d)의 related to는 뒤에 나오는 대상과 '친척 관계인'이라는 의미이다.

어휘 **see** 사귀다 **related** 친척인

8

W Can we make sure this customer pays his bills on time?
M _____

(a) I'll keep him under observation.
(b) Sorry, I didn't know it was due.
(c) One of our most lucrative clients.
(d) Right, the policy change stands.

해석 **W** 이 고객이 제때 대금을 지불하도록 할 수 있을까요?
M _____

(a) 제가 그를 주시하고 있을게요.
(b) 미안해요. 지불 기한이 된 줄 몰랐어요.
(c) 저희의 가장 수익성이 높은 고객 중 한 명이죠.
(d) 맞아요. 규정 변화가 유효해요.

해설 make sure (that)은 '반드시 ~하도록 하다, ~을 확실히 하다'라는 뜻으로, '고객을 주시해서 관리하겠다'는 대책 또는 계획에 해당하는 (a)가 가장 적절하다. (c)의 client는 여자의 말 customer를 이용한 함정이다.

어휘 **bill** 대금 **keep ... under observation** ~을 주의 깊게 관찰하다 **due** 만기가 된 **lucrative** 수익성이 좋은 **stand** 유효하다

9

M Aren't you taking a business trip next week?
W _____

(a) You'll be traveling soon.
(b) That's the plan for now.
(c) Let's go double-check.
(d) I'll see you there.

해석 M 다음 주에 출장 가지 않나요?
W _____

(a) 당신 곧 여행 갈 거잖아요.
(b) 현재로서는 그럴 계획이에요.
(c) 다시 확인해 보죠.
(d) 거기서 뵙죠.

해설 다음 주에 출장 가는 것을 확인하는 말에 대한 응답으로 가장 자연스러운 것은 재확인해 주는 (b)이다. (a)는 trip과 traveling의 유의어 관계를 이용한 함정이다.

어휘 business trip 출장   double-check 재확인(하다)

10

W Alex was in a very foul mood at the party yesterday.
M _____

(a) I think he's had a really bad week.
(b) You're right, he was the guest of honor.
(c) I know. His cooking is just terrible.
(d) I've been telling him that for months.

해석 W 알렉스가 어제 파티에서 기분이 아주 안 좋던데.
M _____

(a) 아주 끔찍한 한 주를 보냈나 봐.
(b) 네 말이 맞아. 그는 귀빈이었지.
(c) 알아. 그의 요리는 참 형편없어.
(d) 그걸 그에게 몇 달 동안 말해 왔는데.

해설 어제 알렉스의 기분이 아주 안 좋아 보였다는 말에 대해 그 이유가 될 만한 의견을 말하는 (a)가 적절하다. (b)는 party와 관련 있는 어휘 guest를 이용한 함정이며, 어제 기분이 안 좋아 보였다는 얘기에 몇 달 동안 얘기해 왔다는 (d)는 시제상 알맞지 않다.

어휘 foul 아주 안 좋은, 불쾌한   mood 기분   guest of honor 귀빈, 내빈

Part II   P. 49

11 (b)	12 (c)	13 (b)	14 (a)
15 (a)	16 (d)	17 (c)	18 (c)
19 (c)	20 (b)		

11

M How are we going to cut expenses?
W We need to discontinue our cable service.
M But I love watching TV!
W _____

(a) Then let's watch something together.
(b) I'm afraid there's no other choice.
(c) We'll buy one when they're on sale.
(d) You can watch lots of channels.

해석 M 우리 어떻게 경비를 절약하지?
W 케이블 서비스를 중단해야 해.
M 하지만 난 텔레비전 보는 걸 정말 좋아하는데!
W _____

(a) 그럼 같이 뭔가 보자.
(b) 하지만 다른 선택의 여지가 없을 것 같아.
(c) 할인하면 그때 하나 살 거야.
(d) 넌 많은 채널을 볼 수 있어.

해설 경비 절약을 위해 어쩔 수 없이 케이블 서비스를 중단해야 하는 상황에서 남자가 불평을 하고 있으므로 여자는 이에 대한 자신의 생각을 밝히거나 위로의 말을 전하는 것이 자연스러우므로 (b)가 적절하다. (a)와 (d)는 케이블 서비스를 중단해야 하는 상황과 반대되는 내용이다.

어휘 cut expenses 경비를 절약하다   discontinue 중단하다

12

W Who's the new guy in your office?
M Oh, he's the new marketing assistant.
W Didn't they just hire someone a few months ago?
M _____

(a) I haven't seen any new recruits.
(b) He's done great work so far.
(c) Yeah, the last person left after a few weeks.
(d) They didn't ask me my opinion.

해석 W 너희 사무실에 새로운 남자 누구야?
M 아, 신입 마케팅 보조야.
W 몇 달 전에 누군가 고용하지 않았어?
M _____

(a) 새 신입 사원은 아무도 못 봤는데.
(b) 지금까지 아주 잘해 왔어.

(c) 응, 그 마지막 사람이 몇 주 지나고 떠났어.
(d) 그들이 내 의견을 묻지 않았어.

해설 몇 달 전에 누군가를 고용했는데 또 새로운 직원이 온 상황이므로 그 이유가 되는 (c)가 응답으로 가장 적절하다.

어휘 **assistant** 보조 **hire** 고용하다 **recruit** 신입 사원

13

M Be sure to get enough sleep tonight before your test.
W But I still have tons of studying to do.
M Well, you won't remember any of it if you're too tired.
W _____

(a) I've been sleeping very well lately.
(b) I'll just study for one more hour.
(c) I have to be at school at 7.
(d) I won't forget my textbooks.

해석 M 시험 전인 오늘 밤은 꼭 충분히 자도록 해.
W 하지만 아직 공부할 게 많은데.
M 너무 피곤하면 아무것도 기억이 안 날 거야.
W _____

(a) 최근에 아주 잘 자고 있어.
(b) 그냥 한 시간만 더 공부할래.
(c) 학교에 7시까지 가야 해.
(d) 교과서 잊어버리지 않을게.

해설 시험 전에 충분히 자라는 말에 여자는 아직 공부할 게 많다고 한다. 따라서 더 공부하겠다는 (b)가 여자의 응답으로 적절하다. (a)는 대화에 언급된 단어 sleep을 반복한 함정이다.

어휘 **tons of** 많은 **textbook** 교과서

14

W Hi, is this Home Appliances Plus?
M Yes, it is. What can I do for you?
W I bought an oven there, and it's not working.
M _____

(a) Tell me more about the problem.
(b) You can pick it up at five o'clock.
(c) Is the oven working properly?
(d) We've moved to a new location.

해석 W 안녕하세요? 홈 어플라이언스 플러스죠?
M 네, 그렇습니다. 뭘 도와 드릴까요?
W 거기서 오븐을 샀는데, 작동이 안 되네요.
M _____

(a) 문제에 대해 좀 더 자세히 말씀해 주세요.
(b) 5시에 가지러 오시면 됩니다.
(c) 오븐이 제대로 작동하고 있나요?
(d) 저희는 새로운 곳으로 이사했어요.

해설 여자가 남자의 가게에서 구매한 오븐이 작동이 안 된다고 불평하고 있으므로 더 자세한 설명을 요청하는 (a)가 가장 적절하다. 나머지 선택지 모두 매장에서 직원이 할 수 있는 말이지만, 대화의 주제를 제대로 파악했다면 쉽게 해결할 수 있는 문제이다.

어휘 **appliance** (가정용) 기기 **pick up** 가지러 가다 **properly** 제대로

15

M I returned a book yesterday, but it's still unreturned on my account.
W Where did you return the book?
M I put it in the book bin outside because the library was closed.
W _____

(a) I see. We haven't checked the book bin yet.
(b) You can pay the fine in the cashier's office.
(c) You have a two-week grace period.
(d) So do you want to close your account?

해석 M 어제 책을 한 권 반납했는데, 아직 제 계정에 반납이 안 된 것으로 되어 있어요.
W 책을 어디에 반납하셨어요?
M 도서관이 닫혀 있어서 밖에 있는 도서 반납함에 넣었어요.
W _____

(a) 그렇군요. 저희가 아직 도서 반납함을 확인하지 않았어요.
(b) 회계 사무실에서 벌금을 낼 수 있어요.
(c) 유예 기간이 2주 있으세요.
(d) 그러면 계정을 닫고 싶으세요?

해설 도서관에서 남자는 책을 반납했는데 아직 자신의 계정에는 대출 중인 상태에 대해 문의하고 있다. 남자가 책을 도서관 밖에 있는 도서 반납함에 놓은 상황에서 반납함에 있는 책은 아직 처리되지 않았다는 (a)가 논리적으로 적절하다. (b)와 (c)의 pay the fine, grace period 등은 책 등을 대출하는 곳에서 쓸 수 있는 표현으로 알아두자.

어휘 **unreturned** 되돌려지지 않은 **book bin** 도서함 **fine** 벌금 **cashier** 출납원, 회계원 **grace period** 유예 기간

16

W How's it going with your new soccer team member?
M He's a really good player without a doubt, but he's hard to get along with.
W Why? Does he have any problems?
M _____

(a) He never scored a goal in ten games.
(b) Yes. His brand-new camera doesn't work.
(c) No, but he wants to be a professional player.
(d) Not really. He's just too shy, I guess.

해석 W 새 축구 팀원과는 어떻게 지내?
M 정말 훌륭한 선수인 건 분명한데 어울리기가 어려워.
W 왜? 그에게 무슨 문제가 있어?
M _____

(a) 열 경기에서 한 골도 못 넣었어.
(b) 응. 그의 새 카메라가 작동하지 않아.
(c) 아니, 하지만 그는 프로 선수가 되고 싶어 해.
(d) 꼭 그렇진 않아. 단지 부끄럼을 많이 타는 것 같아서.

해설 새 축구 팀원과 어울리기 어려운 이유를 대는 (d)가 적당하다. 앞서 훌륭한 선수라고 했으므로 (a)와 같은 능력의 문제는 적절하지 않다. (b)와 (c)는 대화의 player를 반복 언급한 함정이다.

어휘 **get along with** 함께 어울리다 **score** 득점을 올리다 **brand-new** 새것의, 새로 산 **professional** 전문적인

17

M Sister, can you lend me 20 bucks?
W Again? You haven't paid me back from last time.
M Please? I know you can spare it.
W _____

(a) I have no doubt you will.
(b) Yes, I'm feeling pretty good.
(c) How about standing on your own two feet?
(d) No, I've borrowed enough from you.

해석 M 누나, 20달러만 빌려줄 수 있어?
W 또? 너 지난번 것도 아직 안 갚았잖아.
M 제발, 응? 누나가 그 정도는 줄 수 있는 거 알아.
W _____

(a) 네가 그럴 거라고 확신해.
(b) 응, 꽤 기분이 좋아.
(c) 독립 좀 하지 그래?
(d) 아니, 난 네게 충분히 많이 빌렸어.

해설 돈을 빌려 달라고 하는 남자에게 지난번에 빌린 돈도 갚지 않았다면서 할 수 있는 말로 (c)가 가장 자연스럽다. stand on one's own two feet의 의미를 모른다면 어려울 수도 있는 문제이다. (d)는 돈을 빌리는 상황을 이용한 함정이다.

어휘 **buck** 달러 **pay back** 갚다 **spare** (시간·돈 등을) 할애하다, 내어주다 **have no doubt** ~인 것을 믿다 **stand on one's own two feet** 자립[독립]하다 **borrow** 빌리다

18

W What is Kimberly's problem?
M There's nothing wrong with her, as far as I know.
W She's always really short with me.
M _____

(a) It's really long, in my opinion.
(b) I always say that's her biggest fault.
(c) Well, she is standoffish sometimes.
(d) Let me introduce you, and then decide.

해석 W 킴벌리에게 무슨 일 있어요?
M 제가 아는 한 그녀는 문제가 없어요.
W 그녀는 항상 제게 무뚝뚝해요.
M _____

(a) 제 의견으로는 그게 정말 길다는 거예요.
(b) 그게 그녀의 가장 큰 결점이라고 제가 항상 말하죠.
(c) 음, 그녀는 때때로 쌀쌀맞죠.
(d) 소개를 드리고 난 다음 결정하죠.

해설 short with의 의미를 모른다면 대화를 제대로 이해할 수 없다. 킴벌리가 자신에게 무뚝뚝한데 무슨 문제가 있는 건지 묻는 말에 그녀가 때때로 쌀쌀맞긴 하다는 (c)가 가장 자연스럽다. (b)는 킴벌리가 문제가 없다고 생각하는 남자가 할 말로 적절하지 않다.

어휘 **short with** ~에게 무뚝뚝한, 냉담한 **standoffish** 쌀쌀한, 냉담한

19

M How long is the wait for a table?
W It'll be about 30 minutes.
M Okay. Could you please add us to the list?
W _____

(a) Thank you for dining with us.
(b) Let me tell you about the specials.
(c) I'll call you when we can seat you.
(d) How did you hear about us?

해석 M 자리에 앉으려면 얼마나 기다려야 하나요?
W 30분 정도 걸릴 거예요.
M 네. 대기 명단에 저희 좀 올려 주시겠어요?
W _____

(a) 저희 식당을 이용해 주셔서 감사합니다.
(b) 오늘 특별 요리에 대해 말씀 드릴게요.
(c) 좌석이 생기면 전화 드릴게요.
(d) 저희 식당을 어떻게 아셨지요?

해설 식당에서의 대화로 대기자 명단에 올려 달라는 손님의 말에 이어질 응답으로 가장 적절한 것은 (c)이다. (a)와 (b)는 식당의 직원이 쓸 수 있는 표현으로 알아 두자.

어휘 wait 기다리는 시간 special 특별 상품, 특별한 것 seat 앉히다, 좌석이 있다

20

W This Internet connection is the absolute worst.
M You should call customer service.
W What good will that do?
M _____

(a) Just unplug your modem.
(b) Maybe they'll have an explanation.
(c) I'll connect to the Internet later.
(d) Someone in customer service.

해설 W 인터넷 접속이 완전 최악이다.
M 고객 서비스 센터에 전화해 봐.
W 그게 무슨 도움이 되겠어?
M

(a) 그냥 모뎀선을 빼 봐.
(b) 아마도 그쪽에서 뭔가 설명이 있겠지.
(c) 내가 나중에 인터넷에 연결할 거야.
(d) 고객 서비스 센터의 누군가에게 말이야.

해설 고객 서비스 센터에 전화하는 것을 제안한 남자가 할 말로 (b)가 적절하다. (a)와 (c)는 고객 서비스 센터에 전화하라고 제안한 남자의 입장으로 볼 수 없다.

어휘 connection 연결 absolute 완전한 do good 도움이 되다
unplug 플러그를 뽑다 modem 모뎀(전화선을 이용한 컴퓨터 접속 장치) explanation 해명, 설명

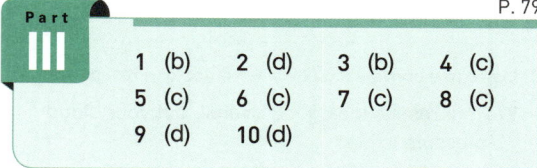

Part III   P. 79

1 (b)	2 (d)	3 (b)	4 (c)
5 (c)	6 (c)	7 (c)	8 (c)
9 (d)	10 (d)		

1

Listen to a conversation between two friends.
M I don't see the attraction of e-books.
W Why? E-book reading is so convenient.
M I'll always prefer the look of print on paper.
W But some e-book readers have high-resolution text.
M Still, I would feel weird holding a device instead of a book.
W Well, I think e-books are here to stay.
Q What are the man and woman mainly discussing?
(a) The latest e-reader technology
(b) The man's aversion to e-books
(c) The future of e-books over paper
(d) The woman's reading preferences

해설 두 친구의 대화를 들으시오.
M 전자책에는 매력을 못 느끼겠어요.
W 왜요? 전자책은 읽기가 아주 편해요.
M 전 언제나 종이에 인쇄된 모습을 선호해요.
W 하지만 몇몇 전자책 리더기는 고해상도 텍스트로 되어 있어요.
M 그렇다고 해도 책 대신 기기를 들고 있으면 이상한 느낌이 들어요.
W 음, 전 전자책이 오래 지속될 거라는 생각이 들어요.
Q 남자와 여자가 주로 논의하는 것은?
(a) 최신 전자책 리더기의 기술
(b) 남자의 전자책에 대한 반감
(c) 종이를 능가하는 전자책의 미래
(d) 여자의 독서 취향

해설 두 사람은 전자책에 대해 이야기하고 있으며, 남자가 전자책에 부정적인 의견을 갖고 있고, 여자는 그런 남자에게 긍정적인 면에 대해 이야기해 주고 있다. 따라서 두 사람이 주로 논의하는 것으로 (b)가 가장 적절하다. (a)는 여자가 언급하는 전자책의 긍정적인 면 중 하나로 언급된 세부 내용이다.

어휘 attraction 매력 high-resolution 고해상도의 weird 기묘한
device 기기 here to stay 오래 지속될 것 같은 aversion to ~에 대한 반감 preference 선호

2

Listen to a conversation between a doctor and a patient.

W Your results look good overall, but your blood pressure is high.
M Is it really bad? Should I be concerned?
W It's not alarming, but you should make adjustments.
M What would you suggest?
W Eat more vegetables, no fried food, and get more exercise.
M I guess I really need to change my lifestyle.
Q What is the main topic of the conversation?
(a) Recommendations for exercise
(b) New research about heart health
(c) Symptoms to be concerned about
(d) How to manage a health condition

해석 의사와 환자의 대화를 들으시오.
W 전체적으로 결과는 좋은데 혈압이 높으시네요.
M 많이 나쁜가요? 걱정해야 할 정도인가요?
W 걱정스러운 정도는 아니지만 조금 조절하셔야겠습니다.
M 조언 좀 해 주시겠어요?
W 채소를 더 드시고 튀긴 음식은 삼가세요. 그리고 운동을 좀 더 하세요.
M 정말 제 생활 방식을 바꿀 필요가 있을 거 같네요.
Q 대화의 주제는?
(a) 운동 추천
(b) 심장 건강에 관한 새로운 연구
(c) 우려해야 할 증상들
(d) 건강을 관리하는 방법

해설 혈압이 높은 남자에게 여자가 건강을 위한 조언을 해 주고 있으므로 대화의 주제는 (d)가 적절하다. (a)는 조언의 일부로 언급된 세부 내용이다.

어휘 **overall** 전반적으로 **blood pressure** 혈압 **be concerned** 우려하다 **alarming** 걱정스러운, 두려운 **make an adjustment** 조정하다 **symptom** 증상, 징후

3

Listen to a conversation between two friends.

M Hi, Kate. I was expecting you last night.
W I'm sorry I forgot to tell you that I couldn't come. So how was the party?
M It was great. You know, I think we've collected more than 10,000 dollars.
W Great! Isn't it much more than you'd expected?
M Of course it is. The committee said that with this money, they'll be able to buy the items they need to send to Africa.
W They're doing a really good job. Can I donate a small amount of money for the orphans in Africa by mail?
M Sure, a lot of people are donating their money by mail.
Q What is the conversation mainly about?
(a) A birthday party
(b) A charity party
(c) A vacation to Africa
(d) Mailing a payment

해석 두 친구의 대화를 들으시오.
M 안녕, 케이트. 어젯밤 만나길 기대했는데.
W 못 간다고 얘기하는 걸 잊었어, 미안해. 그래, 파티는 어땠어?
M 좋았어. 내 생각에는 1만 달러 이상 모은 것 같아.
W 굉장하다! 네가 예상한 것보다 훨씬 많은 거 아냐?
M 물론 그렇지. 위원회에서 말하길 이 돈이면 아프리카로 보내야 하는 물품들을 살 수 있을 거래.
W 그들은 정말 좋은 일을 하는구나. 아프리카에 있는 고아들을 위해 내가 우편으로 돈을 조금 기부해도 될까?
M 물론이지. 많은 사람들이 우편으로 돈을 기부하고 있어.
Q 대화의 주요 내용은?
(a) 생일 파티
(b) 자선 파티
(c) 아프리카 여행
(d) 우편으로 지불하기

해설 두 사람은 전날 여자가 참석하지 못한 파티에 대해 이야기하고 있다. 파티는 아프리카의 어려운 사람들을 돕기 위한 기금을 마련하는 자선 파티임을 알 수 있으므로 (b)가 정답이다. 여자가 우편으로 돈을 기부하겠다고 하지만 지문의 주된 내용은 아니므로 (d)는 적절하지 않다.

어휘 **collect** 모으다 **committee** 위원회 **donate** 기부하다 **orphan** 고아 **charity** 자선 **payment** 지불

4

Listen to a conversation between a representative and a customer.

W Can you tell me which washing machines are on sale?
M We're offering discounts on those in that row.
W Which one is the best deal, you think?
M This one has a good price and comes with a warranty.
W Does it have any special features?
M It's very basic, but that makes it easy to repair.

Q What is the woman mainly doing in the conversation?
(a) Asking where she can find a product
(b) Complaining about a product she purchased
(c) Deciding which appliance she should buy
(d) Offering suggestions to a store clerk

해석 직원과 고객의 대화를 들으시오.
W 어떤 세탁기가 할인 중인지 말씀해 주시겠어요?
M 저쪽 줄에 있는 세탁기에 할인을 진행하고 있습니다.
W 보시기에 최상의 구매는 어떤 제품일까요?
M 이 제품이 가격도 좋고 품질 보증도 됩니다.
W 이 제품에 특별한 점이 있나요?
M 매우 기본적이지만, 그래서 수리가 쉽지요.

Q 대화에서 여자가 주로 하는 것은?
(a) 어디에서 제품을 찾을 수 있는지 묻기
(b) 구매한 제품에 대해 불만 말하기
(c) 어떤 가전제품을 사야 할지 결정하기
(d) 가게 점원에게 제안하기

해설 여자는 할인 중인 세탁기 가운데 어떤 제품이 최상의 구매가 되는가를 점원인 남자에게 물어보고 있으므로 정답은 (c)이다. (a)는 손님으로서 여자가 할 수 있는 행동이지만 대화 상황과는 거리가 멀다.

어휘 offer discounts 할인을 해 주다   row 줄, 열   best deal 최상의 거래[구매]   warranty 품질 보증(서)   special feature 특색, 특별함   repair 수리하다   purchase 구매   clerk 점원

5

Listen to a conversation between an airline representative and a customer.

M Hi, there. I need to change my plane ticket.
W Sure thing. Do you have the confirmation number?
M I don't. Can you use my name and flight date?
W Sure. But you should know there will be a fee to make the change.
M Yes, that's not a problem. My office will cover the costs.

Q What are the man and woman mainly doing in the conversation?
(a) Trying to locate the man's baggage
(b) Reviewing seats for a vacation trip
(c) Altering the man's travel itinerary
(d) Discussing the man's plans for work

해석 항공사 직원과 고객의 대화를 들으시오.
M 안녕하세요. 비행기표를 바꾸려고 합니다.
W 물론이죠. 예약 확인 번호 가지고 계신가요?
M 아니요. 제 이름과 비행 날짜로도 가능할까요?
W 가능해요. 하지만 변경 시에 요금이 부과되는 것 알고 계셔야 해요.
M 네, 그건 문제없어요. 회사에서 비용을 내 줄 거예요.

Q 대화에서 남자와 여자가 주로 하는 것은?
(a) 남자의 짐의 위치 찾으려 하기
(b) 휴가를 위한 좌석 검토하기
(c) 남자의 여행 일정 바꾸기
(d) 남자의 근무 계획 논의하기

해설 승객인 남자는 비행 일정을 변경한다고 하면서 필요한 절차를 밟고 있으며, 여자는 일정 변경에 발생하는 추가 요금에 관해 설명해 주고 있으므로 (c)가 정답이다.

어휘 confirmation number 예약 확인 번호   fee 요금   cover (충분한 돈을) 대다   locate ~의 위치를 찾아내다   baggage (여행용) 수하물, 짐   alter 바꾸다   itinerary 일정(표)

6

Listen to a conversation between two acquaintances.

M Congratulations! I heard you're going to have a baby.
W Thank you. Who did you hear that from?
M Jennifer told me. Is it supposed to be a secret?
W No, no. We're starting to announce it to people.
M Is it a boy or a girl? Do you know?
W We don't know, and we told the doctor not to let us know.

Q Which is correct according to the conversation?
(a) The woman is expecting a baby boy.
(b) The man is looking forward to seeing the baby.
(c) The woman does not want to know the baby's gender now.
(d) The man will tell Jennifer that the woman is pregnant.

해석 두 지인의 대화를 들으시오.
M 축하해요! 당신이 아기를 낳을 거라고 들었어요.
W 고마워요. 누구한테 들었어요?
M 제니퍼가 그러더라고요. 비밀인가요?
W 아니요. 이제 사람들에게 말하고 있어요.
M 아들이에요, 딸이에요? 아세요?
W 몰라요, 그리고 의사 선생님에게 알려 주지 말라고 했어요.
Q 대화에 의하면 옳은 것은?
(a) 여자는 사내아이를 출산할 예정이다.
(b) 남자는 아기 보기를 학수고대하고 있다.
(c) 여자는 지금은 아이의 성을 알고 싶어 하지 않는다.
(d) 남자는 여자가 임신 중이라고 제니퍼에게 말할 것이다.

해설 의사에게 아기의 성을 알려 주지 말라고 했다는 데에서 여자가 지금은 아기의 성을 알고 싶어 하지 않음을 알 수 있다. 태아의 성을 모르므로 (a)는 근거가 없고, 남자가 아기 보기를 학수고대하는지 여부도 판단할 수 없다. 남자는 여자의 임신 소식을 제니퍼로부터 들었으므로 (d) 또한 알맞지 않다. 따라서 정답은 (c)이다.

어휘 **expect a baby** 임신 중이다 **gender** 성 **pregnant** 임신한

7

Listen to a conversation between a representative and a customer.

M This morning I tried to withdraw some money from an ATM, but I got an error message.
W Could you tell me your name and the last four digits of your Social Security number?
M My name is Robert Stevenson and the numbers are 4768.
W Okay. Did you try the transaction more than three times?
M Actually, yes, because I couldn't remember my PIN at first.
W Since you entered incorrect PINs more than three times, your account was automatically blocked.
M Could you help me access my account?
W Sure, I'll remove the block for you immediately.

Q According to the conversation, why couldn't the man withdraw his money?
(a) He didn't have enough money in his account.
(b) Someone else tried to get access to his account.
(c) He entered the wrong PIN several times.
(d) He couldn't find where the ATM was located.

해석 직원과 고객의 대화를 들으시오.
M 오늘 아침에 ATM에서 돈을 인출하려고 했는데 오류 메시지가 나왔어요.
W 성함과 주민등록번호 마지막 네 자리 좀 알려 주시겠어요?
M 제 이름은 로버트 스티븐슨이고 번호는 4768이에요.
W 알겠습니다. 거래를 세 번 이상 시도하셨나요?
M 실은 그래요. 처음에 제 비밀번호를 기억하지 못해서요.
W 비밀번호를 세 번 이상 잘못 입력하셔서 계좌가 자동으로 정지됐네요.
M 계좌를 이용할 수 있도록 도와주실 수 있나요?
W 물론이죠. 거래 정지를 즉시 풀어 드릴게요.
Q 남자가 돈을 인출할 수 없었던 이유는?
(a) 계좌에 잔고가 충분하지 않았다.
(b) 다른 사람이 그의 계좌를 이용하려고 했다.
(c) 틀린 비밀번호를 여러 번 입력했다.
(d) ATM이 어디에 있는지 찾을 수 없었다.

해설 여자의 말에 의하면 잘못된 비밀번호를 세 번 이상 입력했기 때문에 계좌가 자동으로 정지되었다고 하므로 (c)가 정답이다.

어휘 **withdraw** 인출하다 **digit** 숫자 **Social Security number** 사회 보장 번호 **transaction** 거래 **PIN** 비밀번호(personal identification number) **automatically** 자동적으로 **block** 차단하다; 차단, 장애 **access** 이용하다

8

Listen to a conversation between a husband and a wife.

W Are you almost packed? I'm worried we won't catch our flight.
M I'm almost done. I just need a few more minutes.
W I really wish you'd finished packing yesterday.
M I'm sorry. I had to work late. I just didn't have the time.
W Well, if we don't make it to the airport soon, we'll be stuck.
M Don't worry! There's no need to panic. I promise we'll get there.

Q Which is correct according to the conversation?
(a) The woman is excited about a vacation.
(b) The man needs a ride to the airport.
(c) The woman is concerned they will be late.
(d) The man is anxious about traveling.

해석 남편과 아내의 대화를 들으시오.
W 짐 거의 다 챙겼어? 비행기를 놓칠까 봐 걱정이야.
M 거의 다 됐어. 몇 분만 더 있으면 돼.
W 네가 어제 짐 다 싸 놨으면 했는데.
M 미안해. 늦게까지 일해야 했거든. 정말 시간이 없었어.
W 공항에 빨리 안 가면 우린 오도 가도 못하게 될 거야.
M 걱정 마! 당황할 필요 없어. 우린 꼭 갈 거야.

Q 대화에 의하면 옳은 것은?
(a) 여자는 휴가에 관해 들떠 있다.
(b) 남자는 공항까지 타고 갈 것이 필요하다.
(c) 여자는 그들이 늦을까 봐 걱정한다.
(d) 남자는 여행하는 것에 대해 불안해한다.

해설 남자에게 짐을 다 챙겼는지 물으며 공항에 빨리 가지 못하면 오도 가도 못하게 될 것이라는 여자의 말로 볼 때, 옳은 것은 (c)이다. (a), (b), (d) 모두 휴가나 여행과 관련된 내용이지만 대화의 내용과는 거리가 멀다.

어휘 **pack** 짐을 싸다 **catch a flight** 비행기에 탑승하다 **be stuck** 발이 묶이다 **panic** 당황하다

9

Listen to a conversation between two friends.

M Look at that. They overcharged me again.
W Are you sure?
M I got charged twice for the beans and an orange juice.
W Let's go in and get your money back.
M No, I just won't shop there anymore.
W You should at least tell them what happened.

Q What can be inferred about the man from the conversation?
(a) He bought two bottles of orange juice.
(b) He was overcharged for fruit he bought.
(c) He wants the woman to get his money back.
(d) He is fed up with going to the grocery store.

해석 두 친구의 대화를 들으시오.
M 저것 좀 봐. 또 과다 청구했잖아.
W 확실해?
M 콩이랑 오렌지 주스 하나를 두 번 청구했어.
W 들어가서 돈을 돌려받아.
M 아니, 이제 거기서 쇼핑하지 않을 거야.
W 최소한 무슨 일이 있었는지 말해 줘야지.

Q 남자에 대해 추론할 수 있는 것은?
(a) 오렌지 주스를 두 병 샀다.
(b) 구매한 과일에 대해 돈을 더 냈다.
(c) 여자가 자신의 돈을 돌려주길 바란다.
(d) 그 식료품점에 가는 것이 진저리가 난다.

해설 '또 과다 청구를 했다'는 남자의 말에서 가게에서의 과다 청구가 반복적인 일임을 알 수 있다. 가서 돈을 돌려받자는 여자의 말에 그 가게에 다시는 가지 않겠다고 하는 것으로 볼 때 남자에 대해 (d)를 추론할 수 있다. 과일인 오렌지를 산 것이 아니라 오렌지 주스를 산 것이므로 (b)는 적절하지 않다.

어휘 **overcharge** (금액을) 많이 청구하다 **be fed up with** ~이 지긋지긋하다

10

Listen to a conversation between two friends.

W Great ride today, Michael.
M Yeah, I enjoyed the new bike route. Same time next week?
W Not this time. I have to take my bike into the shop.
M Well, you could borrow my spare.
W Thanks, but it's too big for me.
M OK, let's plan a ride as soon as you get your bike back.

Q What can be inferred from the conversation?
(a) He runs a bicycle rental shop.
(b) She wants a smaller bicycle than her current one.
(c) He can repair the woman's bicycle.
(d) They regularly bike together.

해석 두 친구의 대화를 들으시오.
W 오늘 잘 탔어, 마이클.
M 응, 새로운 자전거 길이 좋았어. 다음 주도 같은 시간에 볼까?
W 이번에는 안 돼. 자전거를 수리점에 가지고 가야 해.
M 음, 내 남는 자전거를 빌려도 되는데.
W 고맙지만 나한테 너무 커.
M 그래, 네 자전거를 찾는 대로 또 자전거 탈 계획을 짜 보자.
Q 대화에서 추론할 수 있는 것은?
(a) 남자는 자전거 대여점을 운영한다.
(b) 여자는 현재의 자전거보다 더 작은 자전거를 원한다.
(c) 남자는 여자의 자전거를 수리할 수 있다.
(d) **두 사람은 함께 정기적으로 자전거를 탄다.**

해설 남자의 첫 대사와 마지막 대사를 통해 남자가 여자와 정기적으로 만나 자전거를 탄다는 (d)를 추론할 수 있다.

어휘 **route** 경로 **spare** 여분의 것 **rental shop** 대여점 **current** 현재의 **regularly** 정기적으로

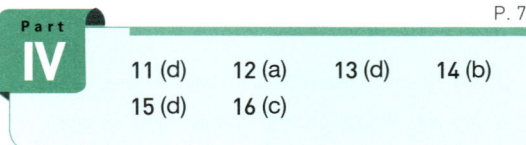

11

Welcome, everyone to our Student Town Hall meeting. We'll be discussing several student council proposals and gathering your input before the council takes a vote. Tonight, we'll discuss installing more outdoor lights on campus, adding several sports to the student league, and ideas for helping students complete their degrees faster. We first want to know which issues matter to you most and then we'll be eager to hear your ideas and feedback.

Q What is the speaker mainly talking about?
(a) Recent complaints from parents about campus life
(b) Polling faculty and students to resolve problems
(c) Expanding recreation opportunities for students
(d) Initiatives to improve students' college experience

해석 우리 학생회관 회의 참석을 환영합니다. 우리는 학생회의 몇 가지 제안에 대해 논의하고, 학생회가 투표를 하기 전에 여러분의 의견을 모으려고 합니다. 오늘 밤 우리는 캠퍼스에 야외 조명을 더 설치하는 것과 학생 리그에 몇 종목의 스포츠를 늘리는 것, 학생들이 학위를 좀 더 빨리 취득할 수 있는 아이디어 등을 논의하겠습니다. 우선은 어떤 문제가 여러분에게 가장 중요한지 알고 싶고, 그러고 나서 여러분의 아이디어와 피드백을 듣고 싶습니다.
Q 담화의 주요 내용은?
(a) 캠퍼스 생활에 대한 부모들의 최근 항의
(b) 문제 해결을 위한 교직원과 학생 여론 조사
(c) 학생을 위한 레크리에이션 기회 확대
(d) **학생들의 대학 생활 향상을 위한 계획**

해설 회의는 안건에 대해 투표하기 전에 학생들의 의견을 듣고 반영하기 위해 열리고 있으며, 학교생활을 하고 있는 학생들을 위한 아이디어와 피드백을 듣기 위한 자리이다. 따라서 정답은 (d)가 된다.

어휘 **student council** 학생회 **input** 조언, 투입 **take a vote** 투표하다 **install** 설치하다 **degree** 학위 **poll** 여론 조사를 하다 **faculty** 교직원 **resolve** 해결하다 **initiative** 계획, 추진

12

Find stunning and durable Italian style to match your home and express your personality at Divina Gallery. For more than fifty years, Divina has been offering harmonious and creative furniture for contemporary tastes. Our sleek and modern designs accented with decorative details and fine Italian leather will complement and enhance your living space. Those who have purchased Divina home furnishings know that our furniture concepts are the pinnacle of quality and comfort. Visit our elegant showroom at 1144 North Broadway Avenue.

Q What is mainly being advertised?
(a) A store that sells quality furniture
(b) Contemporary art on display at a gallery
(c) Decorations by an Italian interior designer
(d) A modern housing development on Broadway

해석 디비나 갤러리에서 당신의 집에 어울리면서 개성을 표현할 수 있는 아름답고 내구성이 있는 이탈리아 스타일을 찾으십시오. 디비나는 50년 이상 현대적인 취향에 맞는 조화롭고 창의적인 가구를 제공해 왔습니다. 장식적인 섬세함과 훌륭한 이탈리아 가죽으로 강조된 저희의 매끈하고 현대적인 디자인은 당신의 주거 공간을 완성시켜 주고 향상시켜 드릴 것입니다. 디비나 가정용 가구를 구입하신 분들은 최고의 품질과 편안함이 저희 가구의 콘셉트임을 아실 것입니다. 노스 브로드웨이 가 1144번지에 있는 저희의 우아한 전시장을 방문해 주십시오.

Q 주로 광고되고 있는 것은?
(a) 고급 가구를 파는 상점
(b) 미술관에서 전시 중인 현대 미술
(c) 한 이탈리아 실내 장식 디자이너의 장식물
(d) 브로드웨이의 현대식 주택 단지

해설 이탈리아 스타일의 고급 가구점의 광고이다. 가구점에서 내놓는 가구의 뛰어난 면과 소재, 스타일 등에 관해 소개하는 내용이므로 (a)가 적절한 답이다. 디비나 갤러리는 상표의 이름으로, 미술품에 관한 내용이 아님에 유의한다.

어휘 stunning 멋진 durable 내구성이 있는 contemporary 동시대의 sleek 매끈한 accent 강조하다 complement 보완하다 enhance 향상시키다 pinnacle 정점, 절정 on display 전시 중인 decoration 장식(품) housing development 주택 단지

13

Democracy, by its very nature, makes it difficult for politicians to tackle issues that the populace does not care about, in particular global warming. Politicians necessarily avoid environmental regulations that are disagreeable to the public, no matter how critical those actions may be for the long-term health of the planet. It doesn't make sense for them to back unpopular measures when popular support is the basis of their power. If their constituents fail to recognize the importance of addressing global warming, politicians won't stick their necks out with legislation.

Q What is the main idea of the talk?
(a) Politicians disregard the impact of global warming.
(b) Voters must voice their concerns about global warming.
(c) Global warming is not taken seriously by democratic leaders.
(d) Democracy makes important but unpopular legislation difficult.

해석 민주주의는 본질적으로 정치인들이 특히 지구 온난화와 같이 서민들이 신경을 쓰지 않는 문제와 씨름하는 것을 어렵게 합니다. 정치인들은 대중이 마음에 들어 하지 않는 환경 규정은 어쩔 수 없이 피합니다. 그러한 조치들이 우리 지구의 장기적인 건강에 얼마나 중요할지 상관없이 말입니다. 대중의 지지가 그들 권력의 토대인 상황에서 정치인들이 인기 없는 조치들을 지지하는 것은 말이 되지 않습니다. 지구 온난화 문제를 다루는 것의 중요성을 유권자들이 인지하지 못한다면 정치인들은 법률을 제정하려는 모험을 하지 않을 것입니다.

Q 담화의 요지는?
(a) 정치인들은 지구 온난화의 영향을 무시한다.
(b) 유권자들은 지구 온난화에 대한 우려를 말로 표현해야 한다.
(c) 지구 온난화는 민주주의 지도자들에 의해 심각하게 받아들여지지 않는다.
(d) 민주주의는 중요하지만 인기가 없는 입법을 어렵게 한다.

해설 정치인들이 환경과 관련된 좋은 법률을 제정하려고 해도 민주주의의 특성 때문에 유권자들의 지지가 없는 법률은 제정을 꺼리게 된다는 담화이므로 답은 (d)이다. 유권자들의 의사 표현을 촉구하는 것 그 자체가 핵심이 아니라 '중요 법률 제정에 있어서 민주주의의 부작용'에 관한 것이 주된 내용이므로 (b)는 적절하지 않다.

어휘 tackle (힘든 문제와) 씨름하다 populace 대중들 necessarily 필연적으로 disagreeable 유쾌하지 못한 back 지지하다 constituent 유권자 address (문제를) 다루다 stick one's neck out 위험을 자초하다 legislation 법률 제정, 입법 disregard 무시하다 voice (말로) 나타내다

14

It's about time to celebrate another Thanksgiving, and this Saturday before the Thanksgiving break we will be having our annual potluck dinner. If you haven't already agreed to make a certain dish, please look on the sign-up sheet to find what is still needed. The dinner will start at about 5 o'clock p.m. and will last until 7 p.m. The church social will follow the dinner and take place at Newman Hall. Family and friends are all welcome at this time of fellowship.

Q Which is correct according to the announcement?
(a) The church social is planned for the Saturday after Thanksgiving.
(b) The dinner is scheduled to last approximately two hours.
(c) Dinner will be served after holding the church social.
(d) Every church member is required to bring a dish to the dinner.

해석 또 한 번의 추수 감사절을 축하할 때네요. 추수 감사절 휴가 전인 이번 주 토요일에 연례 포트럭 저녁 식사가 있습니다. 아직 어떤 음식을 할지 결정하지 않으셨다면 무엇이 필요한지 신청서를 봐 주세요. 저녁은 대략 오후 5시쯤 시작해서 저녁 7시까지 계속될 겁니다. 저녁 식사에 이어 교회 사교 모임이 뉴먼 홀에서 열립니다. 이 친교의 시간에 가족과 친구들 모두 환영합니다.
Q 공지에 의하면 옳은 것은?
(a) 교회 사교 모임이 추수 감사절 후 토요일로 예정되어 있다.
(b) 저녁 식사는 약 두 시간 동안 계속될 예정이다.
(c) 저녁 식사는 교회 사교 모임을 가진 후에 제공될 것이다.
(d) 모든 교인들은 저녁 식사에 음식을 가져와야 한다.

해설 저녁 식사를 오후 5시부터 7시까지 한다고 했으므로 (b)가 옳다. 행사는 추수 감사절 이전의 토요일이고, 식사 시간은 사교의 시간 이전이므로 (a), (c)는 옳지 않다. 포트럭 모임이지만 모든 교인들이 음식을 가져와야 한다는 (d)도 언급되지 않았다.

어휘 potluck 포트럭(각자 음식을 조금씩 마련해 가지고 오는 파티)
sign-up sheet 신청서   fellowship 친교   approximately 대략

15

There are tens of millions of known chemical compounds and more being assembled every day. The number of future combinations of elements is virtually infinite, and the periodic table of elements continues to expand. We've become almost too good at our craft. Like kids in a candy store, the question is not whether there is more chemistry to be discovered but where we should focus first. With all the problems facing human survival, we can't afford to continue acting like a million monkeys working in a million labs and just hope that solutions will arise.

Q Which is correct according to the talk?
(a) Ten million chemical compounds have been discovered so far.
(b) The periodic table of the chemical elements has been finalized.
(c) We have to stop using monkeys for our chemical experiments.
(d) There are an infinite number of chemical compounds possible.

해석 수천만 개의 화학 합성물이 알려져 있지만 매일 점점 더 많이 만들어지고 있습니다. 앞으로 합성 가능한 원소의 수는 사실상 무한하며 원소 주기율표는 계속 확대되고 있습니다. 우리는 이러한 기교에 너무 뛰어나게 됐습니다. 문제는 더 발견할 화학이 있는지가 아니라 사탕 가게 안의 아이들처럼 어디에 우선 중점을 두어야 하는지입니다. 인간의 생존을 위협하는 많은 문제를 놓고 우리는 수백만의 실험실에서 일하는 수백만 마리의 원숭이처럼 앉아서 해결책이 나올 것이라고 희망할 수가 없습니다.
Q 담화에 의하면 옳은 것은?
(a) 지금까지 천만 개의 화학 합성물이 발견되었다.
(b) 화학 원소 주기율표가 완성되었다.
(c) 화학 실험에서 원숭이 사용을 중지해야 한다.
(d) 화학 합성물은 무한대로 가능하다.

해설 강의에서 화자는 합성 가능한 원소의 수가 무한대라고 했으므로 (d)가 정답이다. 수천만 개의 화학 합성물이 알려져 있으므로 (a)는 담화의 내용과 다르며, (b)는 주기율표가 계속 확대되고 있다는 담화의 내용과 상반된다. (c)는 담화에서 언급되지 않은 내용이다.

어휘 compound 혼합물, 합성물   assemble 모으다, 만들다
element 원소   virtually 사실상   infinite 무한한   periodic table 주기율표

16

Starting next week, we will introduce a new menu at the restaurant. It's extremely important that waiters learn every detail of the new menu, which you'll find in front of you. As you can see, we'll now be including and promoting local ingredients, but this has caused our prices to increase. When customers ask why, you must kindly explain that while they are paying a little more, they are receiving the freshest produce grown in the area. The same is true for the chicken and beef, all of which comes from local farmers.

Q What can be inferred from the talk?
(a) Waiters must recommend new dishes of the menu.
(b) Customers are unlikely to pay more for their meals.
(c) The restaurant has changed its food purchasing.
(d) Chefs must pursue training in other cuisines.

해석 다음 주부터 레스토랑에서 새로운 메뉴를 선보일 것입니다. 종업원들이 새로운 메뉴의 모든 세부 사항들을 꼼꼼히 익히는 것은 상당히 중요하며, 그 메뉴는 여러분 앞에 놓여 있습니다. 보시다시피 이제 우리 지역에서 나는 재료들을 사용하고 홍보할 것이지만, 이로 인해 가격이 올라가게 되었습니다. 손님들이 가격이 오른 이유를 물으면 여러분은 손님들이 가격을 조금 더 지불함으로써 우리 지역에서 자란 가장 신선한 농산물들을 맛보게 될 것이라고 친절히 설명해야 합니다. 닭과 소고기도 마찬가지로 모두 우리 지역의 농장에서 옵니다.

  Q 담화에서 추론할 수 있는 것은?
  (a) 종업원은 메뉴의 새 요리를 추천해야 한다.
  (b) 손님들이 식사를 위해 돈을 더 지불하지 않을 것이다.
  (c) 식당은 식자재 구매 방법을 바꾸었다.
  (d) 요리사들은 다른 요리법을 열심히 훈련해야 한다.

해설 레스토랑이 새로운 메뉴를 선보이면서 지역에서 생산된 신선한 재료들을 사용함으로써 가격이 올라갔다고 하므로 (c)를 추론할 수 있다. 종업원은 새 요리에 대해 숙지하고 가격이 오른 이유를 설명해야 하지만 추천해야 한다는 암시는 없으므로 (a)는 적절하지 않다.

어휘 local 지역의   ingredient 재료   produce 생산물, 농산품
pursue 실행하다   cuisine 요리(법)

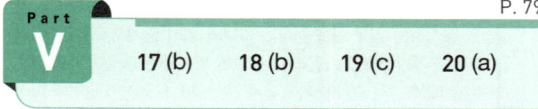

P. 79

| 17 (b) | 18 (b) | 19 (c) | 20 (a) |

17~18

Good morning, everyone. Thanks for being here. As you know, we are excited to add a new department to the business. We are finally able to create a three-person marketing department that will help us increase visibility in the marketplace and bring in more revenue. I want to introduce you to the new marketing director, Jane Roberts. As the holder of an upper level position, she will generally oversee various aspects of the marketing process from every angle. In other words, she will be responsible for planning, budgeting, executing and analyzing the campaign as well as consulting clients. Since 10 years ago, she has been dedicated to identifying target audiences and determining the best way to reach that audience. Of her achievements, she brought about good results in developing advertising campaigns and selecting media outlets, such as TV, online, billboards or newspapers. Today is her first day on the job, and I hope you will help her around. She'll spend the next few weeks getting acquainted and interviewing candidates for the two open positions.

Q17 What is correct according to the talk?
(a) The company is expanding to a second location.
(b) One of three new employees has been hired.
(c) The meeting will be spent reviewing new procedures.
(d) A marketing department will be added next month.

Q18 What is the best of Jane Roberts' ability?
(a) Client consultation
(b) Selecting mass communications
(c) Developing products
(d) Interviewing applicants

해석 안녕하십니까, 여러분. 이 자리에 참석해 주셔서 감사합니다. 여러분도 아시다시피, 우리 사업체에 새로운 부서를 추가하게 되어 매우 흥분됩니다. 시장에서의 노출을 증가시켜 더 많은 수입을 가져다 줄 수 있게 도울 3인의 마케팅 부서가 마침내 생겨났습니다. 새로운 마케팅 부장이신 제인 로버츠 씨를 소개합니다. 상부직책으로서 그녀는 다각도로 마케팅 과정의 다양한 측면들을 전체적으로 감독할 것입니다. 다시 말해서, 그녀는 고객 상담뿐만 아니라 캠페인의 계획 수립, 예산 편성, 집행, 분석에 책임이 있습니다. 10년 전부터

그녀는 광고 대상을 발견하고, 광고 대상에게 노출되는 최선의 방법을 결정하는 일을 해왔습니다. 그녀의 업적 중에서 그녀는 광고 캠페인을 개발하고, TV, 온라인, 광고판 또는 신문과 같은 매스컴을 선택할 때 최상의 결과를 가져다 주었습니다. 오늘이 첫날이니 여러분들이 로버츠 씨께 이곳저곳을 안내해 주세요. 다음 몇 주 동안 로버츠 씨는 이곳에 익숙해지고, 공석인 두 자리를 위해 면접을 보게 될 것입니다.

Q17. 담화에 따르면 맞는 것은 무엇인가?
(a) 회사가 두 번째 사무실을 내고 있다.
(b) 새로운 세 직원 중 한 명이 고용되었다.
(c) 회의는 새 절차를 검토하기 위한 것이다.
(d) 다음 달에 마케팅 부서가 추가될 것이다.

해설 3인의 마케팅 부서가 새로 생겨났고, 로버츠 씨가 부서의 부장으로 왔으며, 그가 다음 몇 주 동안 다른 두 직원을 고용할 것이라고 하므로 정답은 (b)이다. 새 사무실을 내는 것이 아니라 새 부서가 생긴 것이므로 (a)는 옳지 않으며, 마케팅 부서가 다음 달에 추가되는 것이 아니라 이미 생겼으므로 (d) 또한 적절하지 않다.

Q18 제인 로버트의 가장 최고의 능력은?
(a) 고객 상담
(b) 매스컴 선정
(c) 제품 개발
(d) 지원자 인터뷰

해설 그녀의 일반적인 업무에 대해서 언급하면서 그녀가 10년 동안 이룬 업적 중에서 광고 캠페인을 개발하고, TV, 온라인, 광고판 또는 신문과 같은 매스컴을 선택할 때 최상의 결과를 가져다 주었다고 했으므로 정답은 (b)이다.

어휘 visibility 시각성, 가시성 revenue 수입 show ... around ~에게 구경시켜 주다 upper level position 상부직책 from every angle 다각도로 execute 수행하다, 실행하다 be dedicated to ~에 헌신하다 achievement 업적, 성취한 것 media outlets 매스컴 billboard (옥외의) 광고판 acquainted 알고 있는

19~20

For the next six weeks, we will explore the definition and various aspects of feminist theory. Feminist theory, or feminism, is the pursuit of equality for men and women. In other words, all women should have the same rights and opportunities in society as men. Although all feminists try to achieve gender equality, there are various approaches to this theory including liberal feminism, radical feminism and socialist feminism. It's difficult to provide a complete picture of this study, but in general it aims to understand inequality between the sexes as it relates to sociology, communication, literature, politics, education and philosophy. This is not an objective inquiry. Rather, feminist theory assumes women are confined to a lower level of the social hierarchy. It then asks why this is, how the power structures are reinforced, and how it can be altered. Our society often sees class as if it is separate from other forms of oppression. But while it's not usually discussed as an issue related to feminism, class is at the center of feminist work.

Q19 Which is correct about feminist theory according to the lecture?
(a) Its history is complex and spans the globe.
(b) It questions whether gender equality exists.
(c) It applies a single assumption across many fields.
(d) It excludes the male perspective in its research.

Q20 What is the most relevant to feminism?
(a) Social hierarchy
(b) Women's education
(c) Social suppression
(d) Women's communication skills

해석 향후 6주 동안 페미니스트 이론의 정의와 다양한 측면을 살펴볼 것입니다. 페미니스트 이론, 즉 페미니즘은 남성과 여성의 평등을 추구하는 것입니다. 다시 말해서, 모든 여성은 사회에서 남자와 동일한 권리와 기회를 가져야 한다는 것입니다. 비록 모든 페미니스트들이 성평등을 성취하기 위해 노력하고 있음에도 불구하고, 자유주의 페미니즘, 급진적 페미니즘 그리고 사회주의 페미니즘을 포함한 이 이론에 대한 다양한 접근이 있습니다. 이번 학습의 완성된 그림을 제공해 주기는 어렵지만 보통 성별간의 불평등은 사회학, 의사소통, 문학, 정치, 교육, 철학과 관련이 있기 때문에 성별간의 불평등을 이해하는 것이 수업의 목표입니다. 객관성의 연구가 아닙니다. 오히려 페미니스트 이론은 여성이 낮은 사회 계급에 국한되어 있다고 가정합니다. 그런 다음, 왜 그런지, 어떻게 권력의 구조가 강화되었으며, 어떻게 달라질 수 있는지 묻게 될 것입니다. 우리 사회는 종종 계급을 마치 다른 형태의 억압과 분리된 것으로 여깁니다. 그러나 계급

은 종종 페미니즘과 관련된 문제로서 논의되지는 않지만 계급은 페미니스트 연구의 중심입니다.

Q19. 강의에 따르면 페미니스트 이론에 대해 옳은 것은?
(a) 페미니스트의 역사는 복잡하며 전 세계에 걸쳐 나타난다.
(b) 페미니스트 이론은 양성 평등이 존재하는가를 묻는다.
(c) 페미니스트 이론은 여러 분야에 단일 가정을 적용한다.
(d) 페미니스트 이론 연구에서 남성의 관점은 제외된다.

해설 첫 문장에서 페미니스트의 다양한 측면을 살펴볼 것이라고 한 뒤 성별간의 불평등이 여러 분야와 관련이 있지만 여성이 낮은 사회 계급에 국한되어 있다고 가정한다는 내용이므로 (c)가 알맞다. (a), (b), (d) 모두 담화에 언급되지 않은 내용이므로 답이 될 수 없다.

Q20 페미니즘은 무엇과 가장 관련이 있는가?
(a) 사회계층
(b) 여성 교육
(c) 사회 억압
(d) 여성의 의사소통 능력

해설 마지막 문장에서 계급은 페미니즘과 관련된 문제로 논의되지 않지만 페미니스트 연구의 중심이라고 했으므로 정답은 (a)가 적절하다.

어휘 aspect 측면 equality 평등 approach 접근방법 liberal feminism 자유주의 페미니즘 radical feminism 급진적 페미니즘 socialist feminism 사회주의 페미니즘 inequality 불평등 sociology 사회학 objective 객관적인 inquiry 연구, 조사, 심의 be confined to ~한 틀에 박혀 있다 hierarchy 계층 reinforce 강화하다 alter 바꾸다, 고치다 exclude 제외시키다 perspective 관점

ACTUAL TEST 1   P. 94

PART I
1 (c) 2 (c) 3 (a) 4 (c) 5 (b)
6 (d) 7 (c) 8 (c) 9 (c) 10 (d)

PART II
11 (b) 12 (c) 13 (d) 14 (c) 15 (c)
16 (d) 17 (a) 18 (b) 19 (d) 20 (b)

PART III
21 (c) 22 (d) 23 (b) 24 (d) 25 (a)
26 (b) 27 (d) 28 (b) 29 (c) 30 (c)

PART IV
31 (b) 32 (b) 33 (d) 34 (b) 35 (a)
36 (c)

PART V
37 (a) 38 (d) 39 (a) 40 (b)

Part I

1

W What a terrible thing to be laid off.
M _____

(a) According to management.
(b) I could use the extra work.
(c) I can't imagine the feeling.
(d) Almost 300 people are employed.

해석 W 정리해고 당하는 건 정말 끔찍한 일이에요.
M _____
(a) 경영진에 따르면요.
(b) 시간 외 근무가 필요해요.
(c) 그 기분은 상상도 안 돼요.
(d) 대략 300명이 고용되었어요.

해설 여자가 정리해고에 대해 끔찍하다고 말하고 있으므로 남자는 이에 동의하거나 다른 의견을 말하는 것이 알맞다. 따라서 여자의 말에 공감을 나타내는 (c)가 답으로 적절하다. 다른 선택지들도 모두 회사나 일과 관련된 내용이지만 대화의 흐름에 맞지 않으므로 답이 될 수 없다.

어휘 lay off 정리해고하다 management 경영진 could use ~을 얻을 수 있으면 좋겠다, 필요하다

2

M How do you keep track of your finances?
W _____

(a) I drew up the statement of our company.
(b) She monitors each track.
(c) I record everything I spend.
(d) Let me hold onto them for you.

해석 M 당신은 재정 상태를 어떤 식으로 파악하고 계세요?
W _____

(a) 우리 회사의 입출금 내역서를 작성했어요.
(b) 그녀는 각각의 트랙을 살펴봐요.
(c) 제가 지출하는 모든 걸 기록해요.
(d) 제가 당신을 위해 그걸 들어 드리죠.

해설 방법을 묻는 의문사 how로 질문했으므로 지출을 기록해서 관리한다는 (c)가 알맞다. (a)와 (d)는 남자의 질문과 전혀 상관없는 내용이고, (b)는 keep track of(~를 파악하다)의 track을 이용하여 만든 오답 함정이다.

어휘 **keep track of** ~에 대해 계속 파악하고 있다 **finance** 재정 **draw up** 만들다, 작성하다 **statement** 입출금 내역서 **monitor** 모니터하다, 감시하다 **hold onto** 잡고 있다

3

W I just know I'm going to fail the exam.
M _____

(a) There's no reason to fret.
(b) That seems fine to me.
(c) It's not that far from here.
(d) You could have done better.

해석 W 시험에 떨어질 것만 같아요.
M _____

(a) 초초해할 이유가 없어요.
(b) 괜찮아 보이는데요.
(c) 여기서 그렇게 멀지 않아요.
(d) 더 잘할 수 있었잖아요.

해설 시험에 떨어질까 봐 불안해하는 상대에게 위로의 말로 가장 적절한 것은 '초초해할 이유가 없다'는 (a)의 말이다. There's no reason to V는 '~할 이유가 없다'는 어구이다. (d)는 결과가 안 좋은 경우 아쉬움에 사용할 수 있는 표현이므로 적절하지 않다.

어휘 **fret** 애타다, 안달하다 **appreciate** 감사하다

4

M I can't believe Sam built this patio.
W _____

(a) The contractor finished it yesterday.
(b) We should invite him over to see it.
(c) He's pretty handy with a hammer.
(d) I'd rather sit out on the patio.

해석 M 샘이 이 테라스를 만들었다니 믿을 수가 없어.
W _____

(a) 도급업자가 어제 그걸 마쳤어.
(b) 그걸 보게 그를 초대해야겠어.
(c) 그는 연장을 꽤 잘 다뤄.
(d) 난 차라리 테라스에 나가 앉을래.

해설 샘이 테라스를 만들었다는 것에 여자가 놀라고 있으므로 남자는 이에 동의하거나 부연 설명을 하는 것이 자연스럽다. 따라서 샘의 기술에 대해 설명을 하는 (c)가 가장 자연스럽다. (a)와 (b)는 샘이 테라스를 만들었다는 내용과 상반되며, (d)는 patio를 이용한 오답이다.

어휘 **patio** 파티오(집 뒤쪽에 만드는 테라스) **contractor** 도급업자 **handy** 손재주가 있는

5

M I really enjoyed your art exhibition, Tina.
W _____

(a) Landscape paintings, mostly.
(b) It's a relief to hear that.
(c) I'll tell her you said so.
(d) Off the top of my head.

해석 M 티나, 당신 미술 전시는 정말 좋았어요.
W _____

(a) 대개 풍경화예요.
(b) 그 말을 들으니 안심이 되네요.
(c) 그녀에게 당신이 그렇게 말했다고 전할게요.
(d) 지금 당장은요.

해설 여자의 전시에 대해 남자가 칭찬을 하고 있으므로 여자가 이에 감사를 표현하거나 기쁨을 나타내는 것이 자연스럽다. 따라서 (b)가 알맞은 답이다. 남자가 이미 전시를 감상한 상황이므로 (a)나 (d)는 상황과 맞지 않는 말이고, 남자가 이야기하고 있는 대상이 대화를 나누고 있는 여자이므로 (c) 역시 흐름에 맞지 않다.

어휘 **art exhibition** 미술 전시 **landscape painting** 풍경화 **relief** 안도, 안심 **off the top of one's head** 별 생각 없이, 즉석에서

6

M There's a disproportionate number of men in this class.
W _____

(a) The lecture just started.
(b) Your grade is based on that.
(c) I'm sure he can help tutor you.
(d) That's common in engineering.

해석 M 이 수업엔 남학생 수가 불균형적으로 많네.
W _____

(a) 강의가 막 시작했어.
(b) 네 성적은 그것에 기초해.
(c) 그가 분명 너를 개인 지도해 줄 수 있을 거야.
(d) 공학 쪽에서는 흔한 일이지.

해설 해당 수업에 남학생 수가 여학생 수보다 월등히 많다고 놀라워하고 있으므로 이에 대한 의견이나 설명이 이어지는 것이 알맞다. 따라서 남학생 수가 많은 이유가 될 수 있는 (d)가 가장 자연스럽다. 다른 선택지들도 수업이나 학업과 관련된 내용이지만 남자의 말에 자연스럽게 이어질 수 있는 응답으로는 어색하다.

어휘 disproportionate 불균형의 tutor 개인 교습하다
engineering 공학

7

W Someone put in an offer of $400,000 on the house!
M _____

(a) It's got four bedrooms and two bathrooms.
(b) They plan to spend it on fixing it up.
(c) Take it before they change their minds.
(d) Now we only have a few more to go.

해석 W 누군가 집을 40만 달러에 내놨어요!
M _____

(a) 그 집은 침실 네 개와 욕실 두 개를 가지고 있어요.
(b) 그들은 그걸 고치는 데 그 돈을 쓸 계획이에요.
(c) 그 사람들 맘이 바뀌기 전에 그걸 사세요.
(d) 이제 우린 앞으로 고작 몇 개만 남았어요.

해설 offer of $400,000이라고 여자가 강하게 이야기하는 것으로 보아 기대보다 저렴한 가격에 집이 나온 것임을 짐작할 수 있다. 따라서 집 가격이나 구매 상황과 어울리는 (c)가 가장 자연스러운 응답이다. (a) 역시 집과 관련된 내용이기는 하지만 집 가격에 대한 응답으로는 어울리지 않는다.

어휘 put in an offer 제안하다

8

M You should get your car's engine checked before your trip.
W _____

(a) I should have mentioned it to my friend.
(b) The trip is mostly for business.
(c) It's on my list of things to do.
(d) I hope the car isn't damaged.

해석 M 너 여행 떠나기 전에 차 엔진 점검을 받아 봐야 할 거야.
W _____

(a) 내가 친구에게 그 이야기를 했어야 했어.
(b) 이번 여행은 거의 다 사업을 위한 거야.
(c) 해야 할 일 목록에 적혀 있어.
(d) 차가 손상을 입지 않았으면 해.

해설 여행 전에 차 엔진 점검을 받아 보라는 남자의 충고에 가장 어울리는 여자의 응답은 (c)가 된다.

어휘 get checked 점검받다 mention 언급하다 be damaged 손상을 입다

9

W How do I get up to the train platform?
M _____

(a) It's not really up to me.
(b) It's best to take a taxi.
(c) Use the elevator over there.
(d) The train is running late.

해석 W 기차 플랫폼까지 어떻게 가죠?
M _____

(a) 제가 결정할 수 있는 것이 정말 아닙니다.
(b) 택시를 타는 것이 가장 좋아요.
(c) 저쪽에 있는 엘리베이터를 타세요.
(d) 기차가 늦게 도착하고 있어요.

해설 기차역 내의 플랫폼까지 가는 방법을 묻고 있으므로 택시를 이용한다는 (b)는 논리적으로 맞지 않으며, 엘리베이터를 이용해서 가라는 (c)가 정확한 대답이 된다.

어휘 get up to ~까지 이르다[닿다] run late 늦어지다

10

M Am I late? Have you been waiting long?
W _____

(a) I can't remember what we agreed.
(b) I'm sorry about the directions.
(c) Are you okay? Why the long face?
(d) No, I arrived a few minutes early.

해석 M 제가 늦은 건가요? 오래 기다리셨어요?
W _____

(a) 저는 우리가 합의했던 것이 기억이 나지 않아요.
(b) 그 길 안내에 대해서는 유감입니다.
(c) 괜찮으세요? 왜 시무룩하세요?
(d) 아니요. 제가 몇 분 일찍 도착했어요.

해설 자신이 늦었는지, 그래서 오래 기다렸는지 묻고 있는 질문에 가장 어울리는 대답은 (d)이다.

어휘 **directions** 길 안내, 지시 사항 **long face** 시무룩한 얼굴

Part II

11

M The wedding kicks off at 3, right?
W According to the invitation.
M How long will it last?
W _____

(a) At the church downtown.
(b) I expect it'll be done by 5.
(c) Make it enough for three.
(d) Their marriage won't last long.

해석 M 결혼식은 세 시에 시작하죠, 맞나요?
W 청첩장에 따르면 그래요.
M 식이 얼마나 걸릴까요?
W _____

(a) 시내에 있는 교회에서요.
(b) 다섯 시까지는 끝나리라 생각해요.
(c) 세 명이 충분히 쓸 수 있게 해 주세요.
(d) 그들의 결혼은 오래 가지 못할 거예요.

해설 남자가 how long을 써서 소요되는 시간을 물었으므로 이에 대한 정보를 주거나 잘 모르겠다는 응답이 이어지는 것이 알맞다. 따라서 (b)가 가장 자연스럽다. (a)는 식이 열리는 장소에 대한 응답이므로 적절하지 않고, (c)는 숫자를 이용한 오답 함정이다. (d)는 결혼과 관련된 내용이기는 하지만 남자의 질문과는 상관없는 내용이다.

어휘 **kick off** 시작되다 **last** 계속되다

12

W Why hasn't this document been filled out?
M I thought I'd do it tomorrow.
W But the boss needs it immediately!
M _____

(a) Well, let me help out.
(b) All the data has been put in.
(c) Sorry, I'll get right on it.
(d) That's what I've been saying.

해석 W 이 서류를 왜 기입하지 않은 거죠?
M 내일 하려고 했습니다.
W 그런데 사장님이 그게 당장 필요하시대요!
M _____

(a) 음, 제가 도와 드리죠.
(b) 모든 자료가 입력되었어요.
(c) 죄송합니다. 바로 착수하겠습니다.
(d) 제가 계속 드린 말씀이 바로 그거예요.

해설 처리되지 않은 일에 대한 재촉을 하는 상황이므로 이에 사과를 하고 즉시 일을 처리하겠다고 말하는 (c)가 적절하다. 남자가 일을 담당한 사람이므로 (a)처럼 말하는 것은 상황에 맞지 않으며, (b)는 주어진 상황과 전혀 상반된 내용이므로 오답이다.

어휘 **fill out** (필요한 사항을) 기입하다 **put ... in** ~을 입력하다 **right** 즉시, 당장

13

M Which team do you think will win the Super Bowl this year?
W I think it's a toss-up.
M You mean the chances are exactly 50-50 between both teams?
W _____

(a) You don't know until you toss a coin many times.
(b) I don't know which teams play in this year's Super Bowl.
(c) Wow. Are you saying that both teams scored 50?
(d) To be honest with you, I don't really care who wins.

해석 M 올해 슈퍼볼은 어느 팀이 이길 거라고 생각하세요?
W 예측 불허인데요.
M 두 팀이 이길 확률이 정확히 반반이라는 의미인가요?
W _____

(a) 동전을 많이 던져 보기 전에는 모르지요.
(b) 올해 슈퍼볼은 어느 팀이 경기하는지 몰라요.
(c) 와. 두 팀이 다 50점을 득점했다는 건가요?
(d) 솔직히 말하면 누가 이기든 정말 신경 안 써요.

해설 가능성이 반반이라는 여자의 말에 남자는 확률이 정확히 50대 50

이냐고 재차 물었다. 즉, 남자는 여자의 부연 설명을 요구하고 있으므로 (d)와 같이 답할 수 있다. (a)와 (b)는 대화에서 언급된 단어를 반복하는 오답 함정이다.

어휘 **Super Bowl** 슈퍼볼, 미국의 프로 미식축구 챔피언 결정전 **toss-up** 반반의 가능성   **chances** 확률, 가능성   **toss a coin** 동전을 던져 결정하다

14

> M What TV programs do you like?
> W I love watching sports games. Baseball and soccer are my favorites.
> M Do you watch TV often?
> W _____
>
> (a) I only watch it for certain movies or TV dramas.
> (b) That's why watching TV too much makes people dumb.
> (c) I'm not a couch potato and watch only big games.
> (d) Yes, I go to the baseball park about twice a month.

해석 M 어떤 텔레비전 프로그램을 좋아하세요?
　　　W 스포츠 경기를 좋아해요. 야구와 축구를 좋아하지요.
　　　M 텔레비전 자주 보세요?
　　　W _____
　　　(a) 그저 특정 영화나 텔레비전 드라마 때문에 봐요.
　　　(b) 그래서 텔레비전을 너무 많이 보면 사람이 멍청해지는 거예요.
　　　(c) 저는 늘 텔레비전만 보는 사람이 아니라서 큰 경기만 봐요.
　　　(d) 네, 저는 한 달에 두 번 정도는 야구장에 가지요.

해설 앉아서 텔레비전을 보는 데에 많은 시간을 보내는 사람을 의미하는 couch potato라는 표현을 알면 쉽게 문제를 해결할 수 있다. 큰 경기만 본다는 것은 텔레비전을 자주 보지 않는다는 의미로 적절한 응답은 (c)이다.

어휘 **dumb** 멍청한   **baseball park** 야구장

15

> W This is a token of my appreciation for your help.
> M Oh, you shouldn't have. I can't accept it.
> W This is nothing expensive. It's just something I made myself.
> M _____
>
> (a) It's a really good idea to chip in for our boss.
> (b) How much should I pay if I want to buy it?
> (c) But we cannot receive anything from our clients.
> (d) Why did it take so long if you made it yourself?

해석 W 이건 도와주신 데 대한 제 감사의 표시예요.
　　　M 아, 그러실 필요 없는데요. 전 받을 수 없어요.
　　　W 비싼 거 아니에요. 제가 직접 만든 거예요.
　　　M _____
　　　(a) 저희 상사를 위해 돈을 걷는 건 정말 좋은 생각이에요.
　　　(b) 제가 그걸 사고 싶으면 얼마를 지불하면 되나요?
　　　(c) 하지만 저희는 고객으로부터 아무것도 받을 수 없어요.
　　　(d) 직접 만드셨다면 왜 그렇게 오래 걸렸나요?

해설 남자는 여자의 선물을 받을 수 없다고 하므로 그런 남자의 입장과 관련이 있는 응답은 (c)이다.

어휘 **token** 표시   **appreciation** 감사   **chip in** 돈을 조금씩 내다

16

> W What are your single room rates?
> M 65 on weekdays, 75 on weekends.
> W I'd like to book one for this Saturday.
> M _____
>
> (a) Sure, I'll meet you there.
> (b) I think I'll be out of town.
> (c) How many rooms do you need?
> (d) That'll be 75 dollars, please.

해석 W 1인실 요금이 얼마죠?
　　　M 주중에는 65달러이고, 주말에는 75달러입니다.
　　　W 이번 토요일에 방 하나를 예약하고 싶어요.
　　　M _____
　　　(a) 물론이죠. 거기서 뵙겠습니다.
　　　(b) 전 도시를 떠나 있을 것 같은데요.
　　　(c) 방이 몇 개나 필요하세요?
　　　(d) 75달러입니다.

해설 여자가 방을 예약하고 싶다고 말했으므로 예약이 가능한지를 알려 주거나 예약과 관련된 정보를 전해 주는 것이 자연스럽다. 따라서 예약한 방의 요금을 알려 주는 (d)가 정답이다. 여자가 방 하나를 예약하고 싶다고 했으므로 (c)는 적절하지 않고, (d)처럼 That'll be ~를 써서 나타내는 표현은 가격을 다시 알려 주는 것이 아니라 지불할 금액을 청구하는 표현임에 주의해야 한다.

어휘 **rate** 요금   **out of town** 타지로 간

17

M Well, I've got to run and catch the bus.
W The bus? I thought you were going downtown.
M Yeah, don't any buses go there?
W _____

(a) You'd be better off taking the subway.
(b) Don't take it out on me.
(c) Sure, I'll call you when I get there.
(d) Yes, you need to buy a ticket first.

해석 M 저기, 나 버스 잡으러 뛰어가야 할 것 같아.
W 버스라고? 너 시내에 가는 줄 알았는데.
M 맞아. 거기 가는 버스 없니?
W _____

(a) 지하철 타는 게 더 나을 거야.
(b) 나에게 화풀이하지 마.
(c) 그럼, 도착하면 네게 전화할게.
(d) 응. 표를 먼저 사야 해.

해설 버스를 타야 한다는 남자의 말에 여자가 의아함을 표시했으므로 남자의 질문에 이어지는 여자의 응답으로는 (a)가 가장 알맞다. 언뜻 봐서는 (d)도 답이 될 것 같지만 여자가 첫 대사에서 시내에 가는데 왜 버스를 타려고 하냐는 의미로 말을 건넸으므로 (d)는 여자의 의도와 상반되는 응답이다. (b)와 (c)는 대화 내용과 관련이 없다.

어휘 **be better off** ~하는 것이 더 낫다 **take it out on** ~에게 화풀이를 하다

18

M Better bundle up. It looks frigid out there.
W You know, we could just stay home.
M No, we promised we'd visit my mom.
W _____

(a) She's going to be visiting soon.
(b) I'll grab my mittens, in that case.
(c) Thanks, that's very honest of you.
(d) The weather should be temperate.

해석 M 따뜻하게 챙겨 입어요. 밖이 엄청나게 추운 것 같으니.
W 저기, 우리 그냥 집에 있어도 되잖아요.
M 안 돼요. 어머니를 찾아뵙는다고 약속드렸잖아요.
W _____

(a) 그녀가 곧 방문할 거예요.
(b) 그렇다면 장갑을 좀 가져 올게요.
(c) 고마워요. 무척 정직하시군요.
(d) 날씨는 온화할 거예요.

해설 대화의 내용을 통해 여자와 남자가 외출해야 하는데 여자가 내켜 하지 않음을 알 수 있다. 집에 있었으면 하는 여자의 바람이 남자가 안 된다고 했으므로 외출을 위해 준비를 하기로 마음을 돌린 (b)가 알맞다. (a)와 (d)는 대화의 상황과 상반되는 내용이다.

어휘 **bundle up** 따뜻이 둘러싸다 **frigid** 몹시 추운 **mitten** 손모아장갑 **temperate** 온화한

19

M How was your tennis tournament?
W Really fun. And I did better than I expected.
M That's great. Are you sore today?
W _____

(a) I made sure I was very careful.
(b) You should come watch next time.
(c) I couldn't play the final match.
(d) Only a little, but it was worth it.

해석 M 테니스 대회 어땠어?
W 정말 재미있었어. 그리고 예상했던 것보다 더 잘했어.
M 대단하다. 오늘 몸이 아프지는 않아?
W _____

(a) 매우 조심했어.
(b) 다음번에는 보러 와야 해.
(c) 결승전을 뛸 수 없었어.
(d) 아주 조금. 하지만 그만한 가치가 있었어.

해설 마지막에 남자가 아프지 않냐고 물었는데 아프다고 하면서 부연 설명으로 그럴 만한 가치가 있었다고 응답한 (d)가 가장 적절하다.

어휘 **tournament** 토너먼트 대회 **sore** 아픈

20

M We've been waiting for a meal for ages!
W They're a little slow, but let's be patient.
M Are you serious? It's been over an hour!
W _____

(a) Well, at least my dish was tasty.
(b) Oh, now you're exaggerating.
(c) Right, we'd better get in line.
(d) I'll trade you mine for yours.

해석 M 식사가 너무 늦네요!
W 좀 늦긴 하는데 기다려 보죠.
M 무슨 소리예요? 벌써 한 시간이 넘었어요!
W _____

(a) 음, 적어도 제 요리는 맛있었어요.
(b) 이런, 이제 과장해서 말하는군요.
(c) 맞아요. 줄을 서는 게 좋겠어요.
(d) 제 것과 당신 것을 바꿔 드릴게요.

해설 남자는 식사가 늦게 나오는 것에 대해 불평을 하고 있고 여자는 이를 말리고 있으므로 상대가 지나치게 과장해서 말하고 있다는 (b)가 이어지는 것이 자연스럽다. 식사가 아직 나오지 않은 상황이므로 (a)와 (d)는 상황상 맞지 않고, 주문을 완료하고 음식을 기다리는 중이므로 (c) 역시 답이 될 수 없다.

어휘 **for ages** 오랫동안 **patient** 참을성 있는 **exaggerate** 과장하다

Part III

21

Listen to a conversation between two friends.

M Hmm… this receipt total seems too high.
W Let's take a look at each entry.
M Well, I'm not finding any errors at first glance.
W Here. They charged us for four drinks and we only had two.
M Aha. That must be the problem.
W I'll call over a waiter and let him know.
Q What is mainly being discussed in the conversation?
(a) How many beverages to buy
(b) What they will order next
(c) Being overcharged on their bill
(d) Examining the problems with a reservation

해석 두 친구의 대화를 들으시오.
M 음… 이 영수증 총액은 너무 많은 것 같은데요.
W 각 항목을 살펴보죠.
M 음, 언뜻 봐서는 아무 오류도 못 찾겠는데요.
W 여기요. 음료 네 잔을 청구했는데 우리는 두 잔만 마셨어요.
M 아하. 분명 그게 문제겠네요.
W 제가 웨이터를 불러서 얘기할게요.
Q 대화에서 주로 논의되고 있는 것은?
(a) 구입할 음료의 개수
(b) 다음에 무엇을 주문할 것인지
(c) 계산서에 과하게 청구된 것
(d) 예약에 관한 문제 검토하기

해설 청구된 금액이 너무 많다고 말하는 남자의 첫 대사를 통해, 답이 (c)임을 알 수 있다. 이미 식사를 마치고 음식 비용을 지불하고 난 뒤의 상황이므로 (b)와 (d)는 상황에 맞지 않고, (a)는 대화에 나온 drink를 beverage로 바꾸어 만든 오답으로, to buy는 미래의 의미를 포함하므로 역시 식사를 마친 상황과 맞지 않다.

어휘 entry (개별) 항목 at first glance 언뜻 보기에는 charge (요금을) 청구하다

22

Listen to a conversation between two colleagues.

W What's our schedule looking like this Friday, James?
M Friday's going to be a busy one.
W Oh dear. I was hoping to take a three-day weekend.
M Why not take Monday off instead?
W Would that make things easier for you?
M Definitely. Monday should be pretty slow.
Q What is the main topic of the conversation?
(a) Days of the week that are busy
(b) Assistance that the man requires
(c) What the schedule is for the week
(d) When the woman should take a day off

해석 두 직장 동료의 대화를 들으시오.
W 제임스, 이번 금요일 우리 스케줄은 어떻죠?
M 금요일은 바쁜 날이 될 거예요.
W 오 이런. 3일 간의 주말을 보낼 수 있기를 바라고 있었는데.
M 대신 월요일에 쉬지 그래요?
W 그게 당신에게 더 편할까요?
M 그럼요. 월요일에는 일이 좀 느슨할 거예요.
Q 대화의 주제는?
(a) 주 중 바쁜 요일
(b) 남자에게 필요한 도움
(c) 한 주의 스케줄이 어떤지
(d) 여자가 하루 쉴 수 있는 때가 언제일지

해설 여자가 휴가를 하루 낼 수 있는지 알기 위해 금요일 일정을 물었다가, 금요일에 쉴 수 없는 상황이 되자 실망하고 있고 남자가 이에 월요일에 쉬라고 하고 있으므로 정답은 (d)이다. 금요일엔 바쁠 거라고 남자가 말했지만 이것이 대화의 주제는 아니므로 나머지 선택지는 모두 적절하지 않다.

어휘 take off 일을 쉬다 assistance 도움

23

Listen to a conversation between two acquaintances.

M It was great hanging out with you tonight.
W Likewise. I had a blast. You're a lot of fun.
M Forgive me for asking, but are you dating anyone?
W No, I'm not spoken for. Why do you ask?
M Well, I'd really like to take you out sometime.
W I'd like that. Give me your number, and I'll call you this week.

Q What is the man mainly doing in the conversation?
(a) Talking about a party he attended
(b) Inviting the woman on a date
(c) Thanking the woman for a good time
(d) Delivering news about a friend

해석 두 지인의 대화를 들으시오.
M 오늘 저녁을 당신과 함께 보내게 돼서 즐거웠어요.
W 저도요. 즐거운 시간을 보냈습니다. 당신은 너무 재미있어요.
M 이런 질문 실례가 될지 모르겠지만, 혹시 사귀는 사람 있나요?
W 아니, 없어요. 왜 묻는 거죠?
M 음, 조만간 당신과 진짜 데이트를 하고 싶어서요.
W 좋아요. 전화번호 주시면 이번 주에 전화할게요.
Q 대화에서 남자가 주로 하는 것은?
(a) 그가 참석했던 파티에 대해 이야기하기
(b) 여자에게 데이트 신청하기
(c) 좋은 시간을 보낸 것에 대해 여자에게 고마워하기
(d) 친구에 대한 소식 전달하기

해설 남자와 여자가 즐거운 저녁 시간을 보내고 난 후에 남자가 여자에게 훗날 진짜 데이트를 하자고 얘기하고 있으므로 정답은 (b)가 가장 적절하다. take someone out과 invite on a date라는 표현이 같다는 것을 알면 쉽게 풀리는 문제이다.

어휘 hang out with ~와 시간을 보내다 likewise 마찬가지로 have a blast 아주 즐거운 한때를 보내다 spoken for 임자가 있는, 사귀는 사람이 있는 take ... out ~와 데이트하다 invite ... on a date ~에게 데이트를 신청하다

24

Listen to a conversation between two colleagues.

W Are you looking forward to retiring next month?
M I'm actually a little anxious about it, to tell the truth.
W Really? How come? You finally get to slow down and relax.
M But I've never had this much free time. It's very different.
W That's understandable. I know it'll be a big change.
M I'm already making a long to-do list to keep myself busy.

Q Which is correct according to the conversation?
(a) The woman wants to find another job.
(b) The man has been waiting to relax.
(c) The woman is looking for retirement advice.
(d) The man is planning to end his career.

해석 두 직장 동료의 대화를 들으시오.
W 다음 달 은퇴를 기대하고 있으시다고요?
M 솔직히 말해서 좀 걱정이 되는 게 사실이에요.
W 정말이요? 왜요? 드디어 느긋하게 쉴 텐데요.
M 하지만 이렇게 많은 자유 시간을 가져 본 적이 없어서요. 아주 다르잖아요.
W 그건 이해할 만해요. 큰 변화가 될 거예요.
M 이미 바쁘게 지낼 수 있도록 할 일 목록을 길게 작성하는 중이에요.
Q 대화에 의하면 옳은 것은?
(a) 여자는 다른 일자리를 찾고 싶어 한다.
(b) 남자는 휴식하기 위해 기다려 왔다.
(c) 여자는 은퇴 조언을 바라고 있다.
(d) 남자는 직장 생활을 끝낼 계획 중이다.

해설 다음 달 은퇴에 대해 남자는 많은 자유 시간이 걱정이 된다고 하면서 바쁘게 지내기 위해 할 일들을 작성하는 중이라고 한다. (d)는 여자의 첫말에서 확인할 수 있다. 걱정이 된다는 남자의 말로 보아 (b)는 적절하지 않다.

어휘 look forward to ~을 고대하다 retire 은퇴하다 anxious 걱정스러운 get to ~하게 되다, ~에 이르다 slow down 느긋해지다 relax 쉬다, 휴식하다 understandable 이해할 수 있는 to-do list 할 일 목록 look for ~을 바라다

25

Listen to a conversation between two acquaintances.

M My niece is applying to Branson State College.
W Really? I went to Branson State.
M Oh, I thought you graduated from Camberton.
W I did, but I transferred there from Branson after three semesters.
M You didn't like the state college?
W Their classes weren't challenging enough for me.

Q Which is correct according to the conversation?
(a) The man's niece is a Branson applicant.
(b) The woman was a professor at Camberton.
(c) The man thought the woman disliked her college.
(d) The woman found the Branson classes difficult.

26

Listen to a conversation between a couple.

W OK, all our skiing equipment is in the car.
M You packed the goggles, hats, and helmets?
W Yes, and the lift tickets we bought online.
M And what about the gloves?
W Oops, I think I forgot those.
M I know where they are. I'll go grab them.

Q Which is correct according to the conversation?
(a) The couple are unpacking their skiing gear.
(b) The woman already packed the goggles.
(c) The couple need to purchase lift tickets.
(d) The man is unable to find the gloves.

해석 두 지인의 대화를 들으시오.
M 조카딸이 브랜슨 주립 대학에 지원해요.
W 정말이에요? 제가 브랜슨 주립대를 다녔잖아요.
M 아, 당신이 캠버튼을 졸업한 줄 알았는데요.
W 맞아요. 세 학기 후에 브랜슨에서 거기로 전학을 갔죠.
M 그 주립대가 좋지 않았나요?
W 거기 수업들이 저한테는 충분히 도전적이지 않았거든요.
Q 대화에 의하면 옳은 것은?
(a) 남자의 조카딸은 브랜슨 대학의 지원자이다.
(b) 여자는 캠버튼 대학의 교수였다.
(c) 남자는 여자가 자기의 대학을 싫어한다고 생각했다.
(d) 여자는 브랜슨 대학의 수업이 어렵다고 느꼈다.

해설 대화 초반에 남자가 자기 조카딸이 브랜슨 대학에 지원한다고 했으므로 (a)가 정답이다. 대화문의 is applying to Branson이 선택지에서 a Branson applicant로 표현되었다. (c)의 경우 현재 남자가 조카딸 얘기를 하면서 여자의 대학에 관한 내용을 알게 된 상황이므로, 예전에 여자가 자신의 대학을 좋아하지 않았다고 생각했다고는 볼 수 없다. 여자의 마지막 말에서 브랜슨 대학의 수업이 도전적이지 않다는 것은 '자기 수준보다 낮다, 쉽다'는 의미이므로 (d)도 옳지 않다.

어휘 apply to ~에 지원하다 transfer 전학하다 challenging 도전적인

해석 부부의 대화를 들으시오.
W 좋아요, 모든 스키 장비는 차에 있어요.
M 고글과 모자, 헬멧 챙겼죠?
W 네, 온라인에서 산 리프트 티켓도요.
M 그리고 장갑은요?
W 아이구, 그건 잊었네요.
M 어디 있는지 알아요. 내가 가서 가져올게요.
Q 대화에 의하면 옳은 것은?
(a) 부부는 스키 장비 짐을 풀고 있다.
(b) 여자는 고글을 이미 챙겼다.
(c) 부부는 리프트 티켓을 사야 한다.
(d) 남자는 장갑을 찾을 수 없다.

해설 짐을 싸서 차에 넣고 잊은 장비가 없는지 확인하는 내용의 대화이다. 짐을 다 싼 상태이며, 고글은 이미 챙겼고, 리프트 표를 온라인으로 이미 샀고, 장갑은 남자가 가져오겠다고 했으므로 옳은 것은 (b)뿐이다.

어휘 equipment 장비 goggles 고글 lift (스키장의) 리프트 grab 집다 gear 장비

27

Listen to a conversation between two friends.

W I was in Belgium last week to attend a business conference.
M That sounds really great. How was Belgium?
W It was very beautiful, but too cold for me because I didn't bring any winter clothes.
M Too bad. Did you have some time to look around the country?
W Not really. My conference schedule was so tight that I had meetings all day long.
M If I were you, I would've skipped the conference for a tour around the country.
W I wanted to, but I couldn't miss the conference since I was chairing it.

Q Which is correct according to the conversation?
(a) The woman missed the conference and took a tour.
(b) The man went on a business trip with the woman.
(c) The woman caught a cold in Belgium and stayed in the hotel.
(d) The woman was in charge of the conference and had meetings all day.

해석 두 친구의 대화를 들으시오.
W 지난주에는 업무 회의에 참석하러 벨기에에 갔었어.
M 정말 멋진데. 벨기에는 어때?
W 너무 아름다웠어. 하지만 겨울옷을 가져가지 않아 너무 춥더라.
M 안됐다. 벨기에를 돌아볼 시간은 있었어?
W 아니. 회의 일정이 너무 빡빡해서 하루 종일 회의가 있었어.
M 내가 너라면 회의를 빼먹고 벨기에 여행 다녔겠다.
W 그러고 싶었지만 내가 회의 의장을 맡아서 빠질 수가 없었어.

Q 대화에 의하면 옳은 것은?
(a) 여자는 회의를 빠지고 여행을 했다.
(b) 남자는 여자와 함께 출장을 갔다.
(c) 여자는 벨기에에서 감기에 걸려 호텔에 머물렀다.
(d) 여자는 회의를 맡아서 하루 종일 회의가 있었다.

해설 여자는 의장으로 회의를 주재하느라 빠질 수가 없었다고 했으므로 (d)가 정답이다.

어휘 tight 촘촘한 chair 의장을 맡다 in charge of ~를 맡다

28

Listen to a conversation between two friends.

W I wish you'd play your guitar in public more.
M Thanks, but I'm happy just playing for myself.
W Don't you want people to hear how well you play?
M Well, I'm not seeking to impress anyone.
W So what do you get out of it?
M It actually helps me deal with stress.

Q Which is correct about the man according to the conversation?
(a) He plays guitar for money.
(b) He is arrogant about his ability.
(c) He is learning to play the guitar.
(d) He finds guitar playing therapeutic.

해석 두 친구의 대화를 들으시오.
W 네가 좀 더 사람들 앞에서 기타를 연주했으면 좋겠어.
M 고마워. 하지만 난 그냥 내 자신을 위해 연주하는 데 만족해.
W 너는 사람들이 네가 얼마나 잘 연주하는지 들어줬으면 싶지 않니?
M 음, 난 누군가에게 감명을 주려고 하고 싶진 않은데.
W 그럼 넌 기타 연주에서 뭘 얻으려 하는 건데?
M 기타 연주는 스트레스를 푸는 데 도움이 돼.

Q 대화에 의하면 남자에 대해 옳은 것은?
(a) 돈을 위해 기타를 친다.
(b) 자신의 능력에 대해 교만하다.
(c) 기타 치는 법을 배우고 있다.
(d) 기타 연주가 긴장을 푸는 데 도움이 된다고 여긴다.

해설 남자는 기타를 잘 치지만, 사람들 앞에서 연주를 하는 데에는 관심이 없고 스트레스를 푸는 수단으로 연주를 한다고 하였다. 따라서 (d)가 정답이다. 자신이 기타를 잘 친다고 자랑하고 있지 않으므로 (b)는 답이 될 수 없고, (a)와 (c)도 대화 내용과 맞지 않은 오답이다.

어휘 impress 깊은 인상을 주다, 감명을 주다 therapeutic 긴장을 푸는 데 도움이 되는, 치료상의

29

Listen to a conversation between two colleagues.

M Does our company cover dental visits?
W You pay the first $200 and the company covers everything else.
M Okay. That's a lot of money, but it still helps.
W Yes, it's not ideal. But it's something at least.
M I need to get my teeth checked, so it's good to know.
W Just make sure you save all your records and receipts.

Q What can be inferred from the conversation?
(a) The woman is critical of the company's policies.
(b) The man is facing serious health concerns.
(c) The man is trying to learn about insurance coverage.
(d) The woman rarely understands the company's policy.

해석 두 직장 동료의 대화를 들으시오.
M 우리 회사 치과 방문도 보험 보장하나?
W 처음 200달러를 내면 나머지는 다 회사에서 부담해.
M 그렇군. 그것도 큰돈이지만, 그래도 도움이 되지.
W 응, 완벽하지는 않지. 하지만 그게 어디야.
M 나 치아 검사 받아야 하는데, 알게 되어 다행이다.
W 기록이랑 영수증들 다 모아 두도록 해.
Q 대화에서 추론할 수 있는 것은?
(a) 여자는 회사의 정책들에 비판적이다.
(b) 남자는 건강을 심각하게 걱정하고 있다.
(c) 남자는 보험 보장 범위에 대해 알고자 한다.
(d) 여자는 회사의 정책을 거의 이해하지 못한다.

해설 치과에 가는 것도 회사 보험으로 보장이 되는지 묻는 남자의 질문과 보장 내용에 대해 설명해 주는 여자의 대답으로 볼 때, 대화를 통해 추론할 수 있는 내용으로 옳은 것은 (c)이다.

어휘 **cover** 보장하다, 부담하다 **dental** 치과의 **ideal** 이상적인, 완벽한 **save** 모아두다 **critical** 비판적인 **coverage** 보장 범위 **policy** 정책

30

Listen to a conversation about retirement accounts.

M I just don't get retirement accounts.
W Are you having trouble with yours?
M I'm trying to figure out which kind to set up.
W Are you serious? You don't have a retirement account?
M No, I never used to worry about it much.
W You'd better set one up as soon as possible.

Q What can be inferred about the woman from the conversation?
(a) She is unclear about her retirement options.
(b) She works as the man's financial advisor.
(c) She is surprised at the man's nonchalance.
(d) She hopes to establish a retirement account soon.

해석 퇴직 연금 계좌에 대한 대화를 들으시오.
M 퇴직 연금 계좌가 이해가 안 가요.
W 당신 적금에 무슨 문제라도 있어요?
M 어떤 종류를 만들어야 할지 생각하는 중이에요.
W 정말이에요? 퇴직 연금 계좌를 가지고 있지 않단 말이에요?
M 네, 그것에 대해서 그다지 많이 걱정해 보지 않았거든요.
W 당신은 가능한 빨리 하나 만드는 게 좋을 거예요.
Q 여자에 대해 추론할 수 있는 것은?
(a) 자신의 퇴직 선택권에 대해 잘 모르고 있다.
(b) 남자의 재정 고문으로 일하고 있다.
(c) 남자의 무관심에 놀라고 있다.
(d) 곧 퇴직 연금 계좌를 만들고 싶어 한다.

해설 여자는 퇴직 연금 계좌에 대해 아무 생각이 없는 남자에 대해 놀라워하며 빨리 하나 만들도록 권유하고 있다. 따라서 정답은 (c)이다. 퇴직 연금 계좌를 만들려고 하는 것은 여자가 아닌 남자이므로 (a)와 (d)는 상황에 맞지 않고, 대화를 통해 여자가 남자의 재정 고문인지는 추론할 수 없어 (b) 역시 답이 될 수 없다.

어휘 **retirement account** 퇴직 연금 계좌 **figure out** 이해하다, 알아내다 **set up** (계좌를) 만들다 **nonchalance** 아랑곳하지 않음 **advisor** 고문

Part IV

31

About 15.7 percent of our population lives in poverty. What's more, millions of others balance on the brink of the poverty threshold at this very moment. The only bulwark preventing their backward slide is the antipoverty efforts of our government. Federal aid in the form of jobless benefits, tax credits for workers, and the food stamp program buoyed 4.5 million Americans in 2018. These individuals would otherwise have slipped into poverty. To keep our country on the right track, the government must maintain its relief and recovery efforts.

Q What is the main topic of the talk?
(a) The rise of poverty in America
(b) The critical necessity of federal aid
(c) The popularity of antipoverty initiatives
(d) The cost of government relief efforts

해석 우리 인구의 약 15.7퍼센트가 가난 속에 살고 있습니다. 게다가 다른 수백만은 바로 이 순간에도 빈곤 직전에서 간신히 균형을 잡고 있습니다. 그들이 퇴보의 늪으로 떨어지는 것을 막아줄 단 한 가지 방어물은 우리 정부의 빈곤 퇴치 활동뿐입니다. 실업 수당, 근로자들을 위한 세금 공제, 식품 보조 제도 형태의 연방 정부 원조로 2018년에 450만 명의 미국인들이 다소 희망을 갖게 되었습니다. 이런 제도가 없었더라면 이 사람들은 빈곤으로 추락해 버렸을지도 모릅니다. 우리나라를 올바른 방향으로 유지해 나가기 위해서는, 정부가 구제 및 회복 활동을 유지해야 합니다.

Q 담화의 주제는?
(a) 미국에서의 빈곤 증가
(b) 연방 정부 원조의 중대한 필요성
(c) 빈곤 퇴치 계획의 인기
(d) 정부의 구제 활동에 드는 비용

해설 세 번째 네 번째 문장을 통해, 미국 빈곤층의 증가를 막기 위해서 정부가 연방 정부 원조를 통한 구제와 회복 활동을 계속 펼쳐야 한다는 것이 담화의 주제임을 알 수 있다. 따라서 담화의 주요 화제는 (b)라고 할 수 있다. 담화에서 연방 정부 원조의 중요성을 강조하고 있지만, 빈곤 퇴치 계획의 인기를 논의하는 것은 아니므로 (c)를 답으로 고르지 않도록 주의해야 한다.

어휘 balance 균형을 잡다 on the brink of ~의 직전에 threshold 문턱, 한계점 bulwark 방어물, 방어벽 antipoverty 빈곤 퇴치 federal 연방 정부의 benefit (정부가 실업자 등에게 주는) 수당, 보조금 tax credit 세금 공제 food stamp program 식품 보조 제도, 푸드 스탬프 제도(취약 계층에게 식품을 구매할 수 있는 식품 구입권이나 전자 지불 카드를 제공하는 것) buoy ~를 기분 좋게 하다 on the right track 올바른 방향으로 나아가는 critical 중대한 initiative 계획, 주도성

32

Now, class, to return to our discussion of soccer's early history, it's important to note that its precise origins are difficult to pinpoint. There are records from the Han dynasty in China indicating that people in the second century used leather balls and kicked them across a field into small nets. Similar evidence exists for the Romans, Greeks and Japanese. But modern soccer has its roots in England. In medieval times, the sport was rather brutal, and players would engage in punching, biting and kicking to win the game.

Q What is the main idea about soccer in the lecture?
(a) Different cultures followed the same rules.
(b) We can't know by whom or where it was first invented.
(c) There are different rules in different countries.
(d) It first appeared as a violent sport in England.

해석 자, 여러분, 축구의 초기 역사에 관한 토론으로 돌아가서, 축구의 정확한 기원을 짚어 보는 것은 어렵다는 것에 주목해야 합니다. 중국 한 왕조의 기록에 2세기의 사람들은 운동장 반대편 진영에 있는 작은 그물망을 향해 가죽으로 된 공을 만들어 찼다고 합니다. 이와 유사한 증거들이 로마, 그리스, 일본에도 있습니다. 그렇지만 현대 축구는 영국의 것을 기반으로 합니다. 중세 때의 축구는 다소 잔인했고 선수들은 경기를 이기기 위해서 주먹으로 치기, 물어뜯기, 발차기 같은 행동을 하곤 했습니다.

Q 강연에서 이야기하는 축구에 관한 요지는?
(a) 다른 문화라도 같은 경기 규칙을 따랐다.
(b) 누가, 언제 처음으로 축구를 고안했는지 알 수 없다.
(c) 다른 국가에서는 다른 규칙이 적용된다.
(d) 축구는 영국에서 처음에 폭력적인 스포츠로 시작되었다.

해설 2세기경의 중국, 그리스, 일본 등에서도 흔적이 있었지만, 현대 축구는 영국에서 기원되었다고 이야기하는 등, 축구는 과거에 여러 지역에서 흔적이 있지만 정확한 기원을 찾아내는 것이 어렵다는 것이 이 담화문의 주제이므로 (b)가 적절하다.

어휘 note 주목하다, 언급하다 precise 정확한 pinpoint 정확히 집어내다 have one's roots in ~을 기반으로 하다 medieval times 중세 시대 brutal 잔인한 engage in ~에 종사하다, ~에 관여하다

33

Take a plastic spoon and rub it in your hair or on a sweater until the spoon acquires a static charge, as evidenced by the attraction of the spoon for the hair or fibers on the sweater. Turn on a faucet so that there is a very thin stream of water. Hold the spoon close to the water and you will see the stream of water bend. What just happened? It's called electron transfer. Friction will cause electrons to transfer from one material to another if one of the materials exercises a strong attraction on them.

Q What is the lecture mainly about?
(a) How to fix a faucet
(b) How electrons are created
(c) How to get ionized water
(d) How electric charge works

해석 플라스틱 숟가락을 들고 머리카락이나 스웨터에 문질러 보세요. 그러면 숟가락은 정전기를 띠게 되는데 숟가락이 머리카락이나 스웨터의 털을 끌어당기는 것을 보면 이를 확인할 수 있습니다. 물줄기를 매우 가늘게 수도꼭지를 틀어 보세요. 숟가락을 물에 가까이 가져가면 물줄기가 휘는 것을 보실 겁니다. 무슨 일이 일어난 걸까요? 이것이 바로 전자의 이동입니다. 마찰 전기로 인해 전자는 어떤 물질에서 다른 물질로 이동합니다. 물질 중 하나가 강하게 전자를 끌어당긴다면 말이죠.

Q 강연의 주요 내용은?
(a) 수도꼭지를 고치는 방법
(b) 전자는 어떻게 만들어지는가
(c) 이온화된 물을 얻는 방법
(d) 전하는 어떻게 작동하는가

해설 이 글은 마찰 전기가 어떤 원리로 일어나는지를 설명하고 있으므로 정답은 (d)이다.

어휘 rub 문지르다   static 정전기   faucet 수도꼭지   bend 휘어지다
electron 전자   ionized 이온화된   electric charge 전하(전기를 띠며 모든 전기 현상의 근원이 되는 실체)

34

The Agriculture Committee says milk prices are expected to rise in the next few weeks, reaching $4.50 for a gallon, an increase of 75 cents. Officials say they have discovered a dangerous bacteria in milk sold by the country's largest producer. This means the milk supply will drop significantly, which will drive up prices. Smaller producers are working to increase their output, which may help bring prices down in about two months.

Q Which is correct about milk prices according to the news report?
(a) They should return to normal in a few weeks.
(b) A health concern is causing them to increase.
(c) They could rise higher than $5 per gallon.
(d) They are dropping due to an increased supply.

해석 농림위원회는 다음 몇 주간에 걸쳐 갤런당 우유 가격이 75센트 인상되어 4달러 50센트에 이를 것이라고 합니다. 관료들은 국내 최대 생산업체에서 판매한 우유에서 위험한 박테리아를 발견했다고 밝혔습니다. 이는 우유 공급이 크게 줄어들 것을 의미하며 우유 가격 상승을 이끌 것입니다. 하지만 소규모 업체들이 그들의 생산량을 늘리기 위해 노력하는 중이므로 두 달쯤 후엔 우유 가격이 하락할 것으로 보입니다.

Q 뉴스 보도에 의하면 우유 가격에 대해 옳은 것은?
(a) 가격이 몇 주 내로 정상으로 돌아올 것이다.
(b) 건강상의 우려가 우유 가격의 인상을 야기하고 있다.
(c) 우유 가격은 갤런당 5달러 이상으로 오를 수 있다.
(d) 공급 증가로 우유 가격이 떨어지고 있다.

해설 위험한 박테리아가 국내에서 가장 큰 우유 생산업체의 우유에서 발견되어 우유 공급이 크게 줄어들 것이라 했고, 이것이 우유 가격의 인상을 이끌 것이라 했으므로 정답은 (b)가 된다.

어휘 significantly 상당히, 크게   drive up (물가를 빠르게) 끌어올리다   output 생산량, 산출량   normal 정상의

35

As the temperature of a liquid changes, so do its behavior and properties. It has been known for some time that these transformations occur in particularly quick succession as a liquid approaches a transition point known as the glass transition temperature. Yet, MIT scientists recently discovered this is not the only transition point. There is another one at a higher temperature, where the properties of a liquid again undergo drastic change. The newly discovered transition point is being called the dynamic crossover temperature.

Q Which is correct about liquids according to the talk?
(a) Their behavior at a glass transition temperature is well known.
(b) High temperature changes are still a mystery to scientists.
(c) Few can be heated to the glass transition temperature.
(d) They never reach a dynamic crossover temperature.

해석 액체의 온도가 바뀜에 따라 액체의 움직임과 속성도 변화합니다. 한동안, 이러한 변화는 액체가 유리 전이 온도로 알려진 전이점에 도달할 때 특히 급격한 연속 현상으로 발생한다고 알려져 왔습니다. 그러나 MIT의 과학자들은 최근 유리 전이 온도가 유일한 전이점이 아니라는 사실을 발견했습니다. 더 높은 온도의 전이점이 또 있는데, 이 온도에서는 액체의 속성이 다시 급격한 변화를 겪습니다. 새로 발견된 전이점은 역학 크로스오버 온도라고 불리고 있습니다.

Q 담화에 의하면 액체에 대해 옳은 것은?
(a) 유리 전이 온도에서 액체의 모습은 잘 알려져 있다.
(b) 높은 온도에서의 변화는 여전히 과학자들에게 미스터리이다.
(c) 극히 적은 수만 유리 전이 온도까지 가열될 수 있다.
(d) 결코 역학 크로스오버 온도에 도달하지 못한다.

해설 액체가 특정한 온도에 도달하면 움직임과 속성이 변하는데, 기존에 알려진 전이점 외에 새로운 전이점을 발견했다는 내용의 담화이다. 담화 앞부분에 유리 전이 온도에 대한 내용이 나오므로 (a)가 옳은 진술임을 알 수 있다. (b), (d)는 담화 내용과 상반되며, (c)는 언급되지 않은 내용이다.

어휘 property 속성 transformation 변화, 탈바꿈
in succession 잇달아, 계속하여 transition point 전이점
glass transition temperature 유리 전이 온도 undergo 겪다 drastic 급격한

36

Broaden your horizons and awaken your senses this weekend by attending Florida's annual celebration of experimental and free-form jazz—the Threshold Festival. This year, the very best musicians from around the country and abroad are coming to open minds and spark inspiration. There will be performances by Ann Kofax and the Clutch, Tel Aviv punk quartet the Brass Ascent, and electronic violinist Will MacKenney. Due to a last-minute cancellation, Aubrey Tucker will lead the jazz workshop at Studio 310 this Saturday.

Q What can be inferred from the advertisement?
(a) This is the second year of the Festival.
(b) Ann Kofax and her band are from Florida.
(c) Aubrey Tucker has expertise in the field of music.
(d) Tel Aviv's quartet is attending for the first time.

해석 이번 주말 플로리다에서 열리는 실험적인 프리 재즈 연례행사인 쓰레쉬홀드 페스티벌에 참가하셔서 당신의 지평을 넓히고 감각을 깨우세요. 올해에는 국내외 최고의 뮤지션들이 마음을 열고 영감을 불러일으키기 위해 올 것입니다. 앤 코팩스와 클러치, 텔 아비브의 펑크 4중주단 브라스 어센트, 그리고 전자 바이올리니스트 윌 맥케니의 공연이 열립니다. 막바지에 취소된 이유로, 오브리 터커가 이번 주 토요일 스튜디오 310에서 재즈 워크숍을 이끕니다.

Q 광고에서 추론할 수 있는 것은?
(a) 이번은 페스티벌의 두 번째 해이다.
(b) 앤 코팩스 밴드는 플로리다 출신이다.
(c) 오브리 터커는 음악 분야의 전문가이다.
(d) 텔 아비브의 4중주단은 처음으로 참가하게 된다.

해설 재즈 축제에 관한 소개이다. 축제 일정 소개 중에 오브리 터커가 재즈 워크숍을 지도한다고 했으므로, '오브리 터커는 음악 분야의 전문가'라는 (c)의 내용을 추론할 수 있다. 국내외 음악인들이 참가한다고 했을 뿐, 앤 코팩스 밴드의 출신은 추론할 수 없는 내용이므로 (b)는 답이 될 수 없다.

어휘 horizon 지평선; 범위, 한계 annual 연례의, 연중의
experimental 실험적인 inspiration 영감 quartet 4중주단
expertise 전문 지식

Part V

37~38

Today, let me recommend a wonderful vacation spot to you! If you're looking for a place to escape and unwind, Lakeside Resort offers a beautiful weekend vacation just a short drive away. We're located only 45 miles north of the city, and you'll find yourself surrounded by trees, hills and beautiful Lake Madison. The five-star Lakeside Resort has established an identity for itself within the town's wider hospitality industry that is synonymous with exceptional staff, service and amenities. Our concierge can arrange horseback rides and boat excursions, and we offer a number of activities for children, so you can spend a little time alone. Additionally, there are memorable events from July through December. We share the nearest beach with sea turtles which hatch seasonally during this period. We participate in efforts to protect the sea turtle population and watch baby sea turtles take their first steps towards their home in the ocean. All the guests are given a chance to witness this incredible event. Make your reservation at LakesideResort.com.

Q37 What is mainly being advertised?
(a) A relaxing and convenient getaway experience
(b) An introduction to various outdoor activities
(c) A family-oriented trip to a foreign country
(d) An escape for people seeking adventures

Q38 Which is correct about Lakeside Resort according to the advertisement?
(a) It is located further away from the town.
(b) The local residents don't prefer it to others.
(c) It provides various activities only for adults.
(d) Special events are offered during certain times of the year.

해석 오늘, 여러분에게 멋진 휴가지를 소개합니다! 만약 일상에서 탈출을 해 긴장을 풀고 싶은 곳을 찾고 있다면, 차로 가까운 거리에 위치한 레이크사이드 리조트가 아름다운 주말 휴가를 제공해 드립니다. 도시에서 북쪽으로 45마일밖에 되지 않는 곳에 위치하고 있지만, 나무와 언덕, 아름다운 메디슨 호수가 둘러싸여 있는 당신을 발견하게 될 것입니다. 5성급 레이크사이드 리조트는 직원, 서비스 그리고 시설에서 예외적인 마을의 더 넓은 서비스업 분야에서 스스로 독자성을 확립했습니다. 우리 안내원들이 말 타기, 보트여행 등을 주선해 드릴 수 있으며, 아이들에게도 많은 활동을 제공해 줌으로써 여러분들은 조금이나마 혼자만의 시간을 보낼 수 있을 것입니다. 또한, 7월부터 12월까지 기억에 남을만한 이벤트가 있습니다. 우리는 계절적으로 이 기간 동안에 알을 낳는 바다거북이 있는 해변을 공유하고 있습니다. 우리는 바다거북의 개체수를 보호하기 위한 노력에 참여하고 아기바다거북이 바다에서 그들의 집으로 향하는 첫 단계를 지켜봅니다. 모든 손님은 이 놀라운 이벤트를 볼 기회를 제공받습니다. LakesideResort.com에서 예약하세요.

Q37 주로 광고되고 있는 것은?
(a) 편안하고 편리한 휴가 경험
(b) 다양한 야외 활동 소개
(c) 외국으로 떠나는 가족 여행
(d) 모험을 찾는 사람들의 탈출

해설 일상에서 벗어나 긴장을 풀고 싶은 사람들에게 도시에서 멀지 않은 곳에서 다양한 활동을 하며 주말을 보낼 수 있는 리조트를 광고하고 있으므로 정답은 (a)가 가장 적절하다.

Q38 광고에 따르면 Lakeside Resort에 대해 옳은 것은?
(a) 마을에서 훨씬 떨어져서 위치해 있다.
(b) 지역주민들은 다른 리조트보다 레이크사이드 리조트를 선호하지 않는다.
(c) 어른들을 위한 다양한 활동만 제공한다.
(d) 특별행사는 특정시기에만 제공된다.

해설 어른과 아이들을 위한 다양한 이벤트 외에도 7월부터 12월까지 바다거북이 알을 낳는 시기에 바다거북과 관련된 특별한 이벤트가 있다고 했으므로 정답은 (d)이다.

어휘 vacation spot 휴가지 unwind 긴장을 풀다 surrounded 둘러싸인 establish an identity 독자성을 확립하다 hospitality industry 서비스업 be synonymous with ~와 맥락을 같이 하다, 밀접한 관련이 있다 concierge 안내원 excursion 여행 getaway 휴가 family-oriented 가족적인, 가족 지향의 hatch 부화하다 population 개체수 witness 목격하다

39~40

Today, let's discuss the widespread misconception that the use of electronic media has negative effects on all aspects of society. The steady proliferation of electronic media has caused some to view screen-based text and literature with suspicion. They harbor qualms concerning the negative influence of digital media, accusing it of making today's readers inattentive and fickle. In so doing, they imply that the media of the past—that is, print media—always held readers rapt and compelled them to finish everything they started. But these characterizations of print media are idealized and, frankly, untrue. If advertising companies are targeting global subscribers, then print is not the medium they should go for. Instead, the Internet has a much wider reach than print media. Indeed, there are many limitations when it comes to attracting various audiences as newspapers may be available to only certain subscribers. On the other hand, people can get access to the Internet from anywhere and everywhere. Plus, the lifespan of print media is very short as most people tend to throw them or keep them aside after a reading. Therefore, we have to keep all these matters in mind and plan wisely to make the optimum use of print media.

Q39 Which is correct according to the lecture?
(a) The status of electronic media is rising steadily.
(b) Some blame print media for making subscribers easily distracted.
(c) Print media are readily available for people who want information on the Internet.
(d) Advertising companies tend to prefer newspapers to digital media.

Q40 What can be inferred about the speaker?
(a) He is skeptical about the benefits of electronic media.
(b) He doubts readers of the past were more attentive.
(c) He wants today's readers to be more perceptive.
(d) He supports efforts to promote print books.

ACTUAL TEST 2

P. 100

PART I
1 (d)　2 (d)　3 (a)　4 (c)　5 (a)
6 (a)　7 (c)　8 (c)　9 (d)　10 (b)

PART II
11 (b)　12 (b)　13 (a)　14 (c)　15 (b)
16 (d)　17 (b)　18 (c)　19 (b)　20 (b)

PART III
21 (a)　22 (a)　23 (a)　24 (b)　25 (a)
26 (a)　27 (d)　28 (c)　29 (a)　30 (b)

PART IV
31 (d)　32 (a)　33 (d)　34 (c)　35 (d)
36 (b)

PART V
37 (c)　38 (c)　39 (b)　40 (c)

Part I

1

W I'm thinking about looking for a new apartment.
M _____

(a) It is a great building to live in.
(b) I couldn't agree with you more.
(c) I wouldn't look at it that way.
(d) I think you can find a better place.

해석　W 새 아파트를 구할까 생각 중이야.
　　　M _____
(a) 살기에 꽤 좋은 건물이야.
(b) 네 말에 절대적으로 동의해.
(c) 난 그걸 그런 식으로 생각하지 않을 것 같아.
(d) 너는 더 좋은 집을 찾을 수 있을 것 같아.

해설　새 아파트를 구하겠다는 여자에게 더 좋은 장소를 찾을 수 있을 거라고 호응해 주는 (d)가 가장 자연스럽다. place는 여자의 말 apartment를 가리킨다.

어휘　couldn't agree with ... more ~의 말에 전적으로 동의하다
look at ~에 대해 고려하다

2

M I can't seem to find my subway card, and I'm late!
W _____

(a) I'm sure everything will pan out.
(b) You'll need to recharge your card soon.
(c) We can take the next train instead.
(d) Don't worry. Just use mine for now.

해석　M 지하철 교통 카드를 못 찾겠어. 나 늦었는데!
　　　W _____
(a) 모든 것이 잘될 거라 확신해.
(b) 너 카드를 곧 충전해야 할 거야.
(c) 대신 다음 기차를 타면 돼.
(d) 걱정 마. 우선은 내 카드 사용해.

해설　늦었는데 교통 카드를 못 찾겠다는 남자에게 자기 카드를 쓰라는 (d)가 가장 적절하다. 교통 카드가 없는 상황이므로 (c)는 적절하지 않다.

어휘　pan out (특정 방식으로) 전개되다　recharge (요금을) 충전하다
instead 대신에　for now 우선은, 당분간은

3

W I thought the film was sensational.
M _____

(a) Yeah, it's one of my favorites this year.
(b) I had a hard time understanding it, too.
(c) I don't know. It seemed fine to me.
(d) I wasn't expecting to feel so emotional.

해석　W 그 영화 아주 멋지다고 생각했어.
　　　M _____
(a) 응, 올해 가장 좋아하는 영화들 중 하나야.
(b) 나 역시 이해하기 어려웠어.
(c) 모르겠어. 나는 괜찮아 보이던데.
(d) 내가 그렇게 감정적이게 될 거라 기대하지 않았어.

해설　영화가 아주 멋지다는 평가에 동의하면서 비슷한 좋은 평가를 내리는 (a)가 가장 적절하다. (c)의 I don't know는 상반된 의견을 전할 때 쓰는 표현으로, 대화 상황과 뒤에 이어지는 내용이 어울리지 않는다.

어휘　sensational 세상을 놀라게 하는, 아주 멋진　emotional 감정을 자극하는

4

M I'm at a total loss over what to do.
W _____

(a) No, I saw something there.
(b) Yes, we should consult them.
(c) I feel stumped about it as well.
(d) You can have one if you'd like.

해석 M 뭘 해야 할지 정말 어쩔 줄을 모르겠어요.
　　 W _____

(a) 아뇨, 거기에서 뭔가를 봤어요.
(b) 네, 우리는 그들과 상의해야 해요.
(c) 저도 역시 당황스럽네요.
(d) 원하신다면 하나 가지세요.

해설 at a loss와 유사한 의미의 stumped를 제대로 들었다면 쉽게 (c)를 정답으로 고를 수 있다. total은 강조의 뜻으로 붙은 것이다. loss를 '손실'이라는 뜻 그대로 받아들인다면 오답인 (d)를 고를 수 있으니 주의한다.

어휘 **at a loss** 어쩔 줄을 모르는　**consult** 상담하다　**stump** (너무 어려운 문제로) 당황하게 하다

5

M Your picture doesn't do you justice.
W _____

(a) No, I don't photograph very well.
(b) Let's take a photograph together.
(c) I believe justice requires courage.
(d) Do you want me to retake your picture?

해석 M 사진이 잘 안 나왔구나.
　　 W _____

(a) 응, 나 사진이 잘 안 나와.
(b) 우리 같이 사진 찍자.
(c) 난 정의는 용기를 필요로 한다고 생각해.
(d) 네 사진 다시 찍어 줄까?

해설 do … justice의 의미를 제대로 알지 못한다면 어려운 문제일 수 있다. (a)는 사진이 잘 받지 않는다는 남자의 말에 동의하는 응답으로 적절하다. 남자의 말이 부정문이므로 여자의 No는 남자의 말에 동의하는 것임에 유의한다. (c)는 남자의 말 justice가 반복하여 사용된 다의어 함정이다.

어휘 **do … justice** ~을 제대로 반영하다　**photograph** 사진이 나오다[받다]　**take a photograph** 사진을 찍다　**justice** 정의　**courage** 용기

6

W To check the amount you owe, I need your account number.
M _____

(a) It's 437812.
(b) I made a payment Tuesday.
(c) I think the bill is lost in the mail.
(d) Can you repeat the question?

해석 W 당신의 빚이 얼마나 되는지 확인하려면, 당신의 계좌 번호가 필요해요.
　　 M _____

(a) 437812예요.
(b) 화요일에 지불했는데요.
(c) 청구서가 우편물 사이에서 사라진 듯해요.
(d) 질문을 다시 해 주시겠어요?

해설 여자는 남자에게 간접적으로 계좌 번호를 묻고 있으므로 필요한 정보를 알려 주는 (a)가 가장 적절하다. (b)와 (c)는 돈, 빚, 지불 등 관련된 내용을 이용한 함정이다.

어휘 **owe** (돈을) 빚지고 있다　**account number** 계좌 번호　**make a payment** (대금을) 납부하다　**bill** 청구서

7

M How should I address you?
W _____

(a) It's 102 King Street.
(b) I'm moving out soon.
(c) Call me by my first name.
(d) I'm a new employee.

해석 M 제가 당신을 어떻게 불러야 할까요?
　　 W _____

(a) 킹 가 102번지입니다.
(b) 저는 곧 이사 갈 거예요.
(c) 제 이름으로 불러 주세요.
(d) 저는 신입 직원입니다.

해설 address가 동사로 호칭을 묻는 의미라는 것을 알아야 한다. (c)는 성을 빼고 격식 없이 이름으로 불러 달라는 의미로 적절하다. address를 주소의 의미로 잘못 이해할 경우 (a)와 같이 주소를 알려 주거나 (b)와 같이 이사에 대해 이야기하는 오답을 고를 수 있다.

어휘 **address** ~라고 (호칭을) 부르다　**move out** 이사를 나가다　**employee** 직원

8

M How are you liking your physics class?
W _____

(a) It meets very early on Wednesdays.
(b) We're starting a new unit this week.
(c) It's rigorous, but really interesting.
(d) Dr. Daniels is our instructor.

해석 M 물리학 수업은 어때?
W _____
(a) 매주 수요일 아주 이른 시간에 있어.
(b) 이번 주에 새 단원을 시작해.
(c) **수업이 힘들기는 한데, 아주 재미있어.**
(d) 대니얼스 박사님이 우리 강사야.

해설 How are you liking ~?은 의견을 묻는 말로, 수업에 대한 의견이 어떤지를 묻고 있다. 따라서 (c)가 가장 적절하다. (a)는 수업 시간, (b)는 수업의 진도, (d)는 강사를 소개하고 있다.

어휘 **physics** 물리학 **rigorous** 철저한, 엄격한, 힘든 **instructor** 강사, 교사

9

M Look at how full the ski mountain's parking lot is.
W _____

(a) The roads are a mess with the snow.
(b) Lift tickets are discounted as well.
(c) I'll ski down first followed by you.
(d) The slopes must be so crowded.

해석 M 스키장의 주차장이 얼마나 꽉 찼는지 좀 봐.
W _____
(a) 도로가 눈으로 엉망이야.
(b) 리프트 표도 할인이 되네.
(c) 내가 너보다 먼저 스키 타고 내려갈게.
(d) **스키장도 분명 붐비겠지.**

해설 주차장이 차로 꽉 찼다는 말은 사람들이 많다는 뜻이므로, 여기에 자연스럽게 이어지는 응답으로 (d)가 적절하다. 나머지 선택지들 모두 스키장 또는 눈과 관련된 내용이므로 주의해야 한다.

어휘 **parking lot** 주차장 **mess** 엉망진창 **discount** 할인하다 **slope** 스키장

10

W Can you sign us up for the hiking trip tomorrow?
M _____

(a) The hike takes about 90 minutes.
(b) I'm sorry, but it just filled up.
(c) You'll see a lot of interesting animals.
(d) I don't think it fits with our plans.

해석 W 저희도 내일 도보 여행을 신청할 수 있을까요?
M _____
(a) 도보는 약 90분 정도 걸립니다.
(b) **죄송하지만, 방금 다 찼어요.**
(c) 흥미로운 동물들을 많이 보시게 될 거예요.
(d) 우리 계획에 적합하지 않다고 봅니다.

해설 도보 여행에 자신들도 참가할 수 있는지 여부를 묻고 있으므로 어울리는 대답은 가능 여부를 알려 주는 (b)이다. hiking trip만 들었다면 (a)와 (c)를 고를 수 있으니 주의한다.

어휘 **sign up for** ~을 신청하다 **hiking trip** 도보 여행 **fill up** 가득 차다 **fit with** ~와 맞다

Part II

11

M Can you recommend a shoe store nearby?
W There's a discount shop about a mile away.
M Oh, I'm looking for something nice to wear.
W _____

(a) I want you to dress nicely for your job.
(b) There's a better shop a little further away.
(c) Well, I just want you to be comfortable.
(d) There's a great gift shop not far from here.

해석 M 근처에 있는 신발 가게 좀 추천해 주실래요?
W 1마일 정도 떨어진 곳에 할인 매장이 있어요.
M 아, 저는 괜찮은 신발을 찾고 있는 중이에요.
W _____
(a) 당신이 일할 때는 옷을 잘 입었으면 좋겠어요.
(b) **조금 더 가면 더 좋은 가게가 있어요.**
(c) 음, 난 당신이 편안했으면 해요.
(d) 여기서 멀지 않은 곳에 좋은 선물 가게가 있어요.

해설 신발을 살 곳으로 할인 매장을 추천받은 남자가 자신은 괜찮은 신발을 사고 싶다고 하므로, 다른 더 나은 가게를 알려 주는 (b)가 가장 타당하다. 선물 가게를 추천해 달라고 한 것은 아니므로 (d)는 적절하지 않다.

어휘 **nearby** 인근에, 가까운 곳에 **discount shop** 할인 매장 **further** 더 멀리에 **comfortable** 편안한 **far** 멀리

12

W How was your workshop yesterday?
M It was a disaster.
W Why? I heard a lot of people signed up for it.
M _____

(a) I think they liked it very much.
(b) Yes, but only a few showed up.
(c) I'm looking forward to it.
(d) The assignment was too hard.

해석 W 어제 워크숍은 어땠나요?
M 끔찍했어요.
W 왜요? 사람들이 많이 등록했다고 들었는데요.
M _____

(a) 사람들이 많이 좋아한 것 같아요.
(b) 네, 그런데 몇 명만 나타났어요.
(c) 전 기대하고 있어요.
(d) 과제가 너무 어려웠어요.

해설 많은 사람들이 등록했다고 들었다는 여자의 마지막 말에 대해 끔찍한 상황은 실제로는 소수만 참석했다는 (b)가 적절하다.

어휘 **disaster** 재난 **show up** 모습을 드러내다 **assignment** 과제, 임무

13

W Is Wilson handling the Claymore account?
M He was actually replaced.
W It must be Greta, in that case.
M _____

(a) I wasn't briefed on the specifics.
(b) Yes, with a degree of discretion.
(c) I can pass along your interest to her.
(d) No, Wilson's in charge of it.

해석 W 윌슨이 클레이모어 계좌를 다루고 있나요?
M 사실 그는 교체되었어요.
W 그렇다면 분명 그레타겠군요.
M _____

(a) 저는 세부 내용에 대해 보고 받지 못했어요.
(b) 네, 어느 정도의 재량권으로요.
(c) 당신의 관심사를 그녀에게 알려 드리죠.
(d) 아뇨, 윌슨이 담당하고 있어요.

해설 계좌 담당자에 대해 추측하는 여자에게 자세한 것은 잘 모르겠다고 하는 (a)가 가장 적절하다. (b)는 yes로 시작하고 있지만 뒤따라오는 내용이 상황과 어울리지 않고, (d)는 남자가 대화에서 한 말과 상반된다.

어휘 **replace** 대체하다 **brief** ~에게 알려 주다 **specifics** 세부 내용 **degree** 정도 **discretion** (자유) 재량(권) **pass along** ~을 전달하다

14

M I hear you got a promotion. Congratulations!
W Thanks. It's a lot more work, but better money.
M So, you think you'll keep the job for a while?
W _____

(a) It could take ages to get a promotion.
(b) It's nearby and we can have lunch.
(c) At least for the next two years.
(d) I think you would like working there.

해석 M 승진했다는 소식 들었어. 축하해!
W 고마워. 일은 더 많지만 월급이 더 괜찮아.
M 그래서 한동안은 계속 일할 생각이야?
W _____

(a) 승진하려면 꽤 오래 걸릴 수 있어.
(b) 여기 근처니까 점심을 먹을 수 있겠어.
(c) 적어도 향후 2년간은 그래.
(d) 너가 거기에서 일하는 걸 좋아할 것 같아.

해설 남자가 여자의 승진을 축하하며 그 직장에서 더 일할 생각인지 묻고 있으므로 앞으로의 근무 계획에 대해 얘기하는 (c)가 가장 자연스럽다.

어휘 **get a promotion** 승진하다 **take ages** 한참이 걸리다

15

W This job is the toughest I've ever had.
M But I thought your uncle was your boss.
W He is, but he's not giving me special treatment.
M _____

(a) It's a tough job but I admit it pays well.
(b) I guess that's fair to the others.
(c) You got the job on your own merits.
(d) You must have a close relationship.

해석 W 이 직장이 지금껏 제가 해 온 일 중 가장 힘들어요.
M 당신 삼촌이 상사인 줄 알았는데요.
W 맞아요. 하지만 제게 특별대우를 해 주시진 않아요.
M _____

(a) 힘든 일이지만 보수가 좋다는 건 인정해요.
(b) 그게 다른 사람들에게 공평하겠네요.
(c) 당신 실력으로 그 일을 얻었잖아요.
(d) 분명 친밀한 관계이겠군요.

해설 친척의 회사에서 일하지만 특별대우는 받지 못한다는 여자에게 할 말로 (b)가 가장 자연스럽다. (d)는 여자의 말과 상반되는 내용이며, 보수가 좋은지는 알 수 없으므로 (a) 역시 답이 될 수 없다.

어휘 **special treatment** 특별대우 **on one's own merits** 자기 실력으로

16

W Mark, did you get my email about the meeting?
M An email? Nothing's in my inbox.
W But I sent it over two hours ago.
M _____

(a) Oh, at that time, I was out of my office.
(b) Let me give you my email address.
(c) I'm afraid I can't help you right now.
(d) It might be sitting in my spam folder.

해석
W 마크, 회의에 대한 제 이메일 받았어요?
M 이메일이요? 받은 편지함에 아무것도 없어요.
W 하지만 두 시간도 더 전에 보냈는데요.
M _____

(a) 아, 그때 저는 사무실에 없었어요.
(b) 제 이메일 주소를 드릴게요.
(c) 지금은 도와 드릴 수 없어요.
(d) 제 스팸 메일함에 있을지도 몰라요.

해설 여자는 두 시간 전에 이메일을 보냈다고 하고 남자는 받은 편지함에 없다고 한다. 따라서 이메일의 행방에 대해 추측하는 (d)가 적절하다. 여자의 마지막 말 two hours ago을 듣고 (a)를 고르지 않도록 주의한다. 이메일의 존재에 대해 이야기하고 있으므로 (a)는 옳지 않다. 이미 여자가 남자의 이메일 주소를 알고 있는 상황이므로 (b)는 어색하다.

어휘 inbox 받은 편지함 spam 스팸(광고성 전자 메일)

17

W Are you interested in our logo design service?
M Yes, I'd like to get a logo done.
W What are you looking for in the design?
M _____

(a) It brought out the name of my company.
(b) Something that catches the eye.
(c) That's OK, I've already found it.
(d) A positive customer response so far.

해석
W 저희의 로고 디자인 서비스에 관심이 있으신가요?
M 네, 로고를 맡기고 싶어요.
W 디자인에서 바라시는 게 무엇인가요?
M _____

(a) 저희 회사의 이름을 눈에 띄게 했어요.
(b) 눈길을 끄는 뭔가를요.
(c) 괜찮아요. 이미 찾았어요.
(d) 지금까지는 긍정적인 고객 반응입니다.

해설 회사의 로고 디자인에서 원하는 것으로 눈길을 끄는 디자인이었으면 좋겠다는 의미의 (b)가 가장 알맞다. (a)는 과거 시제이므로 적절하지 않고, (d)는 로고 디자인과는 거리가 멀다.

어휘 bring out 눈에 띄게 만들다 catch the eye 눈길을 끌다

18

M How was the interview with the applicant?
W He has experience, but doesn't communicate well.
M Are you interviewing other candidates?
W _____

(a) Yes, a few people have asked about the position.
(b) I think they're going to eliminate the job.
(c) Yes, there are a few more schedules this week.
(d) I need to ask better questions next time.

해석
M 지원자와의 면접은 어땠어요?
W 그는 경험은 있지만, 의사소통이 잘 안 돼요.
M 다른 지원자들도 면접을 보시나요?
W _____

(a) 네, 그 자리에 대해서 몇몇 사람들이 문의했어요.
(b) 제 생각엔 그 자리를 없앨 것 같아요.
(c) 네, 이번 주에 일정이 몇 개 더 잡혀 있어요.
(d) 다음번에는 더 좋은 질문을 해야 해요.

해설 마지막에 다른 지원자들도 면접을 볼 것인지 물었으므로, 앞으로의 면접 일정에 대해 이야기하는 (c)가 가장 자연스럽다.

어휘 applicant 지원자(=candidate) eliminate 없애다

19

W When can we grab a drink this week?
M I can probably meet you on Thursday.
W Can we pick a spot near downtown?
M _____

(a) I can be there in time for dinner.
(b) I have a meeting over there, so it works.
(c) It's a new pub on Seventh and Broadway.
(d) Sounds like it's a bad time for you.

해석
W 이번 주 언제쯤 술 한잔할 수 있어?
M 아마 목요일에 만날 수 있을 거 같아.
W 시내 근처에서 장소를 정할까?
M _____

(a) 저녁 식사에 맞춰서 거기에 갈 수 있어.
(b) 나 그곳에서 회의가 있어서 가능해.
(c) 7번 가와 브로드웨이 가에 위치한 새로운 술집이야.
(d) 너에게 좋지 못한 때인 것 같아.

해설 술자리 약속을 정하는 상황에서 여자는 시내와 가까운 곳에서 만나자고 제안한다. 따라서 가능 여부를 밝히는 (b)가 가장 자연스럽다.

어휘 grab a drink 한잔하다 pick a spot 장소를 고르다 in time for ~하는 시간에 맞게 work 잘 되어 가다 pub 술집

20

> M My quote for this project is 550 dollars.
> W When could you have it done by?
> M It'll probably take me till the end of the month.
> W _____
>
> (a) I think I can give a better quote.
> (b) Sorry, we need a faster turnaround.
> (c) Well, as long as you're happy there.
> (d) The project certainly was excellent.

해석
M 이 작업에 대한 제 견적은 550달러입니다.
W 언제까지 완료하실 수 있으신가요?
M 아마 이번 달 말까지는 걸릴 것 같아요.
W _____

(a) 제가 더 나은 견적을 드릴 수 있을 것 같은데요.
(b) 죄송하지만 저희는 좀 더 빨리 끝내야 해요.
(c) 음, 그곳에서 당신이 만족하기만 한다면요.
(d) 그 작업은 분명 멋졌어요.

해설 작업을 완료할 수 있는 기한에 대해 논의를 하고 있다. 제시한 완료일보다 더 오래 걸린다고 하자 좀 더 일찍 끝내야 한다고 말하는 (b)가 가장 자연스럽다. turnaround라는 표현을 모른다면 쉽게 정답을 고를 수 없겠지만, 일을 의뢰하는 입장인 여자가 말할 수 없는 (a)와 대화 상황과 어울리지 않는 (c), 시제가 불일치하는 (d)를 소거할 수 있다.

어휘 quote 견적   turnaround 작업을 끝내기에 충분한 시간

Part III

21

> Listen to a conversation between two colleagues.
> M Do you know what's wrong with the copy machine?
> W I think there was a big paper jam.
> M Should I try and fix it? I'm in a rush to make copies.
> W I think a few people have tried, but no luck.
> M This is ridiculous. What am I supposed to do?
> W Yeah, I know. But I think a repairman is on his way.
>
> Q What is the conversation mainly about?
> (a) A piece of equipment out of order
> (b) How the copy machine should be used
> (c) Alternatives to making copies
> (d) Who to contact about a problem

해석 두 직장 동료의 대화를 들으시오.
M 복사기에 무슨 문제가 있는지 알아요?
W 종이가 아주 심하게 걸려 있던 것 같아요.
M 제가 좀 고쳐볼까요? 빨리 복사해야 할 것이 있어요.
W 몇 사람이 이미 시도를 해 본 것 같은데, 잘 안 됐어요.
M 말도 안 돼요. 전 어떻게 해야 하죠?
W 그러게요. 그렇지만 지금 수리하는 사람이 오고 있을 거예요.

Q 대화의 주요 내용은?
(a) 기기의 고장
(b) 복사기 사용 방법
(c) 복사하는 것의 대안들
(d) 문제에 대해 연락할 사람

해설 남자가 급하게 복사를 해야 하는데 복사기가 종이가 걸려 고장이 난 상황으로 (a)가 정답이다. 복사기가 고장이 난 상황에서 수리하는 사람에 대해 한 번 언급했을 뿐이므로 (d)는 주요 내용으로 볼 수 없다.

어휘 paper jam 종이 걸림   in a rush 아주 바쁘게   ridiculous 터무니없는   repairman 수리하는 사람   on one's way 오는 중인   alternative 대안

22

> Listen to a conversation between a husband and a wife.
> W Ugh, I'm so tired. Today was crazy at work!
> M What happened? I thought things had slowed down.
> W They did, but we got a rush order to print a brochure.
> M Oh, that sounds really stressful.
> W And the client had no idea what he wanted.
> M Here, sit down and relax. Tell me about it.
>
> Q What is the woman mainly doing in the conversation?
> (a) Talking about a difficult day
> (b) Reminding him of evening plans
> (c) Retelling a story she heard
> (d) Reviewing plans for a project

해석 **남편과 아내의 대화를 들으시오.**
W 아, 나 정말 피곤해. 회사에서 정신이 없었어!
M 무슨 일이 있었어? 일들이 좀 천천히 진행되고 있다고 생각했는데.
W 그랬지. 그런데 소책자 인쇄를 급하게 해 달라는 주문이 들어왔어.
M 스트레스가 엄청나겠는걸.
W 그리고 그 고객은 자기가 무엇을 원하는지도 몰랐어.
M 여기 앉아서 쉬면서 얘기해.

Q 대화에서 여자가 주로 하는 것은?
(a) 힘들었던 하루에 대해 이야기하기
(b) 저녁 계획을 남자에게 상기시키기
(c) 그녀가 들은 이야기를 남자에게 들려주기
(d) 프로젝트에 대한 계획 검토하기

해설 여자는 피곤하다면서 직장에서 정신없이 바빴던 이유를 남자에게 설명하고 있으므로 (a)가 정답이 된다.

어휘 slow down (진행·속도를) 늦추다, 느긋해지다   rush order 긴급 주문   brochure 소책자   remind 생각하게 하다   retell 다시 말하다

23

Listen to a conversation between two colleagues.

W I just can't stand having to do this every month.
M That's not the main issue for me. It's the fact that we don't get paid extra for it.
W You're right. This isn't in our contracts, is it?
M Not only that, but you don't see any of the administration doing it, do you?
W How can they do that?
M It's simple. They have the power and we don't.

Q What are the man and woman mainly doing in the conversation?
(a) Complaining about an unfair practice
(b) Accusing the employer of harassment
(c) Praising the employer for their power
(d) Quitting a job without getting paid

해석 　두 직장 동료의 대화를 들으시오.
W 이걸 매달 해야 한다니 참 수가 없어요.
M 저한테는 그게 중요한 문제가 아니에요. 중요한 건 우리가 추가 수당을 받지 못한다는 사실이에요.
W 당신 말이 맞아요. 이건 우리 계약에 없던 거잖아요, 그죠?
M 뿐만 아니라 경영진 누구도 이 일을 하는 걸 볼 수 없잖아요, 안 그래요?
W 어떻게 그럴 수 있지요?
M 간단해요. 그 사람들에게는 권력이 있고, 우리에겐 없잖아요.

Q 대화에서 남자와 여자가 주로 하는 것은?
(a) 부당한 행위에 대해 불평하기
(b) 고용주의 괴롭힘을 고소하기
(c) 고용주의 권력을 찬양하기
(d) 급여를 받지 못하고 사직하기

해설 　남자와 여자는 일터에서 추가 수당도 받지 못하며 계약서에 나오지 않은 일을 해야 하는 부당한 행태에 대해 불만을 터뜨리고 있으므로 (a)가 정답이다. 추가 수당이 없는 것과 경영진이 돕지 않는다는 사실을 고용주의 harassment로 볼 수는 없으므로 (b)는 옳지 않다.

어휘 　stand 참다, 견디다　contract 계약　administration 경영, 관리　unfair practice 부당한 행위　accuse 고발하다　harassment 괴롭힘

24

Listen to a conversation between two friends.

M Hi, Judy. It's good to see you. I enjoyed meeting you last week.
W Same here. I've been hoping to meet people in the music scene.
M Well, I'm throwing a party next week. A lot of musicians will be there.
W I'd love to come. And I heard that you're friends with Elaine.
M Oh, yes. We've known each other for years. We're very close.
W I knew her in college. Please give her my regards when you see her.

Q Which is correct according to the conversation?
(a) They recently moved to the same city.
(b) They have a friend in common.
(c) They listen to the same musician's album.
(d) They met at a party the week before.

해석 　두 친구의 대화를 들으시오.
M 안녕, 주디. 만나서 반갑다. 지난주 만나서 즐거웠어.
W 나도 그래. 음악계 사람들을 만나고 싶었거든.
M 내가 다음 주에 파티를 열 건데, 거기 음악가들 많이 올 거야.
W 나도 가고 싶다. 너 일레인이랑 친구라고 들었는데.
M 맞아. 수년간 알고 지냈어. 아주 친해.
W 난 대학에서 알게 됐는데. 보게 되면 안부 전해 줘.

Q 대화에 의하면 옳은 것은?
(a) 그들은 최근에 같은 도시로 이사했다.
(b) 그들은 서로 아는 공통된 친구가 있다.
(c) 그들은 같은 음악가의 앨범을 듣는다.
(d) 그들은 일주일 전 파티에서 만났다.

해설 　일레인과 수년간 알고 지내 아주 친하다는 남자의 말과 일레인과 대학 때 만났다며 안부를 전해달라고 하는 여자의 말로 볼 때, 대화에 따른 내용으로 옳은 것은 (b)이다. (d)는 둘이 지난주에 만난 것은 맞지만 음악계 사람들이 모인 어떤 자리였던 것으로 추론할 수 있을 뿐 그게 파티였는지는 알 수 없고 남자가 다음 주에 파티를 연다는 걸로 보아 지난주에 만났던 곳을 파티 장소로 보기엔 신빙성이 떨어진다.

어휘 　music scene 음악계　throw a party 파티를 열다　close 친한　give somebody one's regards ~에게 안부를 전하다　in common 공통의, 공통적으로

25

Listen to a conversation between a couple.

M I thought we might go to the carnival today.
W Actually, the carnival's not my kind of thing.
M Oh? Then what would you rather do?
W Let's go see a new exhibit at the history museum.
M I'd be up for that. You mean the museum uptown?
W Yes. And then we'll end up near a new restaurant I want to try.

Q Which is correct according to the conversation?
(a) The woman offered an alternative plan.
(b) The woman lives nearby the museum.
(c) The man doesn't enjoy visiting museums.
(d) The man has never been to a carnival.

해석 **커플의 대화를 들으시오.**
M 우리가 오늘 카니발에 가는 줄 알았는데.
W 사실, 카니발은 내 취향이 아니야.
M 어? 그럼 넌 달리 뭘 할 건데?
W 역사박물관에 새 전시회를 보러 가자.
M 그건 나도 보고 싶은데. 시 외곽에 그 박물관 말이야?
W 응. 그런 다음 내가 가보고 싶은 근처 새 레스토랑에 가는 거야.
Q 대화에 의하면 옳은 것은?
(a) 여자는 대체 방안을 제안했다.
(b) 여자는 박물관 인근에 산다.
(c) 남자는 박물관에 가는 것을 즐기지 않는다.
(d) 남자는 카니발에 가 본 적이 없다.

해설 카니발은 자신의 취향이 아니라며, 대신 역사박물관에 새 전시회를 보러 가자고 제안하는 여자의 말로 볼 때, 대화에 따른 내용으로 옳은 것은 (a)이다.

어휘 carnival 카니발, 축제 exhibit 전시(회) history museum 역사박물관 be up for ~하고 싶은 uptown 시 외곽의 end up 결국 ~하게 되다 alternative plan 대안 nearby 인근의, 가까이에

26

Listen to a conversation between two strangers.

M Nice to meet you, Cindy. Where are you from?
W I was born in Seattle, but I've lived all over.
M What's been your most exotic home?
W I spent two years in Zambia with the Peace Corps.
M And where do you live now?
W In Brooklyn with my husband.

Q Which is correct about the woman according to the conversation?
(a) She has relocated often.
(b) Her birthplace was Zambia.
(c) Her time in Zambia was as a tourist.
(d) She lives with her husband in Seattle.

해석 **두 낯선 사람들끼리의 대화를 들으시오.**
M 만나서 반가워요, 신디. 어디 출신이에요?
W 시애틀에서 태어났지만 여러 곳에서 살았어요.
M 가장 이국적인 곳은 어디였어요?
W 평화 봉사단으로 잠비아에서 2년을 보냈어요.
M 그럼 지금은 어디 사세요?
W 남편과 함께 브루클린에 있어요.
Q 대화에 의하면 여자에 대해 옳은 것은?
(a) 그녀는 자주 옮겨 다녔다.
(b) 그녀의 태생지는 잠비아다.
(c) 잠비아에 있는 동안에는 여행객이었다.
(d) 그녀는 시애틀에서 남편과 함께 살고 있다.

해설 여자는 시애틀에서 태어나 잠비아 등 여러 곳에서 살았다고 한다. 따라서 (a)가 옳다. 대화의 I've lived all over이 has relocated often으로 바꿔 표현되었다. 잠비아에서는 평화 봉사단으로 일했고, 현재 브루클린에서 남편과 살고 있다고 하므로 나머지는 옳지 않다.

어휘 exotic 이국적인 relocate 이동하다

27

Listen to a conversation between a representative and a customer.

M What are the benefits of this cell phone model?
W You can use it in over 50 countries.
M And the rate stays the same?
W Yes. It's locked in at 10 cents a minute.
M It looks like it also has a universal charging adapter.
W Right. You can recharge it anywhere in the world.

Q Which is correct about the phone according to the conversation?
(a) It is restricted to 15 countries.
(b) It provides calls at varying rates.
(c) It charges users up to 10 cents a call.
(d) It has a globally compatible charger.

해석 **직원과 고객과의 대화를 들으시오.**
M 이 휴대전화 모델의 장점이 뭐죠?
W 이걸 50여 개국에서 사용하실 수 있어요.
M 요금은 같고요?
W 네. 1분당 10센트로 고정되어 있습니다.
M 범용 충전 어댑터도 포함되어 있는 것 같네요.
W 맞습니다. 세계 어디서든 충전하실 수 있어요.

Q 대화에 의하면 전화에 대해 옳은 것은?
(a) 15개국으로 제한되어 있다.
(b) 다양한 요금제의 통화를 제공하고 있다.
(c) 전화 한 통에 10센트까지 청구한다.
(d) 전 세계 호환이 가능한 충전기가 있다.

해설 대화의 universal charging adapter가 (d)의 globally compatible charger로 표현되었다. 휴대전화를 50여 개국에서 사용할 수 있다고 하였고, 전화 요금은 통화마다가 아닌 1분당 10센트로 고정되어 있다고 한다.

어휘 **rate** 요금 **lock** 고정시키다 **charging adapter** 충전 어댑터 **restrict** 제한하다 **varying** 변화하는 **compatible** 호환이 되는 **charger** 충전기

28

Listen to a conversation between two acquaintances.

W Do you know of any companies that are hiring these days?
M I know of a few open positions. Why do you ask?
W It's time for me to switch jobs. I'm really unhappy with mine.
M Do you think conditions might change sometime soon?
W I doubt it. I work so hard and I feel like they just take me for granted.
M I see what you mean, but you might consider telling your boss how you feel.

Q Why is the woman looking for a new job?
(a) She doesn't like the work she's asked to do.
(b) She is hoping to increase her income significantly.
(c) She doesn't feel appreciated by her supervisor.
(d) She isn't getting along well with her co-workers.

해석 **두 지인의 대화를 들으시오.**
W 요즘 고용 중인 회사를 좀 아세요?
M 몇 곳에 공석이 있다고 알고 있는데, 왜 묻죠?
W 이직할 때가 된 것 같아요. 지금 일에 정말 만족하지 않아요.
M 상황이 조만간 바뀔 수 있을 거 같아요?
W 그럴 것 같지 않아요. 전 정말 열심히 일하지만 회사는 당연하게 여기는 것 같아요.
M 무슨 말인지 이해하지만, 지금 느끼는 것을 상사에게 얘기해 보는 건 어때요?

Q 여자가 새 직장을 알아보고 있는 이유는?
(a) 그녀는 지시 받는 일을 좋아하지 않는다.
(b) 그녀는 수입이 많이 오르기를 희망한다.
(c) 그녀의 직장 상사가 고마워하지 않는다고 생각한다.
(d) 그녀는 직장 동료들과 잘 지내지 못한다.

해설 여자가 현재 직장에 만족하지 않는 이유는 열심히 일해도 회사에서는 그걸 당연하게 생각하기 때문이다. 따라서 (c)가 가장 타당하다.

어휘 **open position** 비어 있는 일자리 **switch jobs** 직업을 바꾸다 **take ... for granted** ~을 당연시하다 **significantly** 상당히 **appreciate** 고마워하다 **supervisor** 관리자

29

Listen to a conversation between two colleagues.

M Are you planning to attend the keynote address this afternoon?
W I'm not sure. I've heard the speaker before and wasn't that impressed.
M Oh? I'm really interested in hearing about new brain research.
W In that case, you should attend. You'll learn a lot from him.
M That's the most important thing. I really want to hear from an expert.
W Of course. I just hope the speaker is more engaging this time.

Q What can be inferred about the keynote speaker from the conversation?
(a) He is very knowledgeable, but not very entertaining.
(b) He has received awards for his medical presentations.
(c) He has much experience with public speaking.
(d) He will be telling stories rather than sharing facts.

해석 두 직장 동료의 대화를 들으시오.
M 오늘 오후에 기조연설에 참석할 거죠?
W 잘 모르겠어요. 전에 그 연설자의 연설을 들었는데 그다지 인상 깊지 않았거든요.
M 그래요? 전 새로운 뇌 연구에 관해 듣는 것에 관심이 아주 많은데요.
W 그렇다면 참석하셔야지요. 그 사람한테 배울 게 많을 거예요.
M 그게 가장 중요한 거지요. 전 꼭 전문가한테 듣고 싶거든요.
W 당연하지요. 저는 그저 그 연설자가 이번에는 좀 더 흥미로우면 좋겠다는 거지요.
Q 기조연설자에 대해 추론할 수 있는 것은?
(a) 아주 박식하지만, 아주 재미있지는 않다.
(b) 의학 발표들로 상을 받았다.
(c) 대중 연설에 경험이 많다.
(d) 그는 사실들을 공유한다기보다 이야기를 해 줄 것이다.

해설 전에 들었던 기조 연사가 그다지 인상 깊지 않았지만, 뇌 연구에 대해 전문가에게 듣고 싶다는 남자에게 동의하는 여자의 말로 볼 때, 기조연설자에 대해 추론할 수 있는 내용으로 옳은 것은 (a)이다.

어휘 **keynote address** 기조연설 **engaging** 흥미로운, 매력적인 **knowledgeable** 아는 것이 많은 **entertaining** 재미있는, 유쾌한 **medical** 의학의 **public speaking** 대중 연설 **share** 공유하다

30

Listen to a conversation between two friends.

W I'm feeling awful about Shelly.
M Is that because of last night?
W Yeah, I left her alone at the concert.
M But you weren't feeling well. You had to leave.
W Even so, I bet she wasn't happy at my leaving.
M Maybe you should just call her.

Q What can be inferred about the woman from the conversation?
(a) She often suffers from illnesses.
(b) She is remorseful about her actions.
(c) She does not enjoy going to concerts.
(d) She will receive an angry call from Shelly.

해석 두 친구의 대화를 들으시오.
W 셸리에게 정말 미안해.
M 지난밤 일 때문에 그런 거야?
W 응. 공연에서 그 애를 혼자 두고 나왔거든.
M 하지만 네 몸이 좋지 않아서 나와야만 했잖아.
W 그렇더라도, 내가 가버려서 분명히 기분이 좋지 않았을 거야.
M 그 애에게 전화해 주는 게 좋을 것 같다.
Q 여자에 대해 추론할 수 있는 것은?
(a) 종종 병에 걸린다.
(b) 자신의 행동에 대해 후회한다.
(c) 공연 보러 가는 것을 좋아하지 않는다.
(d) 셸리가 화를 내는 전화를 받을 것이다.

해설 여자는 공연 중에 셸리만 남겨 두고 나온 일에 대해 미안해하고 있다. 몸이 좋지 않아 나왔지만 그래도 셸리가 기분이 좋지 않았을 거라는 말을 통해 (b)를 추론할 수 있다.

어휘 **awful** 끔찍한 **remorseful** 후회하는

Part IV

31

Now let's turn our attention to a feature of hummingbird migration. As you know, most birds migrate in large flocks, but the hummingbird is an exception for several reasons. First, the birds are so small it's difficult for predators to detect them. By flying in flocks, hummingbirds would put themselves at greater risk. They must also stop frequently to feed from flower blossoms, but it would slow their travel if many birds had to stop in the same place to feed from a single flower.

Q What is the lecture mainly about?
(a) The routes of hummingbird migration
(b) Details of the hummingbird's diet
(c) Environmental reasons for bird relocation
(d) Unique qualities of hummingbird migration

해석 이제 벌새 이동의 특징에 대해 얘기해 봅시다. 여러분들이 알고 있듯이, 대부분의 새들은 큰 무리를 지어 이동하지만 여러 이유로 벌새는 예외가 됩니다. 첫째, 이 새는 너무 작아 포식자들이 발견하기 어렵습니다. 벌새가 집단으로 날아다니면 스스로를 엄청난 위험에 노출시키게 됩니다. 또한 벌새는 관목의 꽃에서 먹이를 구하려 이동을 자주 멈추어야 하는데, 많은 새들이 한 꽃에서 먹이를 얻기 위해 같은 장소에 멈추어야 한다면 그들의 여행이 늦어질 것입니다.

Q 강연의 주요 내용은?
(a) 벌새 이동의 길
(b) 벌새 먹이에 대한 세부 내용
(c) 새가 이동하는 환경적인 이유
(d) 벌새 이동의 고유한 특성

해설 무리를 지어 이동하는 대부분의 새들과 다른 벌새의 이동의 특징과 그 이유에 대해 설명해 주고 있으므로 정답은 (d)가 타당하다. (b)에서 벌새 먹이에 대한 언급은 있지만 세부적으로 다루고 있지는 않다.

어휘 feature 특징 hummingbird 벌새 migration 이동, 이주 migrate 이주하다 in flock 무리로, 떼 지어 exception 예외 predator 포식자 detect 감지하다 blossom (유실수나 관목의) 꽃 relocation 이동

32

During tight financial times like these, states looking for ways to curtail spending might take their cue from Governor Ana Garcia Rodriguez. Her tactic is to cut costs by reforming financially hefty systems in her state. For example, the cost of housing state prison inmates jumped from $12 billion a year to $52 billion a year in the past decade. To reduce that expense, Ms. Rodriguez has introduced legislation that would enable judges to tailor sentences to crimes, with nonviolent offenses qualifying for shorter prison stays.

Q What is the main idea of the talk?
(a) Ms. Rodriguez has a plan for trimming her state's budget.
(b) Ms. Rodriguez is faced with running an inefficient state.
(c) State governments are doing their best to reduce expenses.
(d) Criminals with no history of violence deserve short sentences.

해석 이런 경제적으로 빠듯한 시기에 지출을 줄이기 위한 방법을 찾고 있는 주들은 애나 가르시아 로드리게즈 주지사의 예를 본받아도 좋을 듯합니다. 그녀의 전략은 그녀의 주에서 재정적으로 부담이 되는 시스템들을 개선함으로써 비용을 줄이는 것입니다. 예를 들어, 주 교도소의 재소자들을 수용하는 비용은 지난 십 년간 일 년에 120억 달러에서 520억 달러로 급증했습니다. 이 비용을 줄이기 위해 로드리게즈 씨는 폭력이 수반되지 않은 범죄는 더 짧게 복역할 수 있도록 판사들로 하여금 범죄에 대한 선고 형량을 조정할 수 있게끔 해주는 법안을 도입했습니다.

Q 담화의 요지는?
(a) 로드리게즈 씨는 주의 예산을 줄이기 위한 계획이 있다.
(b) 로드리게즈 씨는 비효율적인 주 운영에 직면해 있다.
(c) 주 정부는 비용을 줄이기 위해 최선을 다하고 있다.
(d) 폭력 전과가 없는 범죄자들은 단기형을 받아야 한다.

해설 주 정부의 지출을 줄이기 위한 한 주지사의 전략을 설명하고 있으므로 (a)가 적절하다. (b)와 (c)는 담화에 나온 사례를 통해 알 수 있는 전제들이며, (d)는 주제에서 벗어나 있다.

어휘 curtail 삭감하다, 축소하다 spending 지출 take one's cue from ~의 예를 본받다 governor 주지사 tactic 전략 reform 개선하다 hefty 크고 무거운, 많은 house 수용하다 inmate 재소자 legislation 법률 제정 tailor 조정하다 sentence 선고 nonviolent offense 폭력 범죄 이외의 범죄 trim 삭감하다 inefficient 비효율적인 short sentence 단기형

33

Medical ailments constantly plagued nineteenth-century composer Fryderyk Chopin, who died at 39. Looking back on the composer's personal history, medical experts have offered a host of diagnoses that might explain his health problems: cystic fibrosis, depression, heart disease. Yet none is completely convincing. But a paper in the journal *Medical Humanities* offers a new conclusion about Chopin's health that explains many of his symptoms. In this, the study's authors conclude Chopin suffered from temporal lobe epilepsy, a seizure disorder.

Q What is the main idea of the talk?
(a) Chopin died unexpectedly from ill health.
(b) It is difficult to diagnose Chopin's health problems.
(c) Health problems suffered by Chopin were numerous.
(d) Chopin's health issues were perhaps due to epilepsy.

해설 의학적인 질병들이 끊임없이 19세기 작곡가 프레데리크 쇼팽을 괴롭혔고 그는 39세에 사망했습니다. 쇼팽의 이력을 돌아보면, 의학 전문가들이 그의 건강상 문제점을 설명해 줄 만한 수많은 진단을 내놓았는데, 낭포성 섬유증, 우울증, 심장병이 그것들입니다. 그러나 어떤 것도 완전히 설득력이 있지는 않습니다. 그런데 〈의학 인문〉이 라는 학술지의 한 논문이 쇼팽의 여러 증상을 설명해 주는 그의 건강 상태에 대한 새로운 결론을 제시합니다. 여기에서 연구의 저자는 쇼팽이 일종의 발작 장애인 측두엽 간질을 앓았다고 결론을 내리고 있습니다.

Q 담화의 요지는?
(a) 쇼팽은 나쁜 건강 때문에 돌연 사망했다.
(b) 쇼팽의 건강상의 문제점을 진단하기 어렵다.
(c) 쇼팽이 앓았던 건강상의 문제는 셀 수 없이 많았다.
(d) 쇼팽의 건강 문제는 간질에 의한 것일 수 있다.

해설 쇼팽은 여러 가지 건강상의 문제들을 진단받았는데 설득력 있는 것은 없었지만, 이 여러 가지 증상들을 설명해 줄 수 있는 새로운 연구 결과로 그가 일종의 발작 장애인 측두엽 간질을 앓았다고 제시하고 있다. 따라서 (d)가 요지로 적절하다.

어휘 ailment 질병 constantly 끊임없이 plague 괴롭히다 composer 작곡가 a host of 수많은 cystic fibrosis 낭포성 섬유증 depression 우울증 convincing 확실한 temporal lobe 측두엽 epilepsy 간질 seizure disorder 발작 장애 numerous 수없이 많은

34

I next want to talk about anaerobic organisms, organisms which don't require oxygen to grow. Some of these life forms can make use of oxygen if it is available. This sort of anaerobic organism is known as a facultative anaerobe. There are two other classes of anaerobic life. There are those that can endure oxygen environments though they cannot use oxygen, and others that cannot tolerate it at all. The former type is designated aerotolerant while the latter is called an obligate anaerobe.

Q Which is correct about anaerobes according to the talk?
(a) Most of them die if exposed to oxygen.
(b) Facultative anaerobes try to avoid all oxygen.
(c) They typically prefer oxygen-free environments.
(d) The aerotolerant variety can utilize any oxygen.

해설 다음으로는 혐기성 생물, 즉 자라는 데 있어 산소를 필요로 하지 않는 유기체에 대해 이야기하고자 합니다. 이러한 생명체 중 일부는 산소를 구할 수 있다면 산소를 이용할 수도 있습니다. 이러한 종류의 혐기성 유기체는 조건 혐기성 생물이라고 알려져 있습니다. 혐기성 유기체에는 두 가지 또 다른 종류가 있습니다. 산소를 사용하지는 않지만 산소가 있는 환경을 견딜 수 있는 생물체와 산소를 전혀 견딜 수 없는 것들이 있습니다. 전자 유형은 내기성 생물로 나타내어지고, 후자는 완전 혐기성이라고 불립니다.

Q 담화에 의하면 혐기성 생물에 대해 옳은 것은?
(a) 대부분은 산소에 노출되면 죽는다.
(b) 조건 혐기성 생물은 모든 산소를 피하려 애쓴다.
(c) 일반적으로 산소가 없는 환경을 선호한다.
(d) 내기성 종류는 어떤 산소든 이용할 수 있다.

해설 어려운 단어가 많이 나오는 내용이므로, 산소 이용 가능 여부에 따라 생물체의 종류를 잘 구분하며 들어야 한다. 산소를 이용할 수도 있는 '조건 혐기성' 생물과, 산소를 이용하진 않지만 산소가 있는 환경을 견딜 수 있는 '내기성' 생물, 그리고 산소를 못 견디는 '완전 혐기성' 생물로 나뉜다고 했으므로 혐기성 생물에 대해 옳은 것은 (c)이다.

어휘 anaerobic 무산소성의, 혐기성의 organism 유기체, 생물 facultative anaerobe 조건 혐기성 생물 class 부류, 종류 designate 표기하다 aerotolerant 내기성 obligate anaerobe 완전 혐기성 생물

35

Fragrant with the aroma of freshly baking pizzas, South Street Pizzeria has the air of authenticity. Indeed, it wouldn't look out of place at all in a real "pizza city" like Brooklyn or Chicago. Clearly, owners Nora Elsom and Clarence Halliday know pizzas intimately, which is why South Street Pizzeria is such a success. When the two opened up their first shop four years ago, it was an instant hit in their South Royalton neighborhood. Today, they're still going strong.

Q Which is correct according to the review?
(a) The pizzeria is located in Brooklyn.
(b) The pizzas are made Chicago style.
(c) The pizzeria is celebrating its grand opening.
(d) The pizzeria remains popular in South Royalton.

해석 막 구워진 피자의 향이 싱그러운 사우스 스트리트 피자리아는 정통성의 느낌을 풍깁니다. 사실 이곳은 브루클린이나 시카고 같은 진짜 '피자 도시'에도 전혀 밀리지 않을 것 같습니다. 확실히 가게 주인인 노라 엘섬과 클래런스 할리데이는 피자에 대해 상세하게 알고 있으며, 이것이 왜 사우스 스트리트 피자리아가 큰 성공을 이루었는가의 이유가 됩니다. 이 두 사람이 4년 전 첫 가게를 열었을 때, 그곳은 그들의 사우스 로얄튼 지역에서 즉각적인 인기를 얻었습니다. 오늘도 그들은 여전히 잘나갑니다.

Q 리뷰에 의하면 옳은 것은?
(a) 피자 가게는 브루클린에 위치해 있다.
(b) 피자는 시카고 스타일로 만들어진다.
(c) 피자 가게는 개장을 축하하고 있다.
(d) 피자 가게는 사우스 로얄튼에서 여전히 인기가 있다.

해설 비평의 마지막에 피자 가게가 처음 사우스 로얄튼 지역에서 개점했을 때 즉각적인 인기를 얻었으며 여전히 장사가 잘된다고 밝히고 있으므로 (d)가 정답이다. (a)와 (b)는 '피자 도시'로 유명하다고 언급된 두 도시를 이용한 오답이며, 첫 피자 가게는 4년 전 개점했으므로 (c) 역시 옳지 않다.

어휘 fragrant 향기로운 aroma 향 authenticity 진짜임 out of place 어울리지 않는 intimately 상세하게 be an instant hit 즉시 성공을 거두다 strong (영향력 등이) 강력한 grand opening 개장, 개점

36

My staff and I invite you to experience an unparalleled gastronomical outing at La Violette. Here, Charleston's long-lost appreciation for culinary art is being renewed, one diner at a time. Years ago, feeling disappointed with Charleston's dining scene, I left home in search of flavor and culinary stimulation. My quest took me overseas where in the cuisines of France, Morocco, and Thailand I found what I sought. The menu at La Violette allows local diners to taste for themselves these foreign tastes which inspired me to open the restaurant.

Q What can be inferred about La Violette from the advertisement?
(a) It ranks among the many upscale restaurants in Charleston.
(b) Its menu features French, Moroccan, and Thai influences.
(c) It received a complete menu makeover just recently.
(d) Its food may not appeal to Charlestonian tastes.

해석 직원들과 저는 라 비올레뜨에서 비할 데 없는 미식의 여행을 경험하실 수 있도록 여러분을 초대합니다. 이곳에서 한 번에 한 손님씩, 찰스턴에서 오랫동안 맛보지 못한 요리법에 대한 감상이 다시 시작되고 있습니다. 수년 전 저는 찰스턴의 외식업에 실망을 느껴 풍미와 요리의 자극을 찾아 떠났습니다. 저의 탐구는 저를 해외로 이끌었고, 해외의 프랑스, 모로코, 태국의 요리들에서 제가 찾던 것을 발견했습니다. 라 비올레뜨의 메뉴는 제가 식당을 열도록 영감을 준 외국의 맛들을 현지 손님들께서 직접 맛보실 수 있게 해 드릴 것입니다.

Q 라 비올레뜨에 대해 추론할 수 있는 것은?
(a) 찰스턴에서 많은 상위 식당 중 하나로 올라 있다.
(b) 메뉴는 프랑스, 모로코, 태국의 영향을 받은 것이 특징이다.
(c) 최근에 메뉴를 완전히 새 단장했다.
(d) 식당의 음식은 찰스턴 사람들의 입맛에 들지 않을 것이다.

해설 담화의 중후반에 프랑스, 모로코, 태국에서 화자가 찾은 것을 발견했다고 하면서 외국의 맛들이 식당을 열도록 영감을 주었다고 한다. 따라서 그 영향이 특징이라는 (b)를 추론할 수 있다. 메뉴에 대한 언급이 되긴 했지만 기존에 있던 메뉴를 교체한 것을 추론할 수는 없으므로 (c)는 오답이다.

어휘 unparalleled 비할 데 없는 gastronomical 미식의, 요리학의 outing 여행, 야유회 long-lost 오랫동안 보지 못한 appreciation 감탄, 감상 culinary art 요리법 stimulation 자극, 고무 quest 탐구, 탐색 cuisine 요리(법) rank (등급을) 차지하다 upscale 평균 이상의 makeover (개선을 위한) 단장

Part V

37~38

Aesthetics is a branch of philosophy that pursues aesthetic experience such as art, beauty and taste, and explores the fundamental principles of art and criticism. Although its own history follows a path parallel to both, aesthetics is separate from the history of art and the practice of art criticism. It is not the empirical study of the psychology or sociology of art, nor is it the same as aestheticism. Today, I will outline a brief history of Western aesthetics from its eighteenth-century foundations, back through earlier anticipations from the classical period. Western aesthetics typically refers to Greek philosophers as the earliest source of formal aesthetic explorations. And then academia encountered a slow revolution into what is often called modernism from the late 17th to the early 20th century. Indeed, German and British thinkers regarded beauty as the most important component of art and stressed that the aim of art is to achieve absolute beauty. In the 19th century, experimental aesthetics was founded by Gustav Theodor Fechner. In the early 20th century, the existing notions of beauty were challenged by artists, musicians and composers, so the scope of art and aesthetics was broadened.

Q37 What is the main topic of the lecture?
(a) Introduction to philosophy
(b) Principles of art criticism
(c) History of Western aesthetics
(d) Analysis of aesthetic experience

Q38 When did Gustav Theodor Fechner found experimental aesthetics?
(a) In the 17th century
(b) In the 18th century
(c) In the 19th century
(d) In the 20th century

해석 미학은 예술, 미 그리고 취향과 같은 미적 경험을 추구하고, 예술과 비평의 근본 원칙을 탐구하는 철학의 한 분야입니다. 비록 미학의 역사는 그 둘과 평행한 길을 따라왔지만, 미학은 예술의 역사와 예술 비평과는 구분됩니다. 미학은 예술의 심리학이나 사회학에 대한 경험적인 학문이 아니며, '예술지상주의'와도 같지 않습니다. 오늘 저는 서양미학의 18세기의 토대부터 고전시대의 초창기의 시대까지 거슬러 올라가는 역사를 개관하겠습니다. 서양미학은 일반적으로 공식적인 미적 탐구의 가장 초기의 출처로 그리스 철학자들을 거론합니다. 그리고 나서 학계는 17세기 후반에서 20세기 초 모더니즘으로 천천히 혁명을 맞이합니다. 실제로, 독일과 영국의 사상가들은 미를 예술의 중요한 요소로서 여기면서, 예술의 목표는 절대미를 성취하는 것이라고 강조했습니다. 19세기에 실험적인 미학이 Gustav Theodor Fechner에 의해서 확립되었습니다. 20세기 초에 기존의 미에 대한 관념은 예술가, 음악가 그리고 작곡가에 의해서 도전받았고, 예술과 미학의 범위는 더 넓어졌습니다.

Q37 강연의 주제는 무엇인가?
(a) 철학 입문
(b) 예술 비평의 원칙
(c) 서양미학의 역사
(d) 미적 경험의 분석

해설 미학이 무엇인지 소개하면서 서양미학의 초기역사부터 20세기 초까지의 전반적인 역사를 언급하고 있으므로 서양미학의 역사가 강연의 주제라고 볼 수 있다. 따라서 정답은 (c)이다.

Q38 Gustav Theodor Fechner는 언제 실험적인 미학을 확립했는가?
(a) 17세기
(b) 18세기
(c) 19세기
(d) 20세기

해설 19세기에 실험적인 미학이 Gustav Theodor Fechner에 의해서 확립되었다고 했으므로 정답은 (c)이다.

어휘 aesthetics 미학 branch 분야 fundamental 근본적인 distinct 뚜렷한 parallel 평행한 empirical 경험적인 aestheticism 예술 지상주의 anticipation 기대, 예상 analytical 분석적인 contemporary 동시대의 exploration 탐구 academia 학계 absolute 절대적인, 완전한 found 확립하다, 설립하다 existing 기존의 notion 관념, 개념 scope 범위, 기회

39~40

Thank you, everyone, for attending this meeting. Unfortunately, I have bad news about our graduate fellowship program. The funding for the Young Achieving Scientists (YAS) fellowship has not been renewed during the administrators' recent annual budget review. It's their belief that the money formerly allocated to supporting the work of YAS fellows would be better spent on other climate research programs. I have registered my misgivings to no avail. What this means is that your projects have no chance of being funded by our organization after December. Even if you think you may not be able to achieve your goals, don't be disappointed yet. There will be three types of graduate fellowships supported by endowment funds of other organizations and annual contributions by companies. The general eligibility requirements for candidates are as follows. The applicant must be an existing graduate student pursuing a course of study leading to a Ph.D. degree. Also, the laboratory which the recipient belongs to must be conducting fundamental investigations for the advancement of bioscience and biotechnology. For more information, visit www.western.edu.au.

Q39 What is the main purpose of the talk?
(a) To explain the scholarship schemes to new undergraduates
(b) To inform students about a scholarship program change
(c) To describe the entrance requirements for graduates
(d) To weigh the pros and cons of the existing scholarship program

Q40 What can be inferred from the talk?
(a) New fellowships for YAS will become available.
(b) The speaker participated in the YAS fellowship program.
(c) The speaker strongly protested the funding decision.
(d) YAS has a chance of being funded next year.

해석 이 회의에 참석해 주셔서 모두들 감사드립니다. 불행히도 우리 대학 장학금 프로그램에 관한 나쁜 소식이 있습니다. 젊고 유망한 과학자(YAS) 장학금을 위한 재정 지원이 행정팀의 최근 연간 예산 검토 과정에서 연장이 되지 않았습니다. 그들의 생각은 YAS 회원들의 연구를 지원할 목적으로 예전에 할당된 금액이 다른 기후 연구 프로그램에 쓰이는 것이 나을 것 같다는 것입니다. 저는 우려의 뜻을 표명했지만 헛된 일이었습니다. 이번 일로 여러분의 프로젝트가 12월 이후로는 저희 기구에 의해 재정 지원을 받을 가능성이 없게 되었습니다. 비록 여러분의 목표를 성취할 수 없을 것으로 생각되겠지만, 아직 실망하지는 마십시오. 세 가지 유형의 다른 기관의 기부와 회사의 연례기부금이 있습니다. 지원자를 위한 일반 자격 요건은 다음과 같습니다. 지원자들은 박사학위과정의 수업을 듣는 기존 졸업생이어야 합니다. 수령자가 속해 있는 실험실이 생명과학과 생명공학기술의 발전을 위한 기본적인 연구를 반드시 행하고 있어야 합니다. www.western.edu.au에 더 많은 정보가 있습니다.

Q39 담화의 주된 목적은?
(a) 대학신입생에게 장학금제도에 대해 설명하기 위해서
(b) 학생들에게 장학금제도변경에 대해 알리기 위해서
(c) 대학 졸업생 입학 요건에 대해 설명하기 위해서
(d) 기존 장학금 제도에 대한 장단점을 비교 검토하기 위해서

해설 한 대학교의 장학금 프로그램 중에서 YAS 회원들에게 지원되는 연구비가 학교 연간 예산에 12월 이후부터 포함되지 않을 것임을 알리고 있으므로 정답은 (b)가 가장 적절하다.

Q40 담화에서 추론할 수 있는 것은?
(a) YAS를 위한 새로운 장학금이 이용 가능하게 될 것이다.
(b) 화자는 YAS 장학금 프로그램에 참가했었다.
(c) 화자는 재정 지원 결정에 대해 강하게 항의했었다.
(d) YAS는 내년에 재정 지원을 받을 가능성이 있다.

해설 기존에 YAS 장학금을 위해 할당되었던 재정이 기후 연구쪽으로 돌려지게 되어, 올해 12월부터는 YAS 회원들은 장학금을 받지 못하게 되었다는 내용이다. 끝에서 두 번째 문장에서 화자가 이 결정에 우려를 제기했다고 하므로 (c)를 추론할 수 있다. YAS 회원을 위한 장학금이 새롭게 추가되었다는 것을 알 수 없으므로 (a)를 정답으로 고르지 않도록 주의한다.

어휘 fellowship (대학원생에게 주는) 장학금 funding 자금, 재정지원 renew 갱신하다 administrator 행정인 formerly 이전에 allocate (특정 목적을 위해) 할당하다 fellow (학술, 전문직 단체의) 회원 register (견해를) 표명하다 misgiving 의혹, 불안감 to no avail 보람 없이, 헛되이 protest 항의하다 endowment 기부 contribution 기부(금) eligibility 적격, 적임 requirement 자격요건 laboratory 실험실 recipient 수령자 conduct 행동하다, 처신하다 advancement 진보, 발전

ACTUAL TEST 3

P. 106

PART I
1 (c) 2 (b) 3 (d) 4 (b) 5 (a)
6 (c) 7 (c) 8 (a) 9 (b) 10 (c)

PART II
11 (a) 12 (d) 13 (b) 14 (d) 15 (c)
16 (d) 17 (b) 18 (d) 19 (b) 20 (c)

PART III
21 (a) 22 (d) 23 (a) 24 (c) 25 (d)
26 (c) 27 (d) 28 (b) 29 (b) 30 (d)

PART IV
31 (c) 32 (c) 33 (c) 34 (c) 35 (a)
36 (c)

PART V
37 (b) 38 (b) 39 (a) 40 (d)

Part I

1

M Is Tara Ford available?
W _____

(a) She can't believe it, either.
(b) It's a pleasure to meet you.
(c) Sorry, she's on the other line.
(d) It's complimentary, of course.

해석 M 타라 포드 씨 통화 가능하신가요?
W _____

(a) 그녀도 역시 그걸 못 믿어요.
(b) 만나 뵙게 되어 반갑습니다.
(c) 죄송하지만 지금 다른 통화 중이에요.
(d) 당연히 무료예요.

해설 형용사 available은 '만나거나 이야기를 나눌 시간[여유]이 있는' 이라는 의미이므로 시간이 있다거나 지금 바빠서 시간이 안 된다는 대답이 이어지는 것이 자연스럽다. 따라서 선택지 중에서는 다른 통화 중이라 이야기를 나눌 수 없다는 (c)가 알맞다.

어휘 on the other line (다른 사람과) 통화 중인 complimentary 무료의

2

W Aren't you looking for a roommate, Don?
M _____

(a) Sure, I can introduce you to him.
(b) I found one through the Internet.
(c) How should I address you?
(d) Yes, he's a really nice guy.

해석 W 돈, 너 룸메이트 구하고 있지 않니?
M _____

(a) 그럼, 널 그 애에게 소개해 줄 수 있어.
(b) 인터넷으로 한 명 찾았어.
(c) 너를 어떻게 불러야 하지?
(d) 응. 그 애는 정말 괜찮은 애야.

해설 여자가 남자에게 룸메이트를 구했는지 묻고 있으므로 이미 구했다고 답하는 (b)가 가장 자연스럽다. 여기서 one은 a roommate를 나타낸다. (a)와 (d)는 대화와는 상관없는 사람에 대한 내용이고 (c) 역시 대화의 주제에 벗어나는 응답이다.

어휘 roommate 룸메이트 address 호칭을 쓰다, 호칭으로 부르다

3

M I heard Josef kind of let you down.
W _____

(a) Things are a bit slow-going.
(b) Hey, what are friends for?
(c) Oh, you don't have to do that.
(d) He didn't offer me any help.

해석 M 조세프가 너를 약간 실망시켰다고 들었어.
W _____

(a) 상황이 조금 느리게 돌아가고 있어.
(b) 야, 친구 좋다는 게 뭐야?
(c) 아, 네가 그럴 필요는 없는데.
(d) 그는 내게 아무 도움도 주지 않았어.

해설 조세프가 여자를 어떻게 실망시켰는지 상황을 궁금해하는 맥락이므로 실망한 이유를 밝히는 (d)가 가장 알맞다. 제3자인 조세프에 대해 이야기를 나누고 있는 상황이므로 화자에 대해 말하는 (b)와 (c)는 상황과 맞지 않는다.

어휘 kind of 약간, 어느 정도 let ... down ~을 실망시키다 slow-going (속도가) 느린 what are friends for 친구 좋다는 게 뭐야

4

M How's our stock of tablet computers?
W _____

(a) They have remarkable functionality.
(b) We'll be sold out in no time.
(c) I'll take one if you've got it.
(d) For a limited time only.

해석 M 우리의 태블릿 컴퓨터 재고가 어떤가요?
W _____

(a) 놀라운 기능을 갖고 있어요.
(b) 곧 품절될 것 같아요.
(c) 당신이 가지고 있다면 제가 하나 가질게요.
(d) 한정 기간 동안 만이요.

해설 stock의 의미를 정확히 알면 어렵지 않게 답을 고를 수 있다. 재고 현황을 묻고 있으므로 재고가 많다거나 얼마 안 남았다는 (b)가 응답으로 가장 자연스럽다. computer만 듣고 컴퓨터의 기능을 이야기하는 (a)를 답으로 고르지 않도록 한다.

어휘 stock 재고(품) remarkable 놀라운 functionality 기능(성)
in no time 당장에, 곧

5

W Should I invest in this hedge fund?
M _____

(a) Judging by their annual report, yes.
(b) With no down payment necessary.
(c) Well, I'm short on startup money.
(d) You'll never believe what I spent.

해석 W 제가 이 헤지 펀드에 투자해야 할까요?
M _____

(a) 그들의 연례 보고에 따라 판단하면, 그래요.
(b) 계약금은 필요 없어요.
(c) 음, 전 초기 자금이 부족해요.
(d) 제가 얼마를 썼는지 못 믿으실 거예요.

해설 돈과 관련된 어휘들이 많이 등장하므로 뜻을 잘 알아 두도록 한다. hedge fund의 뜻을 몰라도 invest라는 단어를 보고 '투자를 할지 말지'에 대한 조언을 구한다는 것을 알 수 있으므로 적절한 응답은 (a)이다. 다른 선택지들은 모두 fund라는 단어를 이용하여 돈과 관련지은 오답이다.

어휘 hedge fund 헤지 펀드(국제 증권 및 외환 시장에 투자해 단기 이익을 올리는 민간 투자 자금) judge by ~으로 판단하다
annual report 연례 보고(서) down payment 착수금, 계약금
short on ~이 부족한 startup money 초기 자금, 창업 자금

6

M You seem upset. Did something happen?
W _____

(a) It's nice of you to ask about it.
(b) I expected you to be worried.
(c) I got some bad news earlier today.
(d) I wish I had an answer for you.

해석 M 기분이 안 좋아 보여. 무슨 일 있었어?
W _____

(a) 그것에 대해 물어봐 줘서 고마워.
(b) 난 네가 걱정할 거라고 생각했는데.
(c) 아까 좀 좋지 않은 소식을 들었어.
(d) 내가 너에게 줄 답을 갖고 있다면 좋을 텐데.

해설 마음이 상한 것 같아 보이는 이유를 묻는 말에 나쁜 소식을 듣게 되었다는 이유를 대는 (c)가 가장 적절하다. (a)도 답이 될 것처럼 들리지만, 상대가 무엇인가를 권할 때에 감사의 뜻으로 할 수 있는 말이다. (d)는 상대의 고민에 대해 조언을 해 줄 수 없는 안타까운 마음을 표현하는 상황에 어울린다.

어휘 upset 속상한, 마음이 상한

7

W The salesman wants 25 thousand dollars for the car.
M _____

(a) My car has more miles than that.
(b) I don't mind giving you a ride.
(c) That seems quite unreasonable.
(d) I've been selling cars for years.

해석 W 판매원이 그 차를 2만 5천 달러에 판대요.
M _____

(a) 제 차는 그보다 주행 거리가 더 많아요.
(b) 제가 태워다 드려도 괜찮아요.
(c) 그건 상당히 부당해 보여요.
(d) 저는 수년간 차를 판매해 왔어요.

해설 unreasonable은 가격과 관련되어 쓰이면 값이 '말도 안 되는'이라는 의미이다. 반대말인 reasonable은 가격이 '적절한'이라는 뜻으로 쓴다. (c)는 판매원이 제시한 가격이 터무니없다는 의미를 나타내므로 적절한 응답이다. (a)는 차의 주행 거리를 나타내는 표현이다.

어휘 give ... a ride ~을 차로 태워 주다 unreasonable 부당한

8

M I can't access this document on the server.
W _____

(a) That's because it's password protected.
(b) I can set up your new email account.
(c) Thanks for sending me the link.
(d) Open the document and see.

해석 M 서버의 이 문서를 열 수 없어요.
W _____
(a) 그건 그 문서에 암호가 걸려 있어서 그래요.
(b) 제가 당신의 새 이메일 계정을 만들 수 있어요.
(c) 링크를 보내 줘서 고마워요.
(d) 문서를 열어서 보세요.

해설 컴퓨터의 문서에 접근할 수 없는 이유가 되는 (a)가 가장 알맞은 응답이다. (d)는 대화 상황과 상반되며, (b)와 (c)는 컴퓨터 이용과 관련된 전혀 다른 맥락의 응답이다. 컴퓨터 관련 표현은 외래어가 많아 일반적으로는 크게 어렵지 않은 편이지만 자주 등장하는 표현들은 미리 정리해 두는 것이 좋다.

어휘 **access** 접속[접근]하다 **password protected** 암호로 보호되는 **email account** 이메일 계정 **link** 연결; (컴퓨터) 링크

9

W Your hair never seems to get any longer.
M _____

(a) Thanks, it's a new style.
(b) My stylist trims it weekly.
(c) I like it best when it's straight.
(d) I admit it's looking a little ragged.

해석 W 네 머리는 절대 더 길어지지 않는 것 같아.
M _____
(a) 고마워. 새로운 스타일이야.
(b) 내 스타일리스트가 매주 다듬어 줘.
(c) 난 생머리일 때 머리가 제일 좋아.
(d) 좀 들쑥날쑥해 보이는 건 인정해.

해설 선택지 모두 헤어스타일과 관련된 내용이라 여자가 말한 '머리가 많이 자라지 않는다'라는 맥락에 초점을 두어 자연스러운 응답을 골라야 한다. 따라서 매주 다듬기 때문에 길어지지 않는다는 (b)가 알맞다.

어휘 **stylist** 헤어 스타일리스트 **trim** 다듬다, 손질하다 **straight** (머리가) 곱슬거리지 않는 **ragged** 고르지 못한, 들쑥날쑥한

10

M Why were you late for the meeting this morning?
W _____

(a) I'd like to take a day off for a medical check-up.
(b) Could you postpone the meeting to Monday morning?
(c) My alarm clock didn't go off and I got up late.
(d) I'm sorry, but I can't attend the meeting tomorrow.

해석 M 오늘 아침 회의에 왜 늦었어요?
W _____
(a) 건강 검진을 위해 하루 쉬고 싶어요.
(b) 회의를 월요일 아침으로 연기해 주실 수 있나요?
(c) 알람 시계가 울리지 않아 늦게 일어났어요.
(d) 죄송하지만, 내일은 회의에 참석할 수 없어요.

해설 회의에 참석하지 못한 이유를 묻고 있으므로 (c)와 같이 알람 시계가 울리지 않아 늦었다는 이유를 댈 수 있다. 오늘 아침에 있었던 회의이므로 미래에 대해 이야기하는 (b)와 (d)는 오답이다.

어휘 **take a day off** 하루를 쉬다 **medical check-up** 건강 검진 **postpone** 연기하다 **go off** (경보기 등이) 울리다 **attend** 참석하다

Part II

11

M Hi, can I help you with something?
W Have we met? You look familiar.
M Was it at the sales conference?
W _____

(a) Ah, I knew I'd seen you before.
(b) That'd be wonderful if it's true.
(c) I'm just wondering where it is.
(d) Your new haircut looks great.

해석 M 안녕하세요? 뭐 좀 도와 드릴까요?
W 우리 만난 적이 있던가요? 낯이 익어요.
M 영업 학회에서였던가요?
W _____
(a) 아, 분명 전에 본 적이 있던 것 같더라고요.
(b) 그게 사실이면 멋지겠는데요.
(c) 그게 어디인지 궁금할 뿐이에요.
(d) 새로 자른 머리가 멋지네요.

해설 대화를 통해 서로 처음 만나는 사이가 아니라는 점을 알아챘으므로 영업 학회에서 만나지 않았느냐는 남자의 말에 여자가 동의하거나 다른 장소를 말하는 것이 자연스럽다. yes라고 명확하게 이야기하지 않고 (a)처럼 동의의 뜻을 나타내는 응답 형식도 있으므로 주의한다.

어휘 **familiar** 익숙한, 낯익은

12

W Who was that on the phone?
M Someone from Dr. Rand's office.
W Is there a problem with my appointment tomorrow?
M _____

(a) No, the results were recorded.
(b) I'll be there 15 minutes early.
(c) I'm sure you'll get well soon.
(d) It was just a reminder.

해석 W 누가 전화했어요?
M 랜드 선생님 병원의 누군가였어요.
W 내일 제 예약에 무슨 문제라도 있나요?
M _____

(a) 아뇨, 결과는 기록되었어요.
(b) 거기 15분 일찍 갈 거예요.
(c) 당신이 곧 나을 거라고 장담해요.
(d) 그냥 예약을 알려 주려는 거였어요.

해설 여자는 병원에 진료 예약을 한 상태로, 예약 상황과 관련 있는 내용은 예약을 상기시켜 주기 위한 전화였다는 (d)이다. reminder와 같은 뜻으로 remind A of B(A에게 B를 상기시키다)도 자주 쓰이므로 알아 두자.

어휘 record 기록하다 reminder 상기시키는 것

13

M I heard you have a new manager in your department.
W Yes, he started a couple of weeks ago.
M What's the new manager like?
W _____

(a) He likes to play golf.
(b) He's a perfect boss so far.
(c) He hasn't started to like anything yet.
(d) He has a new secretary.

해석 M 당신의 부서에 부장님이 새로 왔다고 들었어요.
W 네. 새 부장님이 약 2주 전에 일을 시작했죠.
M 새 부장님은 어때요?
W _____

(a) 골프 치는 걸 좋아하세요.
(b) 지금까지는 완벽한 상사세요.
(c) 아직 무엇도 마음에 들어 하지 않으세요.
(d) 그에게는 새 비서가 있어요.

해설 남자의 마지막 말은 새로 온 부장이 어떤 사람인지를 묻는 것이다. 상관으로 흠잡을 데 없는 사람이라면 (b)와 같이 답할 수 있다. (a)와 (c)는 like를 동사인 '좋아하다'의 의미로 들었을 때 고를 수 있는 함정이다.

어휘 department 부서

14

M Hi, I'm David. You must be new here?
W Yes, I just started as a photographer last week.
M Great. Did you get a chance to meet the editor yet?
W _____

(a) I think she's in a meeting now.
(b) That's her office in the corner.
(c) I'm really glad to be working here.
(d) We met during my interview last Thursday.

해석 M 안녕하세요. 전 데이비드예요. 새로 오신 분이군요?
W 네, 지난주에 사진가로 시작했어요.
M 잘됐네요. 편집자는 만나 보셨나요?
W _____

(a) 그녀는 지금 회의 중일 거예요.
(b) 코너에 있는 게 그녀의 사무실이에요.
(c) 여기서 일하게 되어 정말 기뻐요.
(d) 지난 목요일 면접 때 만났어요.

해설 편집자와 만나봤는지 묻는 말에 새로 고용된 사진가인 여자의 응답으로 가장 적절한 것은 만났는지 여부를 알려 주는 (d)이다.

어휘 photographer 사진사 editor 편집자

15

M Mary, I need someone to head the delegation.
W What about Maurice Sanchez?
M Actually, I was thinking of you.
W _____

(a) It's nice that you thought I did.
(b) Find someone better than him.
(c) I suppose I could give it a go.
(d) I haven't seen them in ages.

해석 M 메리, 대표단을 이끌 누군가가 필요해요.
W 모리스 산체스는 어때요?
M 사실 난 당신을 생각하고 있었어요.
W _____

(a) 당신이 내가 그랬다고 생각했다니 고맙네요.
(b) 그보다 더 나은 사람을 찾아보세요.
(c) 한번 해 볼 수 있을 것 같아요.
(d) 그들을 오랫동안 못 봤어요.

해설 남자의 마지막 말에서 대표단을 이끌어 줄 적임자로 대화 상대인 여자를 생각하고 있다고 했으므로 이에 대한 수락 또는 거부 의사를 밝히는 것이 자연스럽다. 따라서 수락의 의미를 나타내는 (c)가 적절하다. 언뜻 (b)를 답으로 생각하기 쉬우나 him이 아닌 me가 되어야 문맥에 맞는다.

어휘 head 이끌다, 책임지다 delegation 대표단 give it a go 한번 해 보다

16

W Could you show me how to operate this machine?
M Sure, but you'll find it's pretty straightforward.
W It seems really complicated to use.
M _____

(a) Make sure you ask an expert before operating this machine.
(b) Actually, nobody succeeded in using this machine yet.
(c) Think of its versatility and you'll realize how cheap it is.
(d) It will tell you what to do once you turn the power on.

해석
W 이 기계를 작동하는 법을 알려 주시겠어요?
M 물론이죠. 하지만 정말 간단하다는 걸 아시게 될 거예요.
W 사용하기에 정말 복잡해 보이는데요.
M _____
(a) 이 기계를 작동하기 전에 전문가에게 꼭 물어보세요.
(b) 실은 아직 아무도 이 기계를 사용하는 데 성공하지 못했어요.
(c) 다용도라는 걸 생각해 보시면 얼마나 싼 건지 아실 거예요.
(d) 일단 전원을 켜면 무엇을 해야 할지 기계가 알려줄 거예요.

해설 남자는 도와줄 수 있지만 정말 간단할 것이라고 했으므로 도움이 필요하지 않은 이유인 (d)가 자연스럽다. (a)와 (b)는 이와 반대되는 상황에서 할 수 있는 말이다.

어휘 operate 작동하다 straightforward 간단한 complicated 복잡한 versatility 다재다능 turn the power on 전원을 켜다

17

M What are your feelings on immigration?
W I support it for those who will find work and pay taxes.
M What about people who enter the country illegally?
W _____

(a) I don't know anyone in that situation.
(b) My opinion on that is more complicated.
(c) We have to address population growth.
(d) I think tourism is great for the economy.

해석
M 당신은 이민에 대해 어떤 의견을 가지고 있나요?
W 직장을 가지고 세금을 낼 사람들에 대해서는 지지합니다.
M 불법적으로 입국하는 사람들에 대해서는요?
W _____
(a) 그런 상황에 처해 있는 사람을 몰라요.
(b) 그것에 대한 제 견해는 좀 더 복잡합니다.
(c) 인구 증가 문제를 다루어야 합니다.
(d) 관광 사업은 경제에 좋다고 생각합니다.

해설 이민에 관한 대화로, 여자는 직장이 있고 세금을 내는 이민자에 대해서는 지지한다고 한다. 남자의 마지막 질문에 대해서는 불법 이민에 대한 의견을 드러내는 (b)가 가장 적절하다.

어휘 feelings on ~에 대한 의견 immigration 이민 support 지지하다 pay taxes 세금을 내다 illegally 불법적으로 address (문제를) 다루다, 고심하다 population growth 인구 증가 tourism 관광업

18

M Did you ask your accountant about your tax problem?
W Yes, he needs time to look into it.
M So, he didn't know the answer offhand?
W _____

(a) He doesn't want to rock the boat.
(b) Sure, you can try if you want.
(c) No, I talked to him last week.
(d) I guess it's a complex issue.

해석
M 회계사에게 당신 세금 문제에 대해 물어봤어요?
W 네, 그걸 살펴볼 시간이 필요하다고 하더군요.
M 그럼 그가 해결책을 바로 몰랐다는 거예요?
W _____
(a) 그는 평지풍파를 일으키고 싶어 하지 않아요.
(b) 그럼요. 당신이 원한다면 해 봐요.
(c) 아뇨, 그에게 지난주에 이야기했어요.
(d) 그게 복잡한 문제인 것 같아요.

해설 회계사가 답을 바로 해 주지 않은 것에 남자가 의아함을 나타내는 상황에서 이에 대한 여자의 생각이 이어지는 것이 자연스럽다. 따라서 복잡한 문제라 그런 것 같다는 (d)가 적절하다. rock the boat 같은 관용적인 표현의 뜻을 알지 못해 (a)를 답으로 고르지 않도록 주의한다.

어휘 accountant 회계사 look into ~을 주의 깊게 살피다 offhand 즉석에서 rock the boat 평지풍파를 일으키다

19

W If you ask me, I don't think she's the right person for you.
M But there are good things about our relationship.
W I know, but I can tell you're not happy.
M _____

(a) Sometimes you're just too defensive.
(b) Well, we're trying to make it work.
(c) I'm trying to be a better friend.
(d) I don't feel any remorse about it.

해석 W 나한테 물어본다면, 그녀는 너한테 맞는 사람이 아닌 것 같아.
M 하지만 우리 관계에 좋은 점들도 있어.
W 알아. 하지만 난 네가 행복하지 않은 걸 알겠는데.
M _____
(a) 때로 넌 너무 방어적이야.
(b) 우리 잘해보려 애쓰고 있어.
(c) 난 더 나은 친구가 되려고 노력하는 중이야.
(d) 난 그것에 대해 어떤 양심의 가책도 느끼지 않아.

해설 남자의 연인과 남자가 맞지 않는다는 조언을 하는 여자에게 남자는 자신의 관계에 좋은 점도 있다고 옹호하는 입장이다. 따라서 태도에 일관성을 보이는 (b)가 가장 적절하다. 여자의 조언이 방어적인 것이라고 볼 수 없으며, 연인과 맞지 않아 보인다는 말에 남자가 좋은 친구가 되려 노력한다는 것 또한 어색하다.

어휘 relationship 관계 tell 알다, 판단하다 defensive 방어적인 feel remorse 양심의 가책을 느끼다

20

M What was all that racket about?
W Shirley is angry at me for eating her sandwich.
M Oh, you shouldn't have done that.
W _____

(a) Don't count her out so quickly.
(b) Sorry, I didn't realize it was yours.
(c) But she really overreacted about it.
(d) It's easy enough to make a sandwich.

해석 M 무슨 일로 그 난리였어?
W 내가 자기 샌드위치를 먹어서 셜리가 화가 났어.
M 아, 그러지 말았어야지.
W _____
(a) 그 애를 그렇게 빨리 제외시키지 마.
(b) 미안해, 그게 네 것인지 몰랐어.
(c) 하지만 그 애가 정말 과잉 반응을 보인 거라고.
(d) 샌드위치 만드는 건 정말 쉬워.

해설 여자의 행동을 남자가 나무라고 있으므로, 여자가 그 일에 대해 후회하거나 반박하는 내용이 이어질 수 있다. 그 일에 대해 셜리가 지나쳤다고 반박하는 (c)가 가장 자연스럽다. (b)는 여자가 셜리에게 할 수 있는 말이며, (d)는 sandwich를 반복한 함정이다.

어휘 What is all … about? ~은 뭐가 문제야? racket 시끄러운 소음 count … out ~을 제외시키다 overreact 과잉 반응을 보이다

Part III

21

Listen to a conversation between two colleagues.
W Hi, Mr. Jones. You wanted to see me?
M Yes, it's about your presentation in the meeting today.
W Oh, I didn't realize you were there.
M I was sitting in the back and I was impressed.
W Well, that's very nice of you to say.
M I think you have a talent for presentations.
Q What is mainly happening in the conversation?
(a) The man is complimenting the woman.
(b) The woman is thanking the man for his help.
(c) The man is inviting the woman to a meeting.
(d) The woman is showing her presentation skills.

해석 두 직장 동료의 대화를 들으시오.
W 안녕하세요, 존스 씨. 저를 보자고요?
M 네, 오늘 회의에서 당신이 한 프레젠테이션에 관한 거예요.
W 아, 거기 참석해 계신 줄 몰랐네요.
M 저는 뒤에 앉아 있었는데, 감동을 받았어요.
W 그렇게 말씀해 주시니 감사합니다.
M 프레젠테이션에 재능이 있으신 것 같아요.
Q 대화에서 주로 일어나고 있는 일은?
(a) 남자는 여자를 칭찬하고 있다.
(b) 여자는 남자의 도움에 대해 감사하고 있다.
(c) 남자는 여자를 회의에 초대하고 있다.
(d) 여자가 자신의 프레젠테이션 기술을 보여 주고 있다.

해설 남자는 여자를 불러서 여자의 프레젠테이션에 대해 감동을 받았고 여자의 프레젠테이션 능력이 뛰어나다고 이야기하고 있다. 따라서 적절한 것은 (a)이다. (d)는 대화 이전에 일어난 일이다.

어휘 presentation 발표 impressed 감명을 받은 talent 재능 compliment 칭찬하다

22

Listen to a conversation between two colleagues.

M When did you come back from your business trip to Europe?
W I came back last week.
M You still haven't recovered from jet lag, have you?
W Yes, I have. I didn't feel much jet lag this time.
M Good for you. Do you travel a lot?
W I go abroad on business almost once a month.
M Then you must adjust to new time zones quickly, I guess.
W I normally do.

Q What are the speakers mainly discussing in the conversation?
(a) Adapting to new climates
(b) Tourism abroad
(c) The frequency of business trips
(d) Recovering from jet lag

해석 **두 직장 동료의 대화를 들으시오.**
M 유럽 출장에서 언제 돌아오셨어요?
W 지난주에 왔어요.
M 아직 시차 회복을 못 하셨겠네요. 그렇죠?
W 회복했어요. 이번에는 시차에 의한 피로를 별로 못 느꼈네요.
M 잘됐네요. 여행을 많이 하시나요?
W 업무상 외국 출장을 거의 한 달에 한 번은 가요.
M 그러면 새로운 시간대에 빨리 적응하시겠네요.
W 보통 그렇죠.
Q 대화에서 화자들이 주로 논의하는 것은?
(a) 새로운 날씨에 적응하기
(b) 해외 관광
(c) 출장의 빈도
(d) 시차에 의한 피로에서 회복하기

해설 해외 출장에서 돌아온 여자가 잦은 출장으로 인해 시차에 의한 피로에서 빨리 회복한다는 것이 대화의 주된 내용이므로 (d)가 정답이다. 관광에 관한 것은 아니므로 (b)는 적절하지 않으며, (c)는 중심 화제에 대해 이야기하면서 부수적인 정보로 언급된 세부 내용이다.

어휘 **jet lag** 시차에 의한 피로 **recover** 회복하다 **adjust** 조절하다, 맞추다 **time zone** 시간대 **adapt** 적응하다 **frequency** 빈도

23

Listen to a conversation between a husband and a wife.

W I think we should get a bigger apartment.
M But we're so close to both of our offices.
W I know, but we don't have any room for guests.
M I see your point, but it will take time and money.
W Yes, but we've been really good about saving this year.
M Okay, then. Do you want to call a real estate agent?

Q What are the man and woman mainly doing in the conversation?
(a) Discussing future living arrangements
(b) Arguing about their apartment
(c) Determining plans for their guests
(d) Talking about the family budget

해석 **남편과 아내의 대화를 들으시오.**
W 내 생각엔 더 큰 아파트로 이사를 가야 할 것 같아.
M 그렇지만 집이 우리 직장과 꽤 가까운데.
W 알아. 하지만 우린 손님을 위한 방이 없잖아.
M 무슨 말인지 알아. 그래도 시간과 돈이 들게 될 거야.
W 맞아. 그렇지만 우리 올해는 돈 잘 모아 왔잖아.
M 그래, 알겠어. 당신이 부동산에 전화할거야?
Q 대화에서 남자와 여자가 주로 하는 것은?
(a) 앞으로의 주거 환경에 관한 상의
(b) 그들의 아파트에 대한 말다툼
(c) 손님들을 위한 계획 결정
(d) 가계 예산에 관한 이야기

해설 현재 아파트에 손님을 위한 방이 없어서 더 큰 곳으로 이사 가자는 여자의 제안을 남자가 받아들여 더 큰 집을 알아보기로 했으므로 정답은 (a)가 가장 타당하다. 두 사람은 다툼이 아닌 상의를 하고 있으므로 (b)는 옳지 않고, 손님을 위한 방이 없다는 것이 아파트의 문제로 언급되기는 하지만 주된 행동으로 보기에는 매우 국소적이다. (d)는 대화에서 부수적으로 언급된 사항이다.

어휘 **see the point** 말의 요점을 알다 **saving** 저축 **real estate agent** 부동산 **living arrangement** 주거 환경 **determine** 결정하다

24

Listen to two friends discuss a telescope.

M Hey, I didn't know you had such a nice telescope, Suzy.
W You like it? I got it as a gift from my boyfriend.
M Have you always been into astronomy?
W No, it's just a recently acquired hobby.
M Used it much? How powerful is it?
W Actually, I was hoping to set it up tonight.
Q Which is correct about the woman according to the conversation?
(a) She received a gift from the man.
(b) She studied astronomy as her major.
(c) She has a new interest in astronomy.
(d) She will first use her telescope next week.

해석 두 친구가 망원경에 대해 이야기하는 것을 들으시오.
M 야, 수지, 네가 이렇게 멋진 망원경을 갖고 있는지 몰랐네.
W 괜찮아 보여? 남자친구에게서 선물로 받았는데.
M 네가 천문학에 관심이 많았어?
W 아니. 그냥 최근에 생긴 취미야.
M 많이 썼어? 얼마나 강력하니?
W 사실 오늘 밤에 설치할까 생각하고 있었어.
Q 대화에 의하면 여자에 대해 옳은 것은?
(a) 상대 남자에게서 선물을 받았다.
(b) 전공으로 천문학을 공부했다.
(c) 천문학에 새로운 취미를 붙였다.
(d) 다음 주에 망원경을 처음 사용할 것이다.

해설 여자가 천문학에 취미가 새로 생겨서 남자친구로부터 망원경을 선물 받고 나누는 대화이다. 천문학을 공부하는 것이 아닌 취미로 하고 있다고 했으므로 (b)는 답이 될 수 없고 (c)가 답이다. (a)에서 the man은 수지의 남자친구가 아닌 대화 상대를 나타내므로 이를 답으로 고르지 않도록 주의해야 한다.

어휘 **be into** ~에 관심이 많다 **astronomy** 천문학 **acquire** 얻다 **major** 전공

25

Listen to two friends discuss a vacation plan.

W I'm thinking of going to Paris this summer.
M Paris? Why go there?
W Hey, I thought you'd be excited for me!
M Sorry. But Paris is just another big, dirty city.
W I didn't realize you found it a disappointment.
M After all the hype about it, the reality is a letdown.
Q Which is correct according to the conversation?
(a) The woman has already bought her tickets to Paris.
(b) The man loved Paris as soon as he saw it.
(c) The woman is suspicious of Paris' reputation.
(d) The man was disappointed with Paris.

해석 두 친구가 휴가 계획에 대해 이야기하는 것을 들으시오.
W 나 이번 여름에 파리에 갈까 생각 중이야.
M 파리? 거기에 왜 가?
W 야, 난 네가 날 위해 기뻐해 줄 거라고 생각했어.
M 미안해. 하지만 파리는 그냥 또 다른 크고 더러운 도시일 뿐이잖아.
W 네가 파리를 실망스러운 곳이라고 생각하는 줄 몰랐어.
M 파리에 대한 광고가 넘쳐나긴 해도 현실은 기대 이하라니까.
Q 대화에 의하면 옳은 것은?
(a) 여자는 이미 파리행 표를 샀다.
(b) 남자는 파리를 보자마자 좋아하게 되었다.
(c) 여자는 파리의 명성에 의혹을 갖고 있다.
(d) 남자는 파리에 실망했다.

해설 파리에 가려고 계획 중인 여자에게 남자가 파리에 대해 부정적으로 말하고 있다. 여자의 말 I didn't realize you found it a disappointment를 통해 남자가 파리에 실망했음을 알 수 있다. 따라서 (d)가 알맞은 답이다. 여자가 파리에 갈 계획이 있다고 했을 뿐 실제로 표를 산 것은 아니므로 (a)는 옳다고 볼 수 없으며, (b)와 (c)는 대화의 내용과 상반된다.

어휘 **disappointment** 실망스러운 것 **hype** (과장된) 광고 **letdown** 기대 이하, 실망 **suspicious** 의혹을 갖는 **reputation** 평판, 명성

26

Listen to a conversation about a condo.

W Tell me about the condo you looked at.
M It was small, but the location was good.
W What about the unit itself?
M The layout was attractive, and it had elegant features.
W So, do you think you'll purchase this one?
M I wouldn't mind taking a second look.

Q Which is correct according to the conversation?
(a) The woman is hoping to sell her condo.
(b) The man had inspected a large apartment.
(c) The man found the interior design appealing.
(d) The woman wants to look at the condo again.

해석 **아파트에 대한 대화를 들으시오.**
W 당신이 본 아파트에 대해 말해 줘요.
M 작긴 했지만, 위치가 좋던데요.
W 집 자체는 어땠어요?
M 배치가 매력적이었고, 품격 있는 특징들이 있더군요.
W 그래서, 그 집을 살 생각이에요?
M 한 번 더 보는 것도 나쁘지 않을 것 같아요.
Q 대화에 의하면 옳은 것은?
(a) 여자는 자신의 아파트를 팔고 싶어 한다.
(b) 남자는 큰 아파트를 둘러보았다.
(c) 남자는 내부 디자인이 매력적이라고 느꼈다.
(d) 여자는 아파트를 다시 보고 싶어 한다.

해설 남자가 아파트를 사기 위해서 한 곳을 둘러봤는데, 집은 작지만 내부가 마음에 들어서 한 번 더 보려고 한다고 했으므로 답은 (c)이다. 집이 작다고 했으므로 (b)는 틀린 진술이고, (d)는 여자가 아닌 남자에 해당하는 내용이다.

어휘 condo 아파트(=condominium) unit (아파트 같은 공동 주택 내의) 한 가구 layout (건물의) 배치 elegant 품격 있는 take a second look 재차 보다 inspect 점검하다 appealing 매력적인

27

Listen to a conversation about a job.

M Well, your job application seems to be in order.
W Can I ask what the starting salary is?
M We're offering 35 thousand a year to the right candidate.
W Oh, is that all?
M That's the most our company budget will allow.
W I had the impression it'd be closer to 45 thousand.

Q Which is correct according to the conversation?
(a) The woman was just offered a job.
(b) The man's company will pay 45 thousand.
(c) The company cannot afford new employees.
(d) The woman thought the salary would be higher.

해석 **직장에 대한 대화를 들으시오.**
M 음, 당신의 구직 서류는 제대로 된 것 같습니다.
W 초봉이 얼마인지 여쭤봐도 될까요?
M 합당한 지원자에게는 일 년에 3만 5천 달러를 지급합니다.
W 아, 그게 다인가요?
M 그게 저희 회사 예산으로 가능한 최대 금액입니다.
W 4만 5천 달러에 가까울 것 같은 느낌이었는데요.
Q 대화에 의하면 옳은 것은?
(a) 여자는 방금 일자리를 제안받았다.
(b) 남자의 회사는 4만 5천 달러를 지급할 것이다.
(c) 회사는 새 직원들을 고용할 금전적 여유가 없다.
(d) 여자는 급여가 더 높을 것으로 생각했다.

해설 여자의 Is that all?과 마지막 말에서 급여가 자신이 기대했던 것보다 낮다는 것을 알고 실망한 것을 알 수 있다. 따라서 정답은 (d)이다. 여자가 구직 서류를 낸 상황이므로 일자리를 제안받았다고 볼 수 없고, 회사가 직원을 뽑고 있는데 여자가 막 지원 서류를 낸 상황이므로 (c)는 옳지 않다.

어휘 in order 제대로 된 candidate 지원자 impression 느낌

28

Listen to a conversation about a new assistant.
W How's the new assistant you hired last month?
M Frankly, I'm pretty frustrated and disappointed.
W Why? I thought she had pretty impressive references.
M She did, but it turns out she can hardly carry out a task.
W What a nightmare! Have you talked to her about it?
M I have, and I think she'll eventually get the hang of it.

Q Which is correct according to the conversation?
(a) The woman is concerned about hiring practices.
(b) The man isn't working well with an employee.
(c) The man has a very stressful workload.
(d) The woman is planning to apply for a new job.

해석 새 보조에 대해 이야기하는 것을 들으시오.
W 지난달에 고용했던 새 보조는 어때요?
M 솔직히 아주 불만스럽고 실망스러워.
W 왜? 추천서들은 꽤 인상적인 것 같았는데.
M 그랬지, 하지만 업무 처리를 거의 못하더라고.
W 이를 어쩌나! 그것에 대해 얘기는 해 봤어?
M 했어. 결국에는 업무를 이해하게 되겠지.

Q 대화에 의하면 옳은 것은?
(a) 여자는 고용 관행에 대해 우려하고 있다.
(b) 남자는 어떤 직원과 일을 제대로 하지 못하고 있다.
(c) 남자는 업무량에 스트레스가 아주 심하다.
(d) 여자는 새 일자리에 지원할 계획 중이다.

해설 지난달에 고용한 보조가 업무 수행을 거의 하지 못해서 불만이고 실망스럽다며 평가하는 남자의 말로 볼 때, 옳은 것은 (b)이다.

어휘 frustrated 좌절하는 reference 추천서 turn out ~로 밝혀지다 carry out ~을 수행하다 nightmare 악몽, 끔찍한 일 get the hang of ~을 할 줄 알게 되다 practice 관행 workload 업무량 apply for ~에 지원하다

29

Listen to a conversation between two friends.
M How's the wrist feeling, Janice?
W OK. I'm going to physical therapy for it twice a week.
M Do you know how long a full recovery is supposed to take?
W The surgeon estimated three months.
M Wow, that's a long time.
W Yeah, but it'll be worth it to regain full mobility.

Q What can be inferred from the conversation?
(a) The woman's pain is at a chronic level.
(b) The woman's wrist was recently operated on.
(c) The man needs to go to physical therapy, too.
(d) The man is surprised at the woman's progress.

해석 두 친구의 대화를 들으시오.
M 손목은 어때요, 재니스?
W 좋아요. 일주일에 두 번씩 물리 치료를 받으러 다녀요.
M 완전히 회복되는 데 얼마나 걸리는지 아세요?
W 외과 의사는 3개월이라고 추정했어요.
M 와, 긴 시간이네요.
W 그렇죠. 하지만 다시 완전히 움직이려면 그 정도의 시간은 들일 가치가 있을 거예요.

Q 대화에서 추론할 수 있는 것은?
(a) 여자의 고통은 만성적인 수준이다.
(b) 여자는 최근에 손목 수술을 했다.
(c) 남자도 물리 치료를 받으러 갈 필요가 있다.
(d) 남자는 여자의 경과에 놀랐다.

해설 여자가 손목 물리 치료를 받고 있다고 했다. 다시 손목을 움직이기까지 3개월이 걸릴 거라고 했으므로 여자가 최근에 손목 수술을 받고 현재는 회복 중인 상태임을 추론할 수 있다. 따라서 정답은 (b)이다. 회복 중이므로 만성적인 고통을 겪고 있다는 (a)는 오답이다. 또 남자는 여자의 회복 시간이 긴 것에 대해 놀라고 있으므로 (d)도 적절하지 않다.

어휘 physical therapy 물리 치료 surgeon 외과의사 estimate 추정하다 regain 되찾다 mobility 운동성 chronic 만성적인 operate 수술하다

30

Listen to a conversation between an airline representative and a passenger.

M Ma'am, I see you booked a seat in the emergency exit row.
W That's right. I want the extra legroom.
M Are you aware of the requirements of a seat in this row?
W No, what are they?
M You need to be fit enough to assist the crew in an emergency.
W Oh, that's no problem. I can do that.

Q What can be inferred about the woman from the conversation?
(a) Her seat is going to be changed.
(b) Her flight has been overbooked.
(c) She does not care where she sits.
(d) She is in good physical condition.

해석 항공사 직원과 승객의 대화를 들으시오.
M 고객님, 비상구 열에 좌석을 예약하셨던데요.
W 맞아요. 다리를 뻗을 더 넓은 공간이 필요해서요.
M 이 열에 있는 좌석의 요건을 알고 계신가요?
W 아뇨, 어떤 거죠?
M 비상시에 승무원을 도울 수 있을 만큼 건강하셔야 합니다.
W 아, 문제없어요. 할 수 있어요.

Q 여자에 대해 추론할 수 있는 것은?
(a) 그녀의 좌석은 바뀔 것이다.
(b) 그녀의 비행편은 초과 예약되었다.
(c) 자신이 어디에 앉든지 신경 쓰지 않는다.
(d) 신체 상태가 좋다.

해설 비행기에서 비상구 쪽에 좌석을 잡기 위해서는 비상시에 구조 활동을 할 수 있을 만큼 건강해야 한다는 말에 여자가 문제없다고 했으므로 (d)를 추론할 수 있다. 대화 이후의 상황은 알 수 없으므로 (a)는 지나친 추론이고, 여자는 넓은 공간이 있는 자리에 앉고 싶어 하므로 (c)는 사실과 다르다.

어휘 emergency exit 비상구 row 줄, 열 legroom 다리를 뻗을 수 있는 공간 requirement 요건 fit 건강한 crew 승무원 overbook 한도 이상으로 예약을 받다

Part IV

31

Many say our increased reliance on digital devices has caused greater isolation, but this isn't the complete story. Certainly, we've seen friends sitting together at a dinner table looking at their phones rather than talking to one another. But these same devices allow friends to communicate more often, share personal moments, and stay more informed. Moreover, families separated by long distances can stay in touch more often at a very low price. So, I would argue that our mode of communication has shifted but hasn't diminished.

Q What is the main idea of the talk?
(a) Digital devices invade personal privacy.
(b) Improvements in technology have a downside.
(c) Changes in communication have their benefits.
(d) The effects of new devices can't be measured.

해석 많은 사람들이 증가하고 있는 디지털 기기 의존도가 더 큰 고립을 야기한다고 말하지만, 이것이 전부는 아닙니다. 물론 우리는 친구들끼리의 저녁 식사 테이블에서 서로 마주 보고 이야기를 나누기보다는 자신의 핸드폰을 바라보며 앉아 있는 것을 보아 왔습니다. 그렇지만 이러한 기기들은 친구들과 더 자주 대화할 수 있도록 해 주고, 개인적인 시간을 공유하게 해 주며, 서로에 대한 정보를 보다 많이 알려 줍니다. 게다가 멀리 떨어져 있는 가족들은 매우 저렴한 비용으로 더 자주 연락할 수 있습니다. 따라서 저는 대화의 방식이 바뀌기는 했지만 줄어들지는 않았다고 주장하는 바입니다.

Q 담화의 요지는?
(a) 디지털 기기는 개인의 사생활을 침해한다.
(b) 기술의 향상에는 불리한 면이 있다.
(c) 의사소통 방법의 변화에는 나름의 이점이 있다.
(d) 새로운 장치의 효과는 측정할 수 없다.

해설 디지털 기기에 대한 의존도 증가가 야기하는 일반적인 우려에 대해 이야기하면서 그럼에도 불구하고 소통의 용이함과 편리함 등의 많은 장점들이 있다고 하며 예를 들어 설명하고 있으므로 담화의 요지로 적당한 것은 (c)이다.

어휘 reliance on ~에 대한 의존 isolation 고립, 고독 stay informed 정보를 계속해서 얻다 mode 방식 shift 바뀌다 diminish 줄어들다 downside 불리한 면 measure 측정하다

32

A government panel is investigating a major automaker for problems with the airbags in their vehicles. It's possible more than 300 people have died in car crashes because airbags in their cars did not inflate. The investigation spans three years of case histories, and lawmakers are reviewing cases from customers nationwide. If the allegations are true, the company could face huge fines that may cripple its business.

Q What is the news report mainly about?
(a) How airbags function during a collision
(b) Why road accidents increased in recent years
(c) An inquiry into car safety complaints
(d) Improvements in automobile performance

해석 정부 위원회는 자동차의 에어백과 관련된 문제로 한 대형 자동차 생산업체를 조사 중입니다. 300명 이상의 사람들이 자동차 충돌 사고 시에 자동차의 에어백이 부풀지 않아 사망했을 수 있기 때문입니다. 조사는 3년에 걸친 사례사를 다루며, 국회의원들은 전국적으로 업체의 고객들로부터 사건을 확인받고 있습니다. 만약 이 혐의가 진실로 밝혀지면, 해당 업체는 사업에 심각한 손상을 줄 만큼 상당한 금액의 벌금을 물게 될 수 있습니다.

Q 뉴스 보도의 주요 내용은?
(a) 충돌 시에 에어백이 어떤 기능을 하는가
(b) 최근 몇 년간 도로에서 사고가 증가한 이유
(c) 자동차 안전 항의에 대한 조사
(d) 자동차 성능의 향상

해설 한 대형 자동차 생산업체의 차가 충돌 시 에어백 작동에 문제가 있으며, 300명 이상이 이 에어백 작동 문제로 사망했을지도 모른다는 혐의가 있어 그동안의 사례를 검토 중이라고 하므로 정답은 (c)가 된다.

어휘 investigate 조사[수사]하다 inflate (공기·가스 등으로) 부풀다 span (어떤 일이 지속되는 기간에) 걸치다 case history 사례사 lawmaker 국회의원 allegation 혐의 face 직면하다 fine 벌금 cripple 심각한 손상을 주다, 제 기능을 못하게 만들다 collision 충돌 inquiry 탐구, 조사

33

At first glance, the concept of borders, borderlands, and frontiers would seem to be straightforward. A border or boundary is a line on a map delineating a territorial boundary or the limit of a political jurisdiction. Borders are primarily, but far from exclusively, seen as properties of and under the control of states. Nevertheless, this has generally not always been the case. Even in the contemporary world where such an interpretation often does apply, the concept of borders frequently becomes much more complicated.

Q What is the speaker mainly discussing?
(a) Differences between borders and frontiers
(b) A definition of borders and boundaries
(c) The complexity of defining borders
(d) The properties of a territorial boundary

해석 처음에는 경계와 국경 지방, 국경 등의 개념이 간단해 보일 수 있어요. 경계는 영토의 가장자리나 정치적 관할의 한계의 윤곽을 그리는 지도 위의 줄이지요. 국경은 반드시 그런 것만은 아니지만 주로 국가 관리의, 국가 관리하의 재산으로 볼 수 있어요. 그럼에도 불구하고 이것은 일반적으로 항상 그런 것은 아니지요. 그러한 해석이 종종 적용되는 현대 세계에서도 경계의 개념은 종종 매우 복잡해져요.

Q 화자가 주로 논의하고 있는 것은?
(a) 경계와 국경의 차이
(b) 경계의 정의
(c) 경계 정의의 복잡성
(d) 영토 경계의 특성

해설 경계, 국경 등의 개념이 간단히 보일 수 있지만 실상은 매우 복잡한 개념임을 설명하고 있다. 복잡성이 강연의 주제가 되므로 정답은 (c)이다.

어휘 borderland 국경 지방 frontier 국경 straightforward 직접적인, 간단한 boundary 경계 delineate 윤곽을 그리다 territorial 영토의 jurisdiction 관할, 사법권 primarily 주로 property 재산; 특성 interpretation 해석 complexity 복잡성

34

For many years, the proton, neutron, and electron were believed to be the building blocks of matter. But in recent decades, a smaller component of matter was discovered—the quark. The quark can be classified into six types, but they are categorized as three pairs. What's especially interesting is that quarks have only a fractional electrical charge. Some have a one-third charge, others a two-thirds charge. Protons and electrons have a full charge of positive one and negative one respectively.

Q Which is correct about quarks according to the lecture?
(a) They can be seen under a common microscope.
(b) They are formed by protons, neutrons, and electrons.
(c) They don't have a complete electrical charge.
(d) They are made from smaller elements of matter.

해석 여러 해 동안 양성자, 중성자, 전자가 물질의 구성요소로 믿어져 왔습니다. 하지만 최근 몇십 년 사이에 이보다 더 작은 쿼크라는 물질의 구성요소가 발견되었습니다. 쿼크는 6가지 종류로 분류될 수 있지만 3개의 쌍으로도 분류됩니다. 특히나 흥미로운 사실은 쿼크가 분수 전하만을 가지고 있다는 것입니다. 쿼크는 그 일부는 1/3 전하, 다른 일부는 2/3 전하를 가지고 있습니다. 양성자는 양의 전하를 1, 전자는 음의 전하를 1을 가집니다.

Q 강연에 의하면 쿼크에 대해 옳은 것은?
(a) 일반 현미경으로 볼 수 있다.
(b) 양성자, 중성자, 전자로 형성된다.
(c) 완전 전하를 가지고 있지 않다.
(d) 물질의 더 작은 요소들로 만들어졌다.

해설 마지막 부분에 양성자와 전자는 전하수가 1인 반면 쿼크의 일부는 1/3, 다른 일부는 2/3만 전하를 가지고 있다고 했으므로 답은 (c)가 된다.

어휘 **proton** 양성자 **neutron** 중성자 **electron** 전자 **building block** 구성요소 **matter** (세상의 모든 것을 구성하는 일반적인) 물질 **component** 구성요소 **classified into** ~으로 분류된 **categorize** 분류하다 **fractional electrical charge** 분수 전하 **respectively** 각각

35

No matter how the temperature surrounding us changes, our bodies remain at a constant 37 degrees Celsius. The process by which we maintain our internal temperature at this level is called thermoregulation. It's essential for humans, in part because our metabolism depends on enzymes that only operate within a certain temperature range. In addition, certain processes within the cells are also very temperature sensitive. If we become too warm or too cold, vital functions—like active transport across cell membranes—cannot be performed.

Q Which is correct about thermoregulation according to the talk?
(a) It keeps the body's internal environment stable.
(b) It is predominantly carried out by enzymes.
(c) It is a byproduct of the human metabolism.
(d) It inhibits the process of active transport.

해석 주변의 온도가 아무리 바뀌어도 우리의 신체는 여전히 일정한 섭씨 37도를 유지합니다. 이 수치로 체내 온도를 유지하는 과정을 체온 조절이라고 부릅니다. 이는 인간에게는 필수적인 것인데, 부분적으로 신진대사가 특정한 온도 범위 내에서만 작용하는 효소에 의존하기 때문입니다. 또한, 세포 안의 특정 과정은 매우 온도에 민감합니다. 너무 따뜻하거나 차가워지면 세포 막을 통한 능동 수송과 같은 생체 기능이 작동하지 않습니다.

Q 담화에 의하면 체온 조절에 대해 옳은 것은?
(a) 체내 환경을 안정적으로 유지해 준다.
(b) 효소에 의해 주로 실행된다.
(c) 인간 신진대사의 부산물이다.
(d) 능동 수송 과정을 억제한다.

해설 체내 온도를 일정하게 섭씨 37도로 유지하는 과정이 체온 조절이라고 설명하고 있으므로 체내 환경을 일정하게 유지한다는 (a)가 옳은 내용이다. 이 기능 때문에 정상적으로 작동할 수 있는 것이 효소에 의한 신진대사 활동과 능동 수송과 같은 생체 기능임에 유의한다.

어휘 **constant** 일정한, 지속적인 **internal** 내부의 **thermoregulation** 체온조절 **metabolism** 신진대사 **enzyme** 효소 **operate** 작동하다 **range** 범위 **vital function** 생체 기능 **active transport** 능동 수송(생체막을 통해 이온, 당 등 특정 물질을 투과시키는 세포 기능) **cell membrane** 세포막 **stable** 안정적인 **predominantly** 주로, 현저히 **inhibit** 방해하다, 억제하다

36

It's often difficult to know exactly how much you should help your friends. One of my friends is in a very unhealthy relationship, and she's very troubled by it. I want to be firm and tell her she should leave, but I also have to realize she won't follow my advice and she's a grown-up who can make her own decisions. I have another friend who can't find a job and really needs money. I want to help him, but I also have to realize I'm not responsible for paying his bills.

Q What can be inferred from the talk?
(a) Dysfunctional relationships can cause serious harm.
(b) The speaker isn't willing to help friends with problems.
(c) Maintaining friendships can raise challenging questions.
(d) The speaker is disappointed in his friend's decisions.

해석 종종 친구를 어느 정도까지 도와주어야 하는지를 정확히 알기가 어렵다. 내 친구 중 한 명은 매우 무분별한 관계를 맺고 있는데, 그 때문에 매우 곤란함을 겪고 있다. 나는 그녀에게 그 관계를 정리하라고 확고히 말하고 싶지만, 나 역시 그녀가 내 조언을 따르지 않을 것이며 그녀가 스스로 자신의 일을 결정할 수 있는 성인임을 인식하지 않을 수 없다. 내게는 취업을 하지 못하고 있어 돈이 절실히 필요한 또 다른 친구가 있다. 그를 돕고 싶지만 내가 그의 고지서를 납부해 줄 책임이 없다는 것 역시 인식하고 있어야 한다.

Q 담화에서 추론할 수 있는 것은?
(a) 문제가 있는 관계는 심각한 해를 초래할 수 있다.
(b) 화자는 문제가 있는 친구를 도울 의사가 없다.
(c) 친구 관계를 유지하는 것은 어려운 문제를 제기할 수 있다.
(d) 화자는 친구의 결정에 실망을 하고 있다.

해설 글 전체에 걸쳐 친구를 돕고 싶어 하는 화자의 마음이 드러나지만 친구를 돕는 것이 여러 이유로 어렵다고 말하고 있으므로 추론할 수 있는 것은 (c)이다.

어휘 firm 확고한 grown-up 어른 dysfunctional 문제가 있는, 제 기능을 못하는

Part V

37~38

As spring reaches the state of California, 740,000 acres of almond trees await pollination by honeybees. But commercial growers maintain far too many orchards for local honeybees to pollinate naturally, so colonies from other parts of the country must be imported. Every February, migrating beekeepers transport more than a million hives to pollinate California groves. Around 40 billion individual honeybees participate, pollinating about 80 percent of the world's almond crop. For the pollination of almond trees, nothing can be more important than honeybees. But some orchards also select other insects, such as blue orchard bees, wild bees and flies as pollinators. These pollinators move to collect pollen and nectar like honeybees. According to researchers from Northern California, combining different pollinator species can help almond tree growers ensure reliable pollination. Almond tree growers can benefit from adopting multiple pollination strategies. Integrated crop pollination is combining strategies to improve pollination.

Q37 What is the lecture mainly about?
(a) Almond crops around the world
(b) Pollination of California almonds
(c) California's almond production industry
(d) The distribution of US honeybee colonies

Q38 Which is correct according to the lecture?
(a) Local honeybees rarely pollinate California's almond trees.
(b) About 40 billion honeybees pollinate approximately four-fifths of the world's almond crop.
(c) It is not important for honeybees to pollinate almond trees.
(d) There is no advantage in almond tree growers using various pollination strategies.

해석 캘리포니아 주에 봄이 다가옴에 따라, 74만 에이커에 달하는 아몬드 나무 과수원이 꿀벌에 의한 수분을 기다리고 있습니다. 하지만 현지의 꿀벌들이 자연적으로 수분을 하기에는 수익을 목적으로 하는 원예 종사자들이 너무 많은 과수원을 운영하고 있어서 미국 다른 지역의 벌 군집들을 불러와야만 합니다. 매 2월마다 캘리포니아의 과수원들을 수분시키기 위해 이동하는 양봉가들이 백만 개가 넘는 벌집을 운송해 옵니다. 약 4백억 마리의 각 꿀벌들이 수분 활동을 하여, 세계 아몬드 작물의 약 80퍼센트를 수분시킵니다. 아몬드 나무를 수분시키기 위해서 꿀벌이 가장 중요합니다. 그러나 일부 과수원은 파란과수원벌, 야생벌 그리고 파리같은 다른 곤충을 꽃가루 매개자로 선택하기도 합니다. 이러한 꽃가루매개자는 꿀벌과 마찬가지로 꽃가루와 꿀을 모으기 위해 이동합니다. 북부캘리포니아의 연구자들에 따르면 다양한 꽃가루매개자 종을 결합하는 것은 아몬드 나무 재배자들이 믿을 만한 수분을 확실히 하도록 도움을 줄 수 있다고 합니다. 아몬드 나무 재배자들은 다양한 수분 전략을 채택함으로써 이익을 볼 수 있습니다. 통합작물수분은 수분을 향상시키기 위해서 전략들을 혼합하는 것입니다.

Q37 강연의 주요 내용은?
(a) 전 세계의 아몬드 작물
(b) 캘리포니아 아몬드의 수분
(c) 캘리포니아의 아몬드 생산 산업
(d) 미국 꿀벌 군집의 분포

해설 강연의 요지는 캘리포니아의 방대한 아몬드 나무를 꿀벌을 이용해 자연적으로 수분시키기 위한 방법에 대한 것이다. 따라서 (b)가 답으로 알맞다. 강연 초반과 후반에서 캘리포니아 아몬드 과수원의 규모가 언급되기는 하지만, 주요 요지가 전 세계 또는 캘리포니아 지역의 아몬드 생산은 아니므로 (a)나 (c)를 답으로 고르지 않도록 주의한다.

Q38 의에 따르면 맞는 것은?
(a) 지역 꿀벌들은 거의 수분에 참여하지 않는다.
(b) 약 4백억 마리의 꿀벌이 세계 아몬드 작물의 대략 5분의 4를 수분시킨다.
(c) 꿀벌이 아몬드 나무를 수분시키는 것은 중요하지 않다.
(d) 아몬드 나무 재배자들이 다양한 수분 전략을 사용하는 데에는 이점이 없다.

해설 약 4백억 마리의 각 꿀벌들이 수분 활동을 하여, 세계 아몬드 작물의 약 80퍼센트를 수분시킨다고 했으므로 정답은 (b)이다.

어휘 **pollination** 수분 **commercial grower** 수익을 목적으로 하는 원예 종사자 **orchard** 과수원 **colony** (동일 지역에 서식하는 동식물의) 군집 **beekeeper** 양봉업자 **hive** 벌집 **grove** (작은 규모의) 과수원 **blue orchard bee** 파란 과수원 벌 **wild bee** 야생벌 **pollinator** 꽃가루 매개자 **pollen** 꽃가루 **nectar** 꿀, 즙

39~40

Today, I'd like to discuss social changes within the modern workforce. Sixty years ago, women could hold only a limited number of jobs, usually as secretaries, teachers and nurses. Now, however, women are able to work in nearly every field, including the military or as business executives. In particular, the married female labor force participation rate has substantially increased over the last 50 years, while the rates for men have increased by much less. There are various reasons for this rise in married women's LFP (Labor Force Participation) rate. Above all, there is social impetus including changes in intra-marital relationships. Economists focus on adoption of advanced technology like vacuum cleaners, dishwashers and washing machines reducing the time for house work. According to the researchers, men with working mothers are more likely to have working wives. Yet, most industries are still dominated by men. At the same time, women are generally paid 30% less than men who do the same work. In general, society hasn't fully accommodated women, who are still forced to take care of nearly all of the household and child-rearing duties within the family.

Q39 What do economists think is the most important reason for married women's LFP increases?
(a) Using high technologies for housework
(b) Men preferring working wives to housewives
(c) The scarcity of labor working in specific jobs
(d) The need for women to support their family

Q40 What can be inferred about the modern workforce from the lecture?
(a) Men are paid more because they have more experience.
(b) Women are succeeding more as a result of better education.
(c) More men are willing to contribute in the domestic sphere.
(d) Women have seen improvements but not equality.

해석 오늘은 현대 노동 인구의 사회 변화에 대해 논의하고자 합니다. 60년 전, 여성은 몇몇의 제한된 직종에만 종사할 수 있었으며 비서, 선생님, 간호사와 같은 직업이 대부분이었습니다. 오늘날 여성은 군대를 포함한 거의 모든 분야에서 일할 수 있고 또는 사업체의 간부로도 일할 수 있습니다. 특히, 남성노동인구비율이 증가한 것에 비해 결혼한 여성노동인구비율은 지난 50년 동안 상당히 크게 증가했습니다. 결혼한 여성인구비율에 대한 증가에는 여러 이유들이 있습니다. 무엇보다도 혼인관계를 포함한 사회적 자극입니다. 경제학자들은 집안일을 하는 시간을 줄여 주는 청소기, 식기세척기 그리고 세탁기와 같은 첨단기술의 채택에 집중합니다. 연구자들에 따르면 일하는 어머니를 가진 남자들이 일을 하는 배우자를 더욱 가지는 것 같다고 말합니다. 그러나 대부분의 산업은 여전히 남자들의 수가 많습니다. 동시에 여성들은 일반적으로 동일한 일을 하는 남자 보다 30% 더 적은 돈을 받습니다. 일반적으로 사회는 여성들을 완전히 수용하지 못합니다. 여성들은 가족 내에서 여전히 거의 모든 가정의 일을 처리하고, 자녀양육 책임을 강요받습니다.

Q39 경제학자들이 결혼한 여성노동인구비율이 증가한 가장 중요한 이유로 생각하는 것은?
(a) 집안일을 위해 첨단기술을 사용하는 것
(b) 가정주부보다 일하는 배우자를 더 선호하는 것
(c) 특정 직업에서 일하는 노동력의 부족
(d) 가족을 부양해야 할 필요

해설 결혼한 여성노동인구의 증가에는 다양한 이유가 있지만 경제학자들은 집안일을 하는 시간을 줄여 주는 청소기, 식기세척기 그리고 세탁기와 같은 첨단기술의 채택에 초점을 맞추고 있다고 했으므로 정답은 (a)이다.

Q40 현대 노동 인구에 대해 추론할 수 있는 것은?
(a) 남성은 경험이 더 많으므로 급여를 더 많이 받는다.
(b) 여성은 더 나은 교육을 받았기 때문에 성공하고 있다.
(c) 더 많은 남성이 집안일에 기여하려 한다.
(d) 여성들은 향상된 모습을 보여 왔지만 평등하지는 않다.

해설 여성은 60년 전과 비교해 더 많은 영역에서 일하고 있지만 여전히 남성에 비해 더 적은 임금을 받고 가정에서의 임무가 주어지고 있다고 하므로 (d)를 추론할 수 있다.

어휘 workforce 노동 인구 hold (특정한 직장, 지위에) 재직하다 executive 간부 dominate 지배하다 accommodate 수용하다 household 가정 child-rearing 자녀 양육 participation rate 참여율 social impetus 사회적 자극(제)

ACTUAL TEST 4
P. 112

PART I
1 (a) 2 (d) 3 (c) 4 (d) 5 (a)
6 (a) 7 (c) 8 (c) 9 (b) 10 (b)

PART II
11 (d) 12 (c) 13 (c) 14 (b) 15 (c)
16 (d) 17 (c) 18 (b) 19 (a) 20 (c)

PART III
21 (b) 22 (c) 23 (b) 24 (c) 25 (b)
26 (b) 27 (c) 28 (b) 29 (b) 30 (b)

PART IV
31 (d) 32 (c) 33 (d) 34 (d) 35 (d)
36 (b)

PART V
37 (d) 38 (c) 39 (b) 40 (b)

Part I

1

M How about grabbing a bite to eat?
W _____

(a) Yes, I'm quite famished.
(b) It'll be ready this evening.
(c) I thought you'd never talk to me.
(d) Try chewing more slowly.

해석 M 뭔가 좀 간단히 먹는 게 어때?
W _____

(a) 응. 나 정말 배고팠어.
(b) 오늘 저녁에 준비될 거야.
(c) 네가 내게 절대 말을 걸지 않을 줄 알았어.
(d) 좀 더 천천히 씹도록 해 봐.

해설 grab a bite to eat은 '간식 등을 간단히 먹다'라는 뜻으로 관용적으로 많이 쓰이는 표현이므로 잘 알아두는 것이 좋다. starving과 유의어인 famished를 안다면 (a)가 정답임을 알 수 있다.

어휘 grab a bite to eat 간단히 먹다 famished 굶주린 chew 씹다

2

W When is your family planning to visit?
M _____

(a) They're coming by train.
(b) I talked to my mom Friday.
(c) I can't predict their reactions.
(d) The week after next.

해석 W 너희 가족은 언제 방문할 계획이니?
M _____
(a) 기차로 오고 있어.
(b) 금요일에 엄마한테 얘기했어.
(c) 그들의 반응을 예측할 수 없어.
(d) 다음 주에.

해설 남자의 가족들이 언제 방문할지를 묻는 여자의 물음에 대한 남자의 응답으로 가장 적절한 것은, 계획된 일정에 대해 이야기하는 (d)이다.

어휘 predict 예측하다   reaction 반응

3

W This apartment is an absolute dump.
M _____

(a) Well, I don't think there's any left.
(b) I've got more living space than that.
(c) The tenant didn't take good care of it.
(d) That's why it was renovated last week.

해석 W 이 아파트는 아주 더러운 곳이야.
M _____
(a) 음, 남아 있는 게 없을 거야.
(b) 그것보단 생활 공간이 더 많아.
(c) 세입자가 관리를 안 했어.
(d) 그래서 지난주에 개조를 했던 거야.

해설 absolute는 '완전한'이라는 뜻으로 absolute rubbish, absolute idiot처럼 명사를 강조하는 말로 쓸 수 있다. dump는 '쓰레기 더미'인데 아주 더러운 장소를 나타내는 표현으로 쓰이기도 한다. 그러므로 '세입자가 관리를 하지 않아서'라는 이유를 대는 (c)가 응답으로 알맞다. 지난주에 보수했다는 (d)는 여자의 말에 상반되는 응답이다.

어휘 absolute 완전한   dump 쓰레기 더미; 더러운 곳   tenant 세입자   renovate 개조하다, 보수하다

4

M It looks dismal outdoors, doesn't it?
W _____

(a) Hey, thanks for noticing.
(b) I don't see anything like that.
(c) I agree it's not the right time.
(d) It's supposed to clear up later.

해석 M 밖에 날씨가 우중충하지, 그렇지 않아?
W _____
(a) 이봐, 알아봐 줘서 고마워.
(b) 그런 건 보이지 않는걸.
(c) 적절한 때가 아니라는 데 동의해.
(d) 이따가 날씨가 갠다고 해.

해설 be supposed to부정사는 '~하기로 되어 있다'라는 뜻으로 일반적으로 '(규정이나 의무로) ~하기로 되어 있다'라는 뜻으로 쓰인다. 날씨 표현에서는 '(예보에서) ~한다고 예정되어 있다'라는 의미로 쓰이므로 (d)가 남자의 말에 대한 응답으로 가장 자연스럽다. (c)는 부가 의문문에 동의하는 것처럼 I agree로 시작하는 오답 함정이다.

어휘 dismal 음울한   clear up 날씨가 개다, 맑아지다

5

W Rebecca is really enjoying her new job.
M _____

(a) It must be a perfect fit for her.
(b) She wasn't sure she would make it.
(c) The job is challenging for working mothers.
(d) Anything she can do, I can do better.

해석 W 레베카는 새로운 일을 정말 즐기고 있어.
M _____
(a) 그녀에게 딱 맞는 일인가 봐.
(b) 해낼 수 있을지 확신이 없었대.
(c) 그 일은 일하는 엄마들에게는 도전이지.
(d) 그녀가 할 수 있는 건 뭐든 난 더 잘할 수 있어.

해설 레베카가 새 일을 정말 즐기고 있다는 여자의 말에 대한 남자의 응답으로 가장 적절한 것은 동의하는 의미로 그 일이 레베카에게 딱 맞는 것 같다고 말하는 (a)이다.

어휘 fit 알맞은, 적합한   a working mother 일하는[직장에 다니는] 엄마

6

M I hope the rain doesn't ruin the party Saturday.
W _____

(a) We can move inside if we have to.
(b) Yes, it could be bad for everyone.
(c) It's been rather dry the last few months.
(d) Don't worry. I've watered the yard every day.

해석 M 비가 토요일 파티를 망치지 않으면 좋겠다.
　　　W _____
(a) **필요하면 안으로 옮길 수 있어.**
(b) 그래. 그건 모두에게 나쁠 수 있어.
(c) 지난 몇 달 오히려 건조했는데.
(d) 걱정 마. 내가 매일 마당에 물을 줬어.

해설 토요일에 비로 파티를 망치지 않기를 바란다는 남자의 말에 대한 여자의 응답으로 가장 적절한 것은 비가 올 경우에 대한 대비책에 대해 이야기하는 (a)이다. (b)의 경우 비가 오면 파티를 망칠 거라는 남자의 말에 Yes라고 동의하면서 나쁠 수도 있다고 추측하는 것은 문맥상 자연스럽지 않다.

어휘 ruin 망치다 rather 오히려, 차라리 dry 마른, 건조한 water 물을 주다 yard 마당

7

M Amber Tech's new PC is so powerful.
W _____

(a) I need to replace the hard drive.
(b) I'm working on my computer now.
(c) Nothing on the market can match it.
(d) Mine's been performing well for years.

해석 M 앰버 테크 사의 새 컴퓨터는 정말 강력해.
　　　W _____
(a) 하드 드라이브를 교체해야 해.
(b) 지금 내 컴퓨터로 작업 중이야.
(c) **시장에 나온 그 어떤 것도 그것과 상대가 안 돼.**
(d) 내 것은 몇 년 동안 기능을 잘 하고 있어.

해설 어떤 회사의 새로운 컴퓨터 모델에 대해 칭찬을 하고 있으므로 이에 동의 또는 반박하거나 어떤 점이 뛰어난지 질문을 던지는 것이 자연스럽다. 따라서 동의하는 내용인 (c)가 알맞다. 동사 match에 '어울리다'라는 뜻 외에도 '맞먹다, 필적하다'라는 뜻이 있음에 주의한다. 다른 선택지는 모두 컴퓨터와 관련된 오답이다.

어휘 match 맞먹다, 필적하다

8

W George, we missed you at the meeting this morning.
M _____

(a) I'll be there as soon as I can.
(b) Great, thanks for letting me know.
(c) Sorry, something important came up.
(d) The one in the main conference room.

해석 W 조지, 오늘 아침 회의에서 당신을 못 봐서 아쉬웠어요.
　　　M _____
(a) 가능한 한 빨리 갈게요.
(b) 잘됐네요. 알려 줘서 고마워요.
(c) **미안해요. 중요한 일이 생겨서요.**
(d) 주 회의실에 있는 거요.

해설 남자가 오전 회의에 참석하지 않은 것을 언급했으므로 이에 대해 해명하는 것이 자연스럽다. 따라서 사정이 생겼다고 말하는 (c)가 알맞다. (a)와 (b)는 대화의 상황과 맞지 않으며, (d)는 meeting과 관련된 오답 함정이다.

어휘 come up 생기다, 발생하다 conference 회의, 학회, 컨퍼런스

9

M Something came up and I have to extend the trip an extra day.
W _____

(a) I didn't mean to add extra work.
(b) You can take your time, so don't worry.
(c) We were expecting to travel tomorrow.
(d) You'll have a great time over there.

해석 M 일이 생겨서 여행을 하루 더 늘려야겠어.
　　　W _____
(a) 추가 근무를 더하라는 뜻은 아니었어.
(b) **천천히 와도 되니까 걱정하지 마.**
(c) 우리는 내일 여행을 기대하고 있었어.
(d) 넌 거기서 즐거운 시간을 보낼 거야.

해설 일이 생겨 여행을 하루 더 늘려야겠다는 남자의 말에 대한 여자의 응답으로 가장 적절한 것은 걱정하지 않고 천천히 와도 된다고 안심시키는 (b)이다. (a)는 extra를 이용한 단어 반복 오답 함정이고, (c)는 travel을 이용한 오답 함정이다.

어휘 come up 생기다, 나타나다 extend 연장하다, 늘리다 extra work 시간 외 노동, 추가 근무 take one's time 시간을 갖고 하다

10

M What can I do if I want to return this product without paying a restocking fee?
W _____

(a) We refund only up to 30 days after purchase.
(b) You can return it directly to the manufacturer.
(c) I can give you an additional 10% discount.
(d) You can pay the fee by cash or credit.

해석 M 재입고 수수료를 내지 않고 이 제품을 반환하려면 어떻게 하나요?
W _____

(a) 저희는 구입 후 30일까지만 환불해 드립니다.
(b) 제조 회사로 직접 반환하실 수 있어요.
(c) 추가로 10퍼센트를 할인해 드리지요.
(d) 현찰이나 신용 카드로 요금을 내실 수 있어요.

해설 restocking fee란 물건을 반품할 때 내야 하는 비용을 말한다. 반환(return)하는 방법을 알려 준 것은 (b)밖에 없다. 다른 선택지 모두 매매 상황과 관련된 오답 함정이다.

어휘 **restock** 재고를 다시 채우다 **refund** 환불해 주다
manufacturer 제조사 **additional** 추가의

Part II
11

M Won't you come to the park with me?
W Sorry, but I'm really tied up.
M That's what you say every time.
W _____

(a) I'll be happy to visit the park.
(b) You can find it near First Street.
(c) The park's not open this time of year.
(d) Well, I guess I could take an hour off.

해석 M 나와 공원에 가지 않을래?
W 미안하지만 난 정말 바빠.
M 넌 매번 그 소리더라.
W _____

(a) 기꺼이 공원에 가겠어.
(b) 1번가 근처에서 그걸 찾을 수 있어.
(c) 연중 이 시기에 공원은 개장하지 않아.
(d) 음, 한 시간 정도는 쉴 수도 있을 것 같아.

해설 늘 바쁘다고 시간을 내주지 않는 여자에게 남자가 불평을 하고 있으므로 주어진 선택지 중에서는 여자가 입장을 바꾸어 남자의 청을 들어주는 (d)가 맞다. (a) 역시 공원에 가겠다는 내용이라 답으로 고르기 쉽지만 이는 마음을 바꾼 상황이 아닌 처음부터 가고자 할 때 자연스러운 표현이므로 부적합하다. (b)와 (c)는 상황과 맞지 않는다.

어휘 **tied up** 바쁜 **take ... off** ~ 동안 쉬다

12

M You've met Mr. Simons before, right?
W No, but a friend of mine has.
M Then, do you know much about him?
W _____

(a) That's what my friend was saying.
(b) I think you must be mistaken.
(c) Just that he's well respected.
(d) He's an old friend of mine.

해석 M 당신 시몬스 씨를 전에 만난 적이 있죠, 그렇죠?
W 아뇨. 제 친구 중 하나가 그를 만난 적이 있어요.
M 그럼 당신은 그분에 대해서 많이 알아요?
W _____

(a) 제 친구가 말했던 게 그거예요.
(b) 당신이 잘못 안 것 같은데요.
(c) 그가 존경받는 분이라는 것만요.
(d) 그는 내 오랜 친구 중 한 명이에요.

해설 여자가 시몬스 씨를 만난 적이 없으므로 그에 대해서 많이 알지 못할 것이라는 점을 짐작할 수 있다. 따라서 just를 이용해 특정한 점에 대해서만 안다고 한정하며 대답하는 (c)가 가장 자연스럽다. (b)는 누군가가 여자를 다른 사람으로 오인했을 때 할 수 있는 말이며, (d)는 시몬스 씨를 만난 적이 없다는 여자의 말과 상반되므로 답이 될 수 없다.

어휘 **mistake** 잘못 판단하다, 오해하다 **respected** 존경받는

13

W Did you see *Sky Runners* last night?
M Yeah, the effects were excellent!
W What did you think of the story?
M _____

(a) I'll say. How tremendous!
(b) Right, I loved them too.
(c) What a thrilling conclusion!
(d) I wasn't able to attend.

해석 W 어젯밤에 〈스카이 러너스〉 봤어요?
M 네. 효과가 훌륭했어요!
W 스토리는 어땠어요?
M _____

(a) 그럼요. 정말 굉장해요!
(b) 맞아요, 그것들도 좋았어요.
(c) 결말이 아주 긴장감 넘쳤어요!
(d) 참석할 수가 없었어요.

해설 영화의 줄거리에 대한 의견을 묻는 말이다. 영화의 줄거리에 대한 평으로 적절한 것은 '결말이 정말 긴장감이 넘쳤다'는 (c)의 말이다. (a)는 상대방의 말에 맞장구를 치며 대답하는 것이므로 여자의 질문에 대한 답으로는 적절하지 않고, (b)는 상대방의 말에 동감하며 하는 말이며 대명사 them의 수 일치 또한 맞지 않으므로 오답이다.

어휘 **effect** (영화의) 효과 **I'll say** 그럼요 **tremendous** 훌륭한
thrilling 소름이 끼치는, 두근거리게 하는 **conclusion** 결론

14

M Jenna, remember Tom Patterson?
W You'll have to refresh my memory.
M He works with Liam over at Formica.
W _____

(a) Tell me if they're hiring.
(b) Oh, yes, tall guy, blond hair.
(c) Yes, you're right about Formica.
(d) I'll let Tom know you're interested.

해석
M 제나, 톰 패터슨 기억해?
W 내 기억을 좀 되살려 줘야겠는데.
M 그는 포마이카에서 리암과 같이 근무해.
W _____

(a) 채용한다고 하면 알려 줘.
(b) 아, 그래, 금발의 키 큰 남자.
(c) 그래, 포마이카에 대해서 옳은 말이야.
(d) 톰에게 네가 관심이 있다고 알려 줄게.

해설 기억을 되살려 주기 위해 근무하는 곳과 동료의 이름을 알려 주는 말이다. 이 말을 듣고 기억이 나서 하는 말로 (b)가 자연스럽다. (c)는 상대방이 포마이카에 대해 낸 의견에 찬성하는 말로 쓸 수 있는 표현이다.

어휘 **refresh one's memory** 기억을 되살리다

15

M Can you help me out in the garden again tomorrow?
W Sure. When do you want to get started?
M What time is best for you?
W _____

(a) I'm always happy to help.
(b) My favorites are the tomatoes.
(c) I'm free most of the afternoon.
(d) I have a friend who can come by.

해석
M 내일 정원에서 또 도와줄 수 있니?
W 그럼. 언제 시작하고 싶은데?
M 넌 몇 시가 제일 좋아?
W _____

(a) 도와주는 건 언제나 행복해.
(b) 내가 좋아하는 건 토마토야.
(c) 오후 대부분은 한가해.
(d) 들을 수 있는 친구가 있어.

해설 정원에서 도와줄 시간으로 몇 시가 가장 좋은지 묻는 남자의 말에 대한 여자의 응답으로 가장 적절한 것은 자신이 가능한 시간을 이야기해 주는 (c)이다. (a)는 help를 이용한 단어 반복 오답 함정이다.

어휘 **help out** 도와주다   **get started** 시작하다   **come by** 들르다

16

W I'm so sorry I'm late, Professor Frommer.
M You know how I feel about tardiness, Samantha.
W Yes, and I promise it won't happen again.
M _____

(a) Sure, why don't we do that, then?
(b) You'll have to make up the assignment.
(c) It's amazing how prompt you are.
(d) Well, I'll let it pass this time.

해석
W 늦어서 죄송해요, 프로머 교수님.
M 내가 게으름에 대해 어떻게 생각하는지 알고 있지 않니, 사만다.
W 네, 다시는 이런 일이 없을 거라고 약속드려요.
M _____

(a) 좋아. 그렇다면 그렇게 해 보자.
(b) 과제물을 보완해야 할 거다.
(c) 네가 아주 시간을 잘 지켜 놀랍구나.
(d) 음, 이번에는 넘어가도록 하마.

해설 교수와의 약속에 학생이 늦은 상황이다. 다시는 늦지 않겠다고 약속하는 학생의 말에 대해 '이번에는 넘어가겠다'는 허락의 내용인 (d)가 가장 적절한 응답이다. (a)는 제안에 대한 동감의 표현이므로 적절하지 않다.

어휘 **tardiness** 지각, 느림   **make up** 보완하다, 보충하다   **assignment** 과제   **prompt** 시간을 엄수하는

17

M Excuse me. Where is the closest bus station?
W It's just a few blocks ahead on the right.
M You mean near that tall office building?
W _____

(a) The buses are running late today.
(b) The bus fare is very expensive these days.
(c) It's here in the neighborhood.
(d) Close. It's just a little beyond that.

해석
M 실례합니다. 가장 가까운 버스 정류장이 어디죠?
W 오른쪽 전방 몇 블록만 가면 돼요.
M 가까이에 저 높은 오피스 빌딩 말씀이신가요?
W _____

(a) 오늘은 버스가 늦게 다니네요.
(b) 요즘 버스 요금이 정말 비싸요.
(c) 동네 여기예요.
(d) 가까워요. 그보다 조금 더 가면 돼요.

해설 가장 가까운 버스 정류장을 묻는 남자에게 그 위치를 설명해 주는 여자의 응답으로 가장 적절한 것은 (d)이다. (a), (b) 모두 버스와 관련된 표현이지만 대화 상황과는 어울리지 않으며, (c)는 위치를 나타내고 있지만 문맥에 어울리지 않으므로 적절하지 않다.

어휘 **closest** 가장 가까운   **run** 다니다, 운행하다   **fare** 요금   **neighborhood** 동네, 이웃   **beyond** ~ 너머에

18

M Emily just keeps phoning me!
W She can't admit the relationship's over.
M I don't know how to make her understand.
W _____

(a) Tell her I'm keen about her.
(b) She probably just needs time.
(c) She's a very independent person.
(d) Maybe it's best to break up with her.

해석 M 에밀리가 계속 전화를 해요!
W 그녀는 관계가 끝났다는 것을 인정할 수 없군요.
M 어떻게 그녀를 이해시켜야 할지 모르겠어요.
W _____

(a) 그녀에게 제가 좋아한다고 말하세요.
(b) 그녀에게 시간이 필요한지도 몰라요.
(c) 그녀는 아주 독립적인 사람이에요.
(d) 그녀와 헤어지는 게 최선일 거예요.

해설 헤어진 후에도 계속 전화하는 여자에 대한 내용이다. 관계가 끝났다는 사실을 어떻게 이해시켜야 할지 모르겠다는 말에 대해 '그 여자에게 시간이 좀 필요한 것 같다'는 (b)가 적절한 응답이다. 이미 헤어진 상태이므로 (a)와 (d)는 답이 될 수 없다.

어휘 **relationship** 관계 **keen** ~을 아주 좋아하는 **break up with** ~와 헤어지다

19

W Will you please stop making that noise?
M What, chewing gum like this?
W It's really getting on my nerves.
M _____

(a) Sorry to be a nuisance.
(b) I'll try not to chew it up.
(c) I'll eat another type, then.
(d) I heard that noise as well.

해석 W 그 소음 좀 내지 말아 줄래?
M 뭐, 이렇게 껌을 씹는 것 말이야?
W 그게 정말 신경에 거슬려.
M _____

(a) 성가셨다면 미안해.
(b) 씹지 않도록 애써 볼게.
(c) 그럼 다른 종류를 먹을게.
(d) 나도 그 소음을 들었어.

해설 남자가 껌을 씹는 소리에 대해 여자가 불평하고 있으므로 남자가 사과를 하는 것이 자연스럽다. 따라서 사과를 하는 (a)가 답이다. (b)도 언뜻 답이 될 수 있을 것 같지만 '뱉을게'가 아닌 '씹지 않도록 애써 볼게'라는 응답은 껌을 씹는 행위와 전혀 어울리지 않는 말이므로 부적절하다.

어휘 **chew (up)** 씹다 **get on one's nerves** 신경을 건드리다 **nuisance** 성가신 것, 골칫거리

20

M We missed you at the party on Saturday.
W I was sad I couldn't be there. Something came up.
M Well, we're getting together again on Saturday.
W _____

(a) Tell everyone I'm having a party.
(b) I wish I'd been there to see it.
(c) Oh, I can definitely be there.
(d) I feel bad, but I had to work late.

해석 M 토요일 파티 때 너 보고 싶었는데.
W 거기 못 가서 슬펐어. 일이 생겼거든.
M 우리 토요일에 다시 모일 거야.
W _____

(a) 내가 파티를 연다고 모두에게 말해.
(b) 거기 가서 봤으면 했는데.
(c) 거기는 꼭 갈 수 있어.
(d) 미안해, 하지만 늦게까지 일해야 했어.

해설 일이 생겨 파티에 못 간 것을 슬퍼했다는 여자의 말로 볼 때, 토요일에 다시 모일 것이라는 소식을 전하는 남자의 말에 대한 여자의 응답으로 가장 적절한 것은 (c)이다. (a)는 party를 이용한 단어 반복 오답 함정이며, (b)는 앞의 대화만 들으면 언뜻 답이 될 수 있을 것 같으나 토요일에 다시 모일 거라는 남자의 말에 대한 응답으로 적절하지 않다.

어휘 **get together** 모이다, 만나다 **have a party** 파티를 열다 **definitely** 분명히, 꼭 **feel bad** 유감이다

Part III

21

Listen to a conversation between two friends.

M Are you and your boss getting along better?
W Yes, she agreed we have to hire an assistant.
M That'll really help lighten your workload.
W Ideally. But I worry she'll drag her feet filling the job.
M Well, you should bring it up regularly.
W I know. I just wish I didn't have to check on my own boss.

Q What is the main idea of the conversation?
(a) The woman worries she'll be replaced.
(b) The woman is annoyed with her supervisor.
(c) The man wants a position with the company.
(d) The man needs advice for a promotion.

68

해석 **두 친구의 대화를 들으시오.**
M 너 상사와는 좀 좋아졌어?
W 응. 우리가 보조 인력을 채용해야 한다는 것에 동의했어.
M 네 업무를 줄이는 데 꽤 도움이 되겠다.
W 이상적으론. 하지만 그 자리에 누군가를 고용하는 데 꾸물거릴 것 같아 걱정이야.
M 음, 주기적으로 언급을 해야겠네.
W 알지. 그냥 내가 내 상사를 확인하지 않으면 하고 바랄 뿐이야.
Q 대화의 요지는?
(a) 여자는 자신의 자리가 누군가에 의해 대체될까 걱정한다.
(b) 여자는 자신의 상사로 인해 마음이 상해 있다.
(c) 남자는 이 회사의 일자리를 원한다.
(d) 남자는 승진을 위해 조언을 필요로 한다.

해설 대화에서 여자가 자신의 업무량, 보조 직원 채용과 관련해 그녀의 상사와 그동안 잘 지내지 못했음을 짐작할 수 있다. 또 최근 상사가 보조 직원 채용에 동의했지만 상사가 시간을 질질 끌게 될 것을 걱정하는 것으로 미루어 보아 정답은 (b)가 가장 타당하다.

어휘 **get along with** ~와 잘 지내다 **hire** 고용하다 **lighten** (짐 따위를) 덜다, 가볍게 하다 **workload** 업무량 **drag one's feet** 꾸물거리다 **bring ... up** (화제를) 꺼내다 **replace** 대체하다 **be annoyed with** ~으로 마음이 상하다

22

Listen to a conversation between a representative and a customer.
M I'd like to exchange this shirt for another item.
W Is there a problem with it?
M No, I just realized it's not quite my style.
W I understand. Does it still have the tags on it?
M It does. It's never been worn.
W Great. Then I just need to see the receipt.

Q What are the man and woman mainly doing in the conversation?
(a) Agreeing about fashion preferences
(b) Reviewing items on sale in a shop
(c) Arranging the return of a purchase
(d) Choosing clothing for him to wear

해설 남자는 구매한 셔츠가 자신의 스타일과 맞지 않는다고 교환을 요구하고, 여자는 가격표가 붙어 있는지 확인하고 영수증을 보여 달라고 요구하는 등 교환 및 환불의 절차를 진행하고 있으므로 정답은 (c)가 알맞다.

어휘 **exchange** 교환하다 **tags** 가격표 **receipt** 영수증 **preferences** 선호도, 우선권

23

Listen to a conversation between two friends.
M I can't believe what Diana said to you.
W I know. It nearly brought me to tears.
M She's always been rude, but this was over the top.
W I'm not sure I can stand to be around her anymore.
M I don't blame you.
W It's a shame, because we used to be friends.

Q What are the man and woman mainly talking about?
(a) How Diana has no friends
(b) A rude remark from Diana
(c) A friend who was ashamed
(d) How it is rude to be insulting

해석 **두 친구의 대화를 들으시오.**
M 다이애나가 너에게 한 말을 믿을 수가 없어.
W 그래. 난 거의 울 뻔했다니까.
M 그 애는 늘 무례하긴 한데 이번엔 도가 지나쳤어.
W 더 이상 그 애 가까이 있는 걸 견딜 수 없을 것 같아.
M 무리도 아니지.
W 정말 유감이야. 우리는 친구였는데.
Q 남자와 여자가 주로 이야기하는 것은?
(a) 다이애나가 왜 친구가 없는지
(b) 다이애나에게서 들은 무례한 말
(c) 부끄러워한 친구
(d) 모욕적인 것이 얼마나 무례한지

해설 첫 번째 말에 유의해야 한다. 다이애나가 한 무례한 말 때문에 여자는 울 뻔했고, 원래 그렇긴 한데 이번에는 너무 심했다는 내용의 대화이다. 따라서 그들이 주로 이야기하는 것은 (b)이다. 여자의 마지막 말에서 친구였는데 유감이라고 했지만 다이애나가 친구가 없는 이유는 아니므로 (a)는 적절하지 않고, 다이애나에 대한 이야기이므로 광범위한 주제인 (d)도 답으로 적절하지 않다.

어휘 **bring ... to tears** ~을 울게 하다 **over the top** 도가 지나친, 상식을 넘어선 **I don't blame you** 그럴 만도 하다, 무리가 아니다 **insulting** 모욕적인

24

Listen to a conversation between two friends.

W Have you gotten all your books for the semester?
M Yes, I went to the bookstore this morning.
W Did you pick up the DVD for chemistry class?
M What DVD? Do we need one?
W It covers evolution and is on the syllabus.
M Well, looks like I'll have to go back and get it.

Q Which is correct about the man according to the conversation?
(a) He bought everything for the semester.
(b) He picked up a wrong DVD for class.
(c) He is not going to study chemistry.
(d) He will return to the bookstore.

해석 **두 친구의 대화를 들으시오.**
W 너 학기 수업을 위한 책을 모두 샀니?
M 응. 오늘 아침에 서점에 다녀왔어.
W 화학 수업을 위한 DVD도 샀어?
M 무슨 DVD? 그런 게 필요하니?
W 진화에 대해 다루고 있어. 강의 계획표에 있는데.
M 음, 다시 가서 그걸 사야 할 것 같네.
Q 대화에 의하면 남자에 대해 옳은 것은?
(a) 학기에 필요한 모든 것을 샀다.
(b) 수업에 맞지 않는 DVD를 샀다.
(c) 화학을 공부하지 않을 것이다.
(d) 서점으로 돌아갈 것이다.

해설 남자는 새 학기에 필요한 모든 책을 샀는데 화학 수업에 필요한 DVD에 대해서는 몰랐다. 남자의 마지막 말의 go back이 (d)에서 return으로 표현되었다. DVD의 필요 여부를 모르고 있었으므로 (b)는 답이 될 수 없고, (a)와 (c)는 대화의 내용과 상반된다.

어휘 **evolution** 진화 **syllabus** 강의 계획표

25

Listen to a conversation between two friends.

W My computer is acting strange, and I've got to finish this report.
M I know a little about computers. What's going on?
W I opened a spam email and now the screen is freezing up.
M You should turn it off right away and take it to a repair shop.
W Really? You think it's that bad? I guess I shouldn't chance it.
M Exactly. But I know a guy who's great with that type of equipment.

Q Which is correct according to the conversation?
(a) The woman can't find an important computer file.
(b) The man suggests the woman take action quickly.
(c) The woman doesn't have the equipment she needs.
(d) The man needs her report as soon as possible.

해석 **두 친구의 대화를 들으시오.**
W 내 컴퓨터가 이상하게 작동해. 이 리포트 끝내야 하는데.
M 컴퓨터에 대해 조금 아는데. 어떻게 된 거야?
W 스팸 메일을 열었는데 지금 화면이 먹통 상태야.
M 바로 끄고 수리점으로 가져가야겠는데.
W 정말? 그렇게 상태가 안 좋은 걸까? 운에 맡기면 안 되겠지.
M 그럼. 하지만 그런 장비류 아주 잘 다루는 녀석을 알아.
Q 대화에 의하면 옳은 것은?
(a) 여자는 중요한 컴퓨터 파일을 찾을 수 없다.
(b) 남자는 여자가 즉각 조치를 취하도록 제안한다.
(c) 여자는 필요한 장비를 갖고 있지 않다.
(d) 남자는 가능한 한 빨리 여자의 리포트가 필요하다.

해설 컴퓨터가 이상하게 작동한다며 상태를 이야기하는 여자에게 바로 컴퓨터를 끈 다음 수리점으로 가져가야겠다고 하는 남자의 말로 볼 때, 대화에 따른 내용으로 옳은 것은 (b)이다.

어휘 **act** 작동하다 **freeze up** 동결하다, 굳어지다 **chance it** 운에 맡기다 **equipment** 장비, 설비 **take action** 조치를 취하다

26

Listen to a conversation between a representative and a customer.

M I'm calling for Ms. Summers of Summers Cleaning Services.
W This is Judy Summers.
M Can you explain your recent hike in your cleaning fees?
W We've had to increase them to offset rising costs.
M The change seems a bit extreme.
W Believe me, we're not happy about it, either.

Q Which is correct according to the conversation?
(a) The man is looking for a new cleaning service.
(b) The woman's company has raised its prices.
(c) The woman is offering the man a discount.
(d) The man agrees with the increase in fees.

해석 **직원과 고객의 대화를 들으시오.**
M 서머스 클리닝 서비스의 서머스 씨와 통화하고 싶은데요.
W 제가 주디 서머스입니다.
M 최근의 그쪽 클리닝 요금 급등에 대해 설명해 주실 수 있나요?
W 비용 상승을 상쇄하기 위해서 요금을 올릴 수밖에 없었습니다.
M 변화가 조금 지나친 것 같아요.
W 믿어 주세요, 저희도 그 점에 대해서 마음이 편치 않습니다.
Q 대화에 의하면 옳은 것은?
(a) 남자는 새 클리닝 서비스 회사를 찾고 있다.
(b) 여자의 회사는 가격을 올렸다.
(c) 여자는 남자에게 할인을 제의하고 있다.
(d) 남자는 요금 상승에 대해 동의한다.

해설 남자는 최근 여자의 클리닝 서비스 회사가 요금을 올린 것에 대해 항의를 하고 있으며, 여자는 어쩔 수 없었다고 해명을 하고 있는 대화이다. 따라서 (b)가 알맞은 답이다. 대화 중 여자가 할인을 제공하거나 남자가 정책 변화에 동의한다든지, 다른 회사를 알아본다든지 하는 내용은 언급되지 않았으므로 나머지 보기는 답이 될 수 없다.

어휘 hike 대폭 인상   offset 상쇄하다   rising cost 비용 상승   extreme 지나친

27

Listen to a conversation between a representative and a customer.

W Excuse me, but I think there's a discrepancy on my bill.
M Alright, let me look into it. What seems to be the problem?
W For one thing, I didn't make the long-distance calls listed here.
M Ah, yes. It looks like we billed that to the wrong room.
W I thought so. And I didn't order the room service listed here.
M Miss, I'm sorry for the errors. Here's a coupon for a free breakfast.

Q Which is correct according to the conversation?
(a) The woman asked about extra hotel amenities.
(b) The man believes the fees were justified.
(c) The woman is disputing items on her bill.
(d) The man offered the woman a free stay next time.

해석 **직원과 고객의 대화를 들으시오.**
W 실례합니다만 제 계산서에 착오가 있는 것 같은데요.
M 알겠습니다. 확인해 볼게요. 무슨 문제이신 거죠?
W 우선 하나는 저는 여기 목록에 장거리 전화들을 걸지 않았어요.
M 아, 네. 저희가 다른 방에 비용을 잘못 청구했던 것 같네요.
W 그런 것 같았어요. 또 여기 목록에 룸서비스도 시키지 않았어요.
M 손님, 실수 죄송합니다. 여기 무료 아침 식사 쿠폰 받으세요.
Q 대화에 의하면 옳은 것은?
(a) 여자는 호텔의 또 다른 편의시설들에 대해 물었다.
(b) 남자는 요금들이 정당했다고 생각한다.
(c) 여자는 계산서 항목에 이의를 제기하고 있다.
(d) 남자는 여자에게 다음에 무료 숙박권을 제공했다.

해설 계산서에 명시된 장거리 전화를 걸지 않았고 룸서비스도 시키지 않았다고 이야기하며 뭔가 착오가 있다고 하는 여자의 말로 볼 때 대화에 따른 내용으로 옳은 것은 (c)이다. 남자가 실수라고 사과하므로 (b)는 오답이며, 무료 숙박권이 아니라 아침 식사 쿠폰을 제공하고 있으므로 (d)도 적절하지 않다.

어휘 discrepancy 착오, 불일치   bill 계산서, 비용을 청구하다   look into 알아보다, 확인해 보다   long-distance call 장거리 전화   amenity 편의시설   justified 정당한   dispute 반박하다, 이의를 제기하다

28

Listen to a conversation between a woman and her boss.

W Theodore, I know we're busy at the end of the year, but I'd like to take three days off after Christmas week.
M Let me take a look at the calendar. Do you mean from the 29th?
W Yes. I need the three days from the 29th to the 31st.
M Those are the days between the Christmas and New Year holidays. Alright, you can have those days off.
W Thanks. I'd like to go south and enjoy a warm Christmas with my family.
M I see. I'll find a backup for you for those three days.

Q Which is correct according to the conversation?
(a) The woman wants to go on vacation before Christmas.
(b) The woman will take a long vacation after Christmas.
(c) The man will work in place of the woman during her vacation.
(d) The man does not want the woman to take any time off.

해석 여자와 여자의 상사의 대화를 들으시오.
W 시어도어, 연말이라 바쁜 건 알지만 성탄절 주간 후에 3일을 쉬고 싶어서요.
M 달력 좀 보고요. 29일부터를 말하는 건가요?
W 네. 29일부터 31일까지 3일을 쉬고 싶어요.
M 성탄절 연휴와 신년 연휴 사이네요. 좋아요. 그때 쉬세요.
W 감사해요. 남쪽으로 가서 가족과 함께 따뜻한 성탄절을 즐기려고요.
M 알겠어요. 그 3일 동안 대신해 줄 사람을 찾아보지요.
Q 대화에 의하면 옳은 것은?
(a) 여자는 성탄절 전에 휴가를 가고 싶어 한다.
(b) 여자는 성탄절부터 긴 휴가를 갈 것이다.
(c) 남자는 여자가 휴가 간 동안 일을 대신해 줄 것이다.
(d) 남자는 여자가 휴가 가기를 원하지 않는다.

해설 여자의 일을 대신할 사람을 찾겠다는 남자의 말에 미루어 남자가 여자의 휴가를 허락했음을 짐작할 수 있다. 결국 여자는 성탄절 이후부터 신년 연휴까지 긴 휴가를 갈 수 있게 되었으므로 정답은 (b)이다. 남자가 여자의 일을 대신하는 것이 아니라 대신할 사람을 찾는다고 했으므로 (c)는 오답이다.

어휘 **backup** 지원자, 대리인　**take time off** 휴가를 내다
in place of ~을 대신해서

29

Listen to a conversation between a professor and a student.

M Sorry, I missed class yesterday, Professor. I had a nasty cold.
W That's OK. We all get sick.
M Thanks. Anyway, what did I miss?
W We covered the chapter 6 reading, and I assigned an essay.
M Great. I've done the reading, so I just need the assignment.
W I put the details online.

Q What can be inferred from the conversation?
(a) The man has completed the essay.
(b) The woman will not penalize the man.
(c) The woman doubts the man has done the reading.
(d) The man hopes to be excused from the assignment.

해석 교수와 학생의 대화를 들으시오.
M 교수님, 어제 수업에 빠져서 죄송해요. 심한 감기에 걸렸었어요.
W 괜찮다. 모두들 아프곤 하니까.
M 감사합니다. 그런데 제가 뭘 놓쳤죠?
W 6장의 읽을거리에 대해 다루었고 에세이 한 편을 숙제로 냈다.
M 잘됐네요. 읽기 자료는 이미 읽었으니 숙제만 하면 되겠어요.
W 세부 사항은 온라인에 올려놓았다.
Q 대화에서 추론할 수 있는 것은?
(a) 남자는 에세이를 끝마쳤다.
(b) 여자는 남자에게 벌을 주지 않을 것이다.
(c) 여자는 남자가 읽기를 마쳤는지 의심한다.
(d) 남자는 숙제를 면제받기를 희망한다.

해설 남자가 수업에 빠져 수업 내용을 교수에게 묻는 수업에서 다룬 읽기 자료는 모두 읽었으니 과제만 하면 되어서 좋아하는 내용의 대화이다. 수업을 빠진 것에 대해 교수가 개의치 않고 있으므로 답은 (b)이다. 에세이를 끝마친 것이 아니라 읽기 자료만 읽은 것이므로 (a)는 답이 될 수 없으며 (c), (d)는 대화 내용과 일치하지 않는다.

어휘 **nasty cold** 심한 감기　**assign** 부과하다　**penalize** 벌을 주다

30

Listen to a conversation about a business idea.

W Have I told you my latest business idea?
M No, what is it?
W Fashion bandages—band-aids with hip designs on them!
M That's certainly an original idea.
W All I need is some startup capital to create prototypes.
M I might be able to help you out.

Q What can be inferred from the conversation?
(a) The woman runs a fashion firm.
(b) The man would consider investing.
(c) The woman has made many inventions.
(d) The man is skeptical of the band-aid idea.

해석 사업 아이디어에 대한 대화를 들으시오.
W 제가 당신에게 저의 최신 사업 아이디어에 대해 말해 줬던가요?
M 아뇨, 어떤 건데요?
W 패션 밴드, 즉 위에 멋진 디자인을 입힌 1회용 밴드요!
M 그거 정말 독창적인 발상인데요.
W 원형을 만들기 위한 초기 자본만 좀 있으면 되는데 말이에요.
M 제가 당신을 좀 도울 수 있을지도 모르겠네요.
Q 대화에서 추론할 수 있는 것은?
(a) 여자는 패션 회사를 운영하고 있다.
(b) 남자는 투자를 고려할 수도 있다.
(c) 여자는 많은 발명품을 만들어냈다.
(d) 남자는 1회용 밴드 아이디어에 회의적이다.

해설 여자가 낸 사업 아이디어에 대해 남자가 멋진 발상이라고 격려를 하고 있고, 자금 부족으로 고민하는 여자를 도울 수 있을 것 같다고 했으므로 남자가 여자에게 금전적인 투자를 고려할 것임을 추론할 수 있다. 따라서 답은 (b)이다. 대화 내용으로 (a)나 (c)는 추론할 수 없고, (d)는 대화 내용과 상반되므로 답이 될 수 없다.

어휘 **bandage** 일회용 밴드(=band-aid) **hip** 유행에 밝은 **startup capital** 착수 자금 **prototype** 원형 **skeptical** 회의적인

Part IV

31

I want to turn now to a method of art that relies heavily on discarded materials. The Nigerian artist El Anatsui, for example, uses discarded beer bottle caps to create giant tapestries. The materials are not just cheap and easy to find, but they represent a political concern—how conflicts in Nigeria have left the population poor and unemployed, causing many men to drink heavily. The use of so many beer bottle caps in his work is meant to reveal the scale of the problem.

Q What is the talk mainly about?
(a) How an artist is helping his local environment
(b) The troubled political climate in Nigeria
(c) Benefits of using discarded items in artwork
(d) The materials of an artwork as a part of its message

해석 이제 버려진 물건에 많이 의존하는 예술의 한 방법을 볼 차례입니다. 예를 들어, 나이지리아의 예술가인 엘 아나추이 씨는 버려진 맥주병 뚜껑으로 거대한 태피스트리를 만들었습니다. 병뚜껑은 저렴할 뿐 아니라 쉽게 찾아 볼 수 있는 물건이지만, 또한 이 병뚜껑은 나이지리아의 갈등 때문에 국민들이 가난하며 일자리를 찾지 못해 많은 사람들이 상당한 양의 알코올을 섭취하고 있다는 것을 보여주는 정치 상황에 대한 우려를 표현하는 물건이기도 합니다. 그의 작품에 쓰인 그 많은 맥주병 뚜껑은 문제의 규모를 표현하고 있는 것입니다.
Q 담화의 주요 내용은?
(a) 어떻게 예술가가 그의 지역 환경을 돕고 있는가
(b) 문제가 많은 나이지리아의 정치 풍토
(c) 버려진 물건을 예술 작품에 활용함으로써 생기는 이익
(d) 메시지의 일부로서 예술 작품의 재료

해설 나이지리아의 예술가는 버려진 물건을 가지고 만든 예술 작품을 통해 나이지리아의 상황을 표현하였으므로 정답은 (d)가 적절하다. 버려진 물건을 활용함으로써 부가적으로 이익이 생기는 게 아니라 버려진 물건을 통해 메시지를 전하고 있는 것이므로 (c)는 오답이다.

어휘 **rely on** ~에 의존하다 **discarded** 버려진 **tapestry** 태피스트리(벽걸이 융단) **conflict** 충돌 **unemployed** 실직의 **reveal** 발설하다, 나타내다 **scale** 스케일, 규모

32

The anti-piracy strategies of Hollywood film studios have impeded retailers' efforts to sell movies online. In making their films unable to be copied, studios rendered them unplayable on most devices. The film industry, however, is setting a new course with the release of a new platform for distributing online content. The new technology, called Ultraviolet, is expected to be compatible with most electronic devices, so it should be possible to download films onto smartphones, computers, televisions, and set-top units while still preventing film piracy.

Q What is the main idea about Ultraviolet in the talk?
(a) It will prevent the illegal downloading of films.
(b) It may not operate on all types of media devices.
(c) It is a universally compatible digital movie format.
(d) It was specifically designed for the movie industry.

해석 불법 복제를 막기 위한 할리우드 영화사들의 전략은 영화를 온라인으로 판매하고자 하는 소매상들의 노력에 걸림돌이 되었습니다. 영화 복제를 방지하기 위해 영화사들은 영화들이 대부분의 장치에서 재생되지 못하도록 만들었습니다. 그러나 영화 업계는 온라인 콘텐츠를 유통시키기 위한 새로운 플랫폼을 배포하며 새롭게 진행해 가고 있습니다. 울트라바이올렛으로 불리는 새로운 기술은 대부분의 전자 장치와 호환이 가능할 걸로 예상되며, 따라서 영화 불법 복제는 막되 스마트폰, 컴퓨터, 텔레비전, 셋톱 장치들에 다운로드하는 것이 가능하게 될 것입니다.

Q 담화에서 울트라바이올렛에 대한 요지는?
(a) 불법적인 영화 다운로드를 막을 것이다.
(b) 모든 종류의 미디어 장치에서는 작동하지 않을지도 모른다.
(c) 보편적으로 호환이 가능한 디지털 영화 포맷이다.
(d) 영화 업계를 위해 특별히 고안되었다.

해설 영화업계가 영화 불법 복제를 막기 위해서 재생 가능한 장치를 제한했던 예전과 달리, 요즘은 모든 전자 장치에 온라인 다운로드가 가능하도록 하는 기술, 즉 울트라바이올렛을 개발하는 쪽으로 방향을 바꿨다는 내용이므로 (c)가 알맞은 답이다. (b)는 담화 내용과 상반되며, (d)는 담화의 요지로는 부족하여 답이 될 수 없다.

어휘 **piracy** 저작권 침해, 불법 복제 **impede** 방해하다 **retailer** 소매업자 **render** (어떤 상태가 되게) 만들다 **release** 공개, 발표 **platform** 플랫폼(사용 기반이 되는 컴퓨터 시스템이나 소프트웨어) **distribute** 유통시키다 **compatible** 호환이 되는 **set-top** 셋톱 박스처럼 장치에 얹어 놓고 쓰는

33

Researchers at Massachusetts General Hospital recently published their findings regarding a new cancer marker that may ultimately facilitate earlier detection. While analyzing RNA molecules from tumors, the researchers stumbled on a previously unrecognized feature of cancer cells, called "satellites." Basically long segments of repetitive RNA sequences, these satellites are, presumably, unique to cancer cells. Not only that, they also seem to be universal among all different types of cancer.

Q What is the main idea about RNA satellites in the talk?
(a) They were discovered completely by accident.
(b) They only rarely appear in healthy cells.
(c) They are specific to one type of cancer.
(d) They may aid early diagnosis of cancer.

해석 매사추세츠 종합 병원의 과학자들은 궁극적으로 더 일찍 발견을 가능하게 해 줄 수도 있는 새로운 암 표지에 관해 알아낸 사실을 최근에 발표했습니다. 종양으로부터 얻은 RNA 분자들을 분석하던 중, 과학자들은 '위성'이라 불리는 전에는 발견하지 못했던 암세포의 특징을 우연히 발견하게 되었습니다. 기본적으로 반복 RNA 서열의 긴 부분인 이 위성들은 짐작하건대 암세포에만 독특하게 존재한다고 보입니다. 그뿐만이 아니라, 위성들은 모든 다른 종류의 암에도 보편적으로 존재하는 것 같습니다.

Q 담화에서 RNA 위성에 대한 요지는?
(a) 전적으로 우연히 발견되었다.
(b) 건강한 세포에서는 거의 발견되지 않는다.
(c) 한 종류의 암에만 특정하게 존재한다.
(d) 암의 조기 진단을 도울 수도 있다.

해설 담화의 첫 부분에서 RNA 위성들이 조기 암 진단을 도와줄 수 있는 표지가 된다고 했으므로 (d)가 알맞은 답이다. (a)와 (b)도 RNA 위성에 대해서 옳은 진술이기는 하지만 담화 전체에서 다루는 RNA 위성 발견의 의의를 담고 있지 못하므로 답이 될 수 없다. (c)는 담화 내용과 상반된다.

어휘 **marker** 표시, 표지 **ultimately** 궁극적으로, 근본적으로 **facilitate** 가능하게 하다 **detection** 발견, 탐지 **molecule** 분자 **tumor** 종양 **stumble on** ~을 우연히 발견하다 **segment** 부분 **presumably** 아마, 짐작하건대 **universal** 보편적인, 일반적인 **specific to** ~에 특유한 **diagnosis** 진단

34

Belmont Area Transit has begun rolling out new policies that riders may want to acquaint themselves with before boarding their next bus. An attempt to simplify the fare structure will result in a minor price increase for certain routes, though other routes will cost slightly less. There will now be only two fare categories Local and Express. The normal rate of $1.00 per ride applies to all travel on routes designated Local, while trips on Express buses will now cost $2.00.

Q Which is correct according to the news report?
(a) Passengers have to face a more complicated fare structure.
(b) All Belmont Area Transit fares will increase somewhat.
(c) Express fares will cost $2.00 more than Local fares.
(d) Single-ride fares on Local buses will cost $1.00.

해석 벨몬트 애리어 트랜짓은 승객들이 다음 버스를 타기 전에 미리 이해해 두고자 할 새로운 정책들을 도입하기 시작했습니다. 요금 구조를 단순화하려는 시도는 일부 경로는 조금 요금이 내리겠지만 일부 노선은 소폭 요금 상승을 가져올 것입니다. 이제 완행과 급행 두 가지 요금 범주만 남을 예정입니다. 탑승 당 1달러의 정상 요금은 완행으로 지정된 모든 경로의 이동에 적용되고, 급행버스의 탑승은 이제 2달러가 될 예정입니다.

Q 뉴스 보도에 의하면 옳은 것은?
(a) 승객들은 더 복잡한 요금 구조에 직면해야 한다.
(b) 모든 벨몬트 애리어 트랜짓 요금은 어느 정도 오를 것이다.
(c) 급행 요금은 완행 요금보다 2달러가 더 들 것이다.
(d) 완행버스의 1회 탑승 요금은 1달러가 될 것이다.

해설 벨몬트 애리어 트랜짓은 요금 구조를 1회 탑승당 1달러인 완행과 2달러인 급행 두 가지로 단순하게 조정할 예정이고, 그 결과 일부 노선의 요금은 상승하고 일부는 하락할 것이라고 했다. 따라서 (d)가 정답이다. (a)는 요금 구조를 단순화하려는 시도라는 담화의 내용과 상반되며, 일부 요금은 오르고 일부 요금은 내린다고 했으므로 (b) 또한 담화의 내용과 일치하지 않는다.

어휘 roll out (새로운 정책 등을) 시작하다   acquaint A with B A에게 B를 충분히 이해시키다   route 노선   category 범주   local 완행버스   designate 지정하다

35

Beneath the Pacific Ocean lies a vast tectonic plate of 103 million square kilometers. This huge Pacific Plate is slowly making its way northwest, scraping along the neighboring North American Plate as it moves. As the two abrade, earthquakes occur along the boundary. It's a zone of tectonic activity known as a fault, or, more specifically, a transform fault—a place where two plates slide past one another. The name of this volatile border between the Pacific and North American Plates is the San Andreas Fault.

Q Which is correct according to the lecture?
(a) The Pacific Plate is 103 million square miles in size.
(b) The North American Plate is moving northwest.
(c) Transform faults have less earthquake activity.
(d) The San Andreas Fault is a transform fault.

해석 태평양 아래에 1억 3백만 제곱킬로미터의 광대한 지각 판이 놓여있습니다. 이 거대한 태평양판은 천천히 북서쪽으로 나아가는데, 이동하면서 인접한 북아메리카 판을 마찰하며 지나갑니다. 두 판이 마멸되면서 경계면을 따라 지진이 발생합니다. 이는 단층, 또는 보다 명확하게는 변환 단층이라고 알려진 지체 구조 활동 지대인데, 두 개의 판이 서로를 미끄러져 지나가는 장소입니다. 태평양판과 북아메리카 판 사이의 이 불안한 경계의 이름은 산 안드레아스 단층입니다.

Q 강연에 의하면 옳은 것은?
(a) 태평양판은 크기가 1억 3백만 평방 마일이다.
(b) 북아메리카 판은 북서쪽으로 이동하고 있다.
(c) 변환 단층에는 지진 활동이 덜 하다.
(d) 산 안드레아스 단층은 변환 단층이다.

해설 태평양판은 1억 3백만 평방 마일이 아니라 제곱킬로미터이므로 (a)는 오답이며, 태평양판이 북쪽으로 움직이면서 북아메리카 판과 서로 침식하는 것이므로 같은 북서쪽 방향이 될 수 없으므로 (b) 또한 오답이다. 변환 단층은 경계면으로서 지진 활동이 일어나는 곳이며, 산 안드레아스 단층은 변환 단층이라고 했으므로 옳은 것은 (d)뿐이다.

어휘 tectonic plate 지각 판   square kilometer 제곱킬로미터   scrape 스쳐 지나다   abrade 침식하다, 문질러 닳게 하다   volatile 불안한, 폭발하기 쉬운   fault 단층   transform fault 변환 단층

36

For centuries, camel caravans have traversed the blistering sands of the Sahara between Timbuktu in central Mali and the salt mines of Taoudenni in north Mali. However, this particular tradition has come under growing threat from climate change. With every passing year, the impact of drought becomes more acutely felt. Nowadays, caravans can't always complete the journey because the camels can't find enough to drink. As a result, people are trading their camels in for trucks.

Q What can be inferred from the lecture?
(a) Very few camels remain in the northern Mali region.
(b) There used to be more sources of water along the route.
(c) Transportation by truck is more costly than camel caravans.
(d) Climate change has affected northern Mali more than southern Mali.

해석 수 세기 동안 낙타 대상들은 말리 중앙의 팀북투와 말리 북부의 타우데니 소금 광산 사이의 지독히도 더운 사하라 사막을 횡단해 왔습니다. 그러나 이 특별한 전통은 기후 변화로 인해 늘어나는 위협에 처해 있습니다. 해마다 가뭄의 영향이 더 강렬하게 체감됩니다. 요즘에는, 낙타들이 충분히 마실 물을 찾지 못하기 때문에 대상들이 여정을 매번 끝마칠 수 없습니다. 그 결과, 사람들은 낙타를 팔아 트럭을 사고 있습니다.
Q 강연에서 추론할 수 있는 것은?
(a) 말리 북부 지역에 낙타가 극소수가 남아 있다.
(b) 예전에는 횡단 경로를 따라 더 많은 수원(水原)이 있었다.
(c) 트럭에 의한 운송이 낙타 대상보다 더 비용이 많이 든다.
(d) 기후 변화가 말리 남부보다 말리 북부에 더 영향을 미쳤다.

해설 기후 변화로 인해 사막에서 낙타들이 마실 수 있는 물 공급이 줄어들어 낙타를 통한 운송이 트럭 운송으로 바뀌고 있다는 내용이므로, 예전에는 낙타 이동 시 물 공급이 더 많았음을 추론할 수 있다. 따라서 답은 (b)이다. 강연 말미에, 낙타를 팔아 트럭을 산다는 내용이 나오긴 했지만 (a)는 지나친 추측이다.

어휘 caravan (사막을 건너는) 대상 traverse 횡단하다 blistering 지독히 더운 salt mine 소금 광산, 암염 산지 drought 가뭄 acutely 강렬하게 trade in (쓰던 물건을 웃돈을 주고) 신품과 바꾸다

Part V

37~38

In accordance with the state's health and safety code, employees must be notified of the presence of asbestos-containing materials on campus. Because Waterman Hall was constructed prior to 1981, all floor tiles, laboratory surfaces, and insulation materials in the building must be presumed to contain asbestos. So all Waterman employees should follow appropriate work practices in order to avoid disturbing asbestos-containing materials. As you know, asbestos fibers are most harmful when airborne. We can minimize our health risk by leaving asbestos-containing materials undisturbed. Microscopic asbestos fibers are invisible to the naked eye, so it is easy to inhale or swallow the dust without even realizing it. Symptoms like inflammation, scarring and genetic damage appears years after exposure to asbestos dusts. Accordingly, we are decided to hire an asbestos abatement company, which is the wisest and safest way to remove materials containing asbestos from our buildings. The asbestos abatement company will go into work from next week. Please, don't do anything yourself before the company starts the right abatement removal work. We ask for your cooperation. For more information, visit this web site: www.waterman.com.

Q37 What is the purpose of the announcement?
(a) To urge employees not to use asbestos.
(b) To explain how to remove asbestos from office materials.
(c) To inform employees of hazardous properties of asbestos.
(d) To notify employees of some cautions about asbestos materials.

Q38 What can be inferred from the announcement?
(a) Future health problems are guaranteed because of asbestos.
(b) Waterman Hall is one of the newest buildings on campus.
(c) Buildings erected after 1981 usually will not contain asbestos.
(d) Some employees will consider leaving Waterman Hall.

해석 정부의 건강 및 안전 규범에 따라, 직원들은 교내에 석면 함유 물질의 존재 유무에 대해 통지를 받아야 합니다. 워터만 홀은 1981년 이전에 건축되었기 때문에 모든 바닥 타일과 실험실 작업대와 건물 내 단열 처리재가 석면을 함유하고 있을 것으로 추정됩니다. 그러므로 워터만의 전 직원은 석면 함유 물질 비산을 방지하도록 적절한 업무 지침을 따라야 합니다. 아시다시피, 석면 섬유는 공기 중에 비산될 때 가장 해롭습니다. 석면 함유 물질이 비산되지 않도록 함으로써 건강상의 위험을 최소화할 수 있습니다. 미세한 석면섬유는 육안으로는 볼 수 없어서 의도치 않게 흡입하거나 삼키기가 쉽습니다. 염증, 흉터 그리고 유전적 손상과 같은 증상들은 석면분진에 노출되고 수년 후에 나타납니다. 따라서 우리는 석면제거회사를 고용하기로 결심했습니다. 그것이 우리건물에서 석면을 포함하는 자재를 제거하는 가장 현명하고 안전한 방법이기 때문입니다. 석면제거회사는 다음 주부터 작업에 들어갈 예정입니다. 석면제거회사가 적절한 석면제거작업을 시작하기 전에 스스로 어떤 것도 하지 말아 주시기 바랍니다. 우리는 여러분의 협조를 바랍니다. www.waterman.com 에서 더 많은 정보를 얻을 수 있습니다.

Q37 안내문의 목적은 무엇인가?
(a) 직원들에게 석면을 사용하지 말 것을 권고하기 위해서
(b) 사무실자재에서 석면을 제거하는 방법을 설명하기 위해서
(c) 직원들에게 석면의 위험한 특성에 대해서 알리기 위해서
(d) 직원들에게 석면으로 된 자재들에 대한 몇 가지 주의사항을 통지하기 위해서

해설 글의 전반부에 1981년 이전에 건축되었기 때문에 모든 바닥 타일과 실험실 작업대와 건물 내 단열 처리재가 석면을 함유하고 있을 것으로 추정된다고 하면서 워터만의 전 직원들은 석면 함유 물질 비산을 방지하도록 적절한 업무 지침을 따를 것을 요청하고 있고, 석면이 건강에 미치는 위험성을 설명하면서 석면제거회사가 석면제거작업을 하기 전에 스스로 어떤 것도 하지 말아 주시기 바랄 것을 요청하고 있으므로 정답은 (d)이다.

Q38 안내에서 추론할 수 있는 것은?
(a) 석면 때문에 앞으로 건강상의 문제가 확실시된다.
(b) 워터만 홀은 학내에서 가장 최신 건물 중의 하나이다.
(c) 1981년 이후에 세워진 건물들은 보통 석면을 포함하지 않을 것이다.
(d) 일부 직원들은 워터만 홀을 떠날 것을 고려해야 한다.

해설 석면 자재로 지어진 기존 건물의 위험성과 관리에 대한 내용이다. 워터만 홀은 1981년 이전에 건축되어 다수의 석면 함유 자재가 있다는 점을 우려하고 있으므로 (C)를 추론할 수 있다.

어휘 in accordance with ~에 따라 notify A of B A에게 B를 통지하다 asbestos 석면 prior to ~이전에 surface 작업대 insulation 단열 presume 추정하다 disturb 휘저어 놓다 fiber 섬유 airborne 공기로 운반되는 erect 세우다 microscopic 미세한 invisible 눈에 보이지 않는 inhale 숨을 들이마시다 swallow 삼키다 inflammation 염증 scarring 흉터 asbestos abatement company 석면제거회사

39~40

Although data pertaining to women and migration is generally inadequate, certain details about female migrants are clear. For one thing, migrant women contribute economically to their adopted countries and to their countries of origin through the transfer of earnings. For many families in developing countries, financial contributions in the form of remittance from female migrants remain a significant source of income. In fact, female migrants remit approximately the same amount of money to their family as male migrants. What is more surprising about their remittances is that women tend to send a higher proportion of their income despite their earning less than men. Additionally, these women may influence their culture of origin by spreading new beliefs about the rights and roles of women. At the global level, the migration of women is essential to service-sector jobs, in particular, to the health and care economy, carrying out household chores and caring for the growing number of elderly and disabled people. This has led women to take up higher-status and better-paying jobs.

Q39 Which is correct about migrant women according to the lecture?
(a) They have been well studied by researchers.
(b) They contribute financially to their countries of origin.
(c) They often rely on money from home countries.
(d) They quickly adopt customs of their adopted countries.

Q40 Which sector do female migrants mostly contribute to?
(a) The field of education
(b) The health care industry
(c) The area of trade finance
(d) The field of public services

해석 　여성과 이주에 관련된 자료는 대개 불충분하지만 여성 이주자들에 대한 특정 세부 사항들은 명확합니다. 그 한가지로, 이주 여성들은 소득 이전을 통해 그들의 제2의 조국과 모국에 모두 경제적으로 기여하고 있습니다. 개발도상국의 많은 가정들에 있어 여성 이주자들로부터의 송금 형태의 경제적 기여는 수입의 상당한 원천이 되고 있습니다. 사실상, 여성 이주자들은 남성 이주자와 거의 동일한 금액을 그들의 가족에게 보내고 있습니다. 그들의 송금에 관해 더 놀라운 것은 여성들이 남성보다 더 적은 소득에도 불구하고 더 높은 금액을 보내는 경향이 있다는 것입니다. 게다가 이런 여성들은 여성의 권리와 역할에 대한 새로운 생각들을 전파함으로써 모국의 문화에도 영향을 끼칠지 모릅니다. 세계적으로 여성의 이주는 서비스 분야의 직종에 중요하며, 특히 집안일을 하고, 점점 더 증가하는 노인과 장애인을 돌보는 건강관리부분에 두드러집니다. 이러한 상황은 여성들이 더 높은 지위와 더 나은 수입을 위한 직업에 종사하도록 했습니다.

Q39 　강연에 의하면 이주 여성에 대해 옳은 것은?
(a) 과학자들에 의해 잘 연구되었다.
(b) 모국에 재정적으로 기여한다.
(c) 종종 모국으로부터 오는 돈에 의지한다.
(d) 제2의 조국의 관습을 빨리 받아들인다.

해설 　이주 여성들이 이주한 나라로부터의 소득을 출생국에 송금함으로써 경제적으로 기여를 하고 있다는 내용이 강연의 주요 요지이므로 (b)가 정답이다. 일반적으로 몇몇 특정 세부 사항을 제외하고는 이주 여성에 대한 자료가 불충분하다고 했고, 이주한 국가의 소득을 모국에 송금한다고 했으므로 (a), (c)는 강연 내용과 상반된다.

Q40 　이주 여성들은 주로 어떤 분야에 기여하고 있는가?
(a) 교육 분야
(b) 건강관리 산업
(c) 무역금융 분야
(d) 공공 분야

해설 　세계적으로 여성의 이주는 서비스 분야의 직종에 중요하며, 특히 집안일을 하고, 노인과 장애인을 돌보는 건강관리 분야에서 두드러진다고 했으므로 정답은 (b)가 적절하다.

어휘 　**pertain to** ~와 관련되다　**migration** 이주　**inadequate** 불충분한　**migrant** 이주자　**contribute to** ~에 기여하다　**adopted country** 제2의 조국　**country of origin** 본국, 출신국　**transfer** 이동　**earnings** 소득, 수입　**remittance** 송금, 송금액　**remit** 송금하다　**status** 지위

ACTUAL TEST 5

P. 118

PART I
1 (b)　2 (d)　3 (d)　4 (b)　5 (c)
6 (d)　7 (a)　8 (c)　9 (d)　10 (c)

PART II
11 (d)　12 (d)　13 (d)　14 (a)　15 (d)
16 (a)　17 (d)　18 (d)　19 (a)　20 (d)

PART III
21 (b)　22 (c)　23 (a)　24 (d)　25 (d)
26 (a)　27 (a)　28 (d)　29 (c)　30 (b)

PART IV
31 (a)　32 (c)　33 (d)　34 (d)　35 (b)
36 (c)

PART V
37 (c)　38 (c)　39 (b)　40 (a)

Part I

1

M　Who are you trying to reach?
W　_____

(a) My name is Edgar Lee.
(b) Extension 9890, please.
(c) That would be great, thanks.
(d) As long as it's not any trouble.

해석 　M 누구와 통화하시려 하나요?
　　　W _____
(a) 제 이름은 에드거 리입니다.
(b) 내선번호 9890 부탁합니다.
(c) 그러면 좋겠네요, 고마워요.
(d) 문제가 되지 않는다면요.

해설 　전화 통화에서 누구에게 전화를 걸었는지 묻는 말로 '누구를 찾으세요?'라는 뜻의 Who are you calling?/ Who would you like to speak to?와 같은 표현이 있다. 따라서 통화하고자 하는 사람이나 연결 내선 번호를 알려 주는 응답이 적절하므로 (b)가 자연스럽다.

어휘 　**extension** 내선

2

W Somebody hit my parked car and ran away.
M _____

(a) I'm sorry, but this parking lot is full.
(b) You can park anywhere along the curb.
(c) My car is being kept in the garage.
(d) You'd better report it to the police.

해석 W 누군가 주차해 놓은 제 차를 치고 도망갔어요.
　　　M _____
　　　(a) 죄송합니다만 이 주차장은 꽉 찼어요.
　　　(b) 연석을 따라 아무 곳에나 주차하시면 돼요.
　　　(c) 제 차는 차고에 보관 중입니다.
　　　(d) 경찰에 신고하는 게 좋겠어요.

해설 사고를 당한 상황이므로 (d)와 같이 경찰에 신고하도록 권하는 것이 가장 자연스럽다. 나머지 선택지 모두 여자의 말에 언급된 주차(park)에 관한 오답 함정이다.

어휘 **run away** 달아나다 **parking lot** 주차장 **curb** (인도와 차도 사이의) 연석 **garage** 차고

3

W It's time for me to get in shape.
M _____

(a) About 30 minutes a day.
(b) I've been working out.
(c) No, at the gym downtown.
(d) You should hire a trainer.

해석 W 몸을 건강하게 만들어야 할 때예요.
　　　M _____
　　　(a) 하루에 약 30분씩이요.
　　　(b) 운동을 해 오고 있었어요.
　　　(c) 아니요, 시내 헬스장에서요.
　　　(d) 트레이너를 고용하셔야 해요.

해설 It's time to부정사 '이제 ~할 때이다, ~할 시간이다'라는 뜻인데 It's about time과 같은 어구이다. 몸을 건강하게 만들겠다는 말에 대해 트레이너에게 지도를 받아서 몸을 만들라는 (d)의 조언이 가장 적절한 응답이다. 여자가 자신의 몸을 건강하게 만든다고 했으므로 남자가 운동을 해 오고 있다는 (b)의 대답은 오답이다.

어휘 **work out** 운동하다 **trainer** 운동 트레이너

4

M Your help on the Fuller account was much appreciated.
W _____

(a) Take some time to mull it over.
(b) I just wish I could've done more.
(c) Give me a shout when you're ready.
(d) Their operation is running smoothly.

해석 M 풀러 계정과 관련해 당신의 도움에 정말 감사드려요.
　　　W _____
　　　(a) 시간을 좀 들여서 그것에 대해 숙고해 보세요.
　　　(b) 제가 더 많은 걸 해 드릴 수 있었으면 할 뿐인걸요.
　　　(c) 준비되면 제게 말해 주세요.
　　　(d) 그들의 사업은 순탄하게 운영되고 있어요.

해설 도와줘서 감사하다는 말에 자신의 도움이 큰 것이 아니었다며 겸양의 뜻을 표하는 (b)가 알맞다. 감사의 표현으로 Thank you for ~, I appreciate ~ 외에도 ~ is much appreciated라는 표현도 자주 쓰이므로 잘 알아 두자.

어휘 **appreciate** 감사하다 **mull ... over** ~에 대해 숙고하다 **give a shout** ~에게 말하다 **operation** 사업, 활동 **smoothly** 순조롭게

5

M I won third place in the cooking competition.
W _____

(a) All of my friends love eating there.
(b) The judges are very well-known.
(c) That's a huge accomplishment.
(d) I know how much you enjoy cooking.

해석 M 나 요리 대회에서 3위 했어.
　　　W _____
　　　(a) 내 친구들 모두 거기서 먹는 거 좋아해.
　　　(b) 심사위원들이 아주 유명해.
　　　(c) 그거 대단한 성과인데.
　　　(d) 네가 요리를 얼마나 즐기는지 알아.

해설 요리 대회에서 3위를 차지했다고 알리는 남자의 말에 대한 여자의 응답으로 가장 적절한 것은 대단한 일을 해냈다고 추켜세우는 (c)이다. (a)는 eating을 이용해 cooking과 관련되어 보이도록 한 오답 함정이며, (b)는 judge를 이용해 competition에 대한 대답처럼 보이도록 한 오답이다. (d)는 cooking을 이용한 단어 반복 오답 함정이다.

어휘 **third place** 3위 **competition** 대회, 경쟁 **judge** 심판, 심사위원 **well-known** 유명한, 잘 알려진 **huge** 엄청난, 대단한 **accomplishment** 성과, 업적

6

W Please make sure to sign off on these expense reports.
M _____

(a) Thanks, I'll make a report soon.
(b) Just sign on the line.
(c) They approved the budget.
(d) Don't worry, I'll attend to it.

해석 W 이 비용 보고서에 서명해서 승인해 주세요.
M _____

(a) 고마워요. 금방 보고서를 작성할게요.
(b) 선 위에 서명하세요.
(c) 그들이 예산을 승인했어요.
(d) 걱정 마세요. 제가 처리할게요.

해설 비용 보고서를 건네주며 검토 후 서명해서 승인해 줄 것을 요구하고 있으므로 서류를 살펴보고 처리하겠다고 말하는 (d)가 가장 알맞은 답이다. (b)는 서명을 요청하는 입장의 말이다.

어휘 sign ... off (서명을 하여) ~을 승인하다 budget 예산 attend to ~을 처리하다, 돌보다

7

M Why are you hauling that old wooden door home?
W _____

(a) I want to repurpose it as a table.
(b) I can get it on my own, thanks.
(c) I'm glad you like the look of it.
(d) I'll let you have it, if you want.

해석 M 왜 저 오래된 목재 문을 집으로 운반하려는 거죠?
W _____

(a) 그것을 탁자로 고치려고요.
(b) 제 힘으로 얻을 수 있어요, 고마워요.
(c) 그것의 외양을 좋아하시니 기쁘네요.
(d) 원하시면 갖도록 해 드리죠.

해설 오래된 목재 문을 가져가려는 이유를 묻는 질문에 대해 '그것을 탁자로 고치려고 한다'는 (a)가 가장 적절하다. repurpose는 장비, 건물, 문서 등을 원래의 용도와 다른 새로운 방식으로 사용한다는 의미를 나타낸다.

어휘 haul 운반하다 repurpose 다른 용도에 맞게 고치다

8

W I never should have bought this camera.
M _____

(a) Well, I wouldn't go out and buy it yet.
(b) You've made it into a fun hobby.
(c) You mentioned the images were of poor quality.
(d) We don't accept cash at this location.

해석 W 이 카메라를 절대 사는 게 아니었어.
M _____

(a) 글쎄, 난 아직 나가서 사지 않을 거야.
(b) 넌 그걸 즐거운 취미로 만들었구나.
(c) 네가 그 이미지들의 질이 좋지 않다고 했잖아.
(d) 이곳에서는 현금을 받지 않아.

해설 카메라를 사지 말았어야 한다고 후회하는 여자의 말에 대한 남자의 응답으로 가장 적절한 것은 그전에 여자가 이미지의 질이 나쁘다고 말했던 것을 상기하는 (c)이다. (a)는 buy를 이용한 단어 반복 오답 함정이며, (d)는 물건 구입과 관련된 표현으로 bought와 연관되어 보이도록 한 오답이다.

어휘 quality 질, 품질 accept 받다, 수용하다 location 곳, 장소

9

W What kind of turnout do you expect at the convention?
M _____

(a) The auditorium is available.
(b) Everyone said it was a success.
(c) It's going to be held in November.
(d) More than a thousand people registered.

해석 W 컨벤션에 참가자 수가 어떨 거라고 예상하세요?
M _____

(a) 그 강당은 사용할 수 있어요.
(b) 모두들 성공적이었다고 했어요.
(c) 11월에 열릴 거예요.
(d) 천 명 이상 등록했어요.

해설 turnout은 '참가자의 수'를 나타내는 단어이며 What kind of turnout ~?은 참가자의 수에 대한 질문이다. '등록 인원이 천 명이 넘는다'는 (d)의 응답이 참가자가 천 명 이상이 될 것을 예상한다는 표현을 돌려서 말한 것이므로 가장 적절하다. (a), (b), (c)는 모두 convention과 관련해 사용할 수 있는 표현이지만 여자의 질문에 대한 응답으로는 적절하지 않다.

어휘 turnout 참가자의 수 convention 컨벤션, 대회 auditorium 강당 register 등록하다

10

M I'll be ready in just another minute, I promise.
W _____

(a) I'm glad you've arrived.
(b) I wish I had believed you.
(c) My patience is rapidly waning.
(d) Unfortunately, I expect it will be.

해석 M 1분만 더 있으면 준비가 돼요, 약속해요.
W _____
(a) 당신이 도착해서 기뻐요.
(b) 내가 당신을 믿었더라면 좋을 텐데요.
(c) 제 인내심이 급속히 약해지는 중이에요.
(d) 불행히도 그럴 거라 예상해요.

해설 기다리고 있는 사람에게 좀 더 기다려 달라고 하는 상황이다. 따라서 '인내심이 약해지니까 빨리 준비하라'는 (c)가 가장 적절한 응답이다. (b)는 과거완료의 형태로 '널 믿었더라면 좋을 거야'라는 의미이므로 상황에 적절하지 않다.

어휘 patience 인내심 wane 약해지다, 줄어들다

Part II

11

W Is there a problem, James?
M Looks like we have an accounting error.
W Did you factor in online sales?
M _____

(a) No, not unless it worked.
(b) I'll try balancing the figures.
(c) I simply can't find the books.
(d) I did, and they still don't add up.

해석 W 문제가 있나요, 제임스?
M 회계 오류가 있는 것 같아요.
W 온라인 판매도 계산에 포함했어요?
M _____
(a) 아니요, 효과가 있었다면 모르겠지만요.
(b) 내가 장부 결산을 해 볼게요.
(c) 책을 찾을 수가 없을 뿐이에요.
(d) 그랬어요. 그런데도 계산이 맞지 않네요.

해설 계산 실수가 있어 금액이 맞지 않는 상황이다. 온라인 판매액을 포함하지 않았는지 확인하는 질문에 대해 '포함했는데도 계산이 맞지 않는다'는 (d)가 알맞은 응답이다.

어휘 accounting 회계의 factor in ~을 포함하다 balance ~의 대차를 대조하다, 결산하다 figures 계산 add up 계산이 맞다

12

M How did you spend your time off?
W I went to visit my sister and her new baby.
M Oh, that must have been wonderful.
W _____

(a) She was born three months ago.
(b) She's really good with children.
(c) It was like taking candy from a baby.
(d) Except we hardly got any sleep.

해석 M 휴가는 어떻게 보냈어?
W 언니랑 새로 태어난 아기에게 갔어.
M 오, 그거 정말 좋았겠다.
W _____
(a) 그녀는 세 달 전에 태어났어.
(b) 그녀는 아이들이랑 아주 잘 지내.
(c) 아주 쉬운 일이었지.
(d) 거의 잠을 못 잔 것만 빼면.

해설 휴가 때 언니와 새로 태어난 아기를 보러 간 것이 정말 좋았겠다고 하는 남자의 말에 이어질 여자의 응답으로 가장 적절한 것은 어떠한 것만 빼면 좋았다는 의미를 내포하고 있는 (d)이다. (c)는 baby를 이용한 단어 반복 오답 함정이지만 관용 표현으로 그 의미가 다르게 쓰인다.

어휘 time off 휴가 be born 태어나다 be good with ~와 잘 지내다 be like taking candy from a baby 식은 죽 먹기이다 except 제외하면, 빼면 hardly 거의 ~ 못한

13

M What's this book *The Great Voyage* about?
W Magellan's circumnavigation of the globe.
M Would you recommend it?
W _____

(a) Put me down for three copies.
(b) I read that book for history class.
(c) I've been dying to read it myself.
(d) There are better books on the topic.

해석 M 이 책 〈위대한 여정〉은 무엇에 관한 내용이야?
W 마젤란의 세계 일주에 대한 거야.
M 너라면 이걸 추천하겠어?
W _____
(a) 내 이름으로 3부만 신청해 줘.
(b) 난 그 책을 역사 수업 시간에 읽었어.
(c) 그걸 얼마나 직접 읽고 싶었는지 몰라.
(d) 그 주제에 대해 더 나은 책들이 있어.

해설 어떤 책을 추천할 만한지 묻는 남자의 말에 yes 또는 no로 답할 수도 있지만 (d)처럼 no의 뜻을 부드럽게 돌려서 나타내는 경우도 있으므로 응답하는 사람의 의도에 특히 주의해서 답을 골라야 한다. 다른 선택지들도 모두 책과 관련된 내용이지만 '추천하겠느냐'라는 남자의 말과는 관련이 없으므로 답이 될 수 없다.

어휘 circumnavigation (세계) 일주 globe 지구, 세계
put … down for (~을 위한 명단에 …의 이름을) 올려놓다

14

> W I was up till 5 a.m. this morning writing essays.
> M I've been swamped with work too.
> W I'm not sure I can go on like this.
> M _____
>
> (a) Good thing the semester's almost over.
> (b) Not as glad as I am.
> (c) I'll be finished with it this afternoon.
> (d) My dorm is too noisy to sleep.

해석 W 오늘 아침 5시까지 에세이를 쓰느라 못 잤어.
M 나도 할 일이 많아 꼼짝 못했어.
W 이런 식으로 계속 할 수 있을지 잘 모르겠어.
M _____
(a) 다행스러운 일은 학기가 거의 끝나간다는 거야.
(b) 나만큼 기쁘진 않을 거야.
(c) 난 오늘 오후에 그걸 끝낼 거야.
(d) 기숙사가 잠자기에 너무 시끄러워.

해설 에세이를 써야 하고 할 일이 너무 많아 힘들어하는 두 사람의 대화이다. 계속 할 수 있을지 의문이라는 말에 대해 '학기가 끝나가니까 다행히 조금만 견디면 된다'고 위로하는 (a)가 가장 적절하다.

어휘 be swamped with ~가 많아서 정신 못 차리다 semester 학기 dorm 기숙사(=dormitory)

15

> M Will you rent or buy a place when you move?
> W I'm hoping to buy, but I can't count on it.
> M Sounds like you've done your research.
> W _____
>
> (a) It's difficult trying to figure it out.
> (b) I'll look into it when I get there.
> (c) I'll rent if it's the cheapest option.
> (d) I worry I can't afford it.

해석 M 이사하면 세를 얻을 건가요, 아니면 집을 살 건가요?
W 집을 샀으면 하는데, 확신할 수 없지요.
M 조사를 좀 해 본 것 같네요.
W _____
(a) 이해해 보려는데 쉽지 않네요.
(b) 거기 가면 조사해 볼게요.
(c) 만약 그게 가장 저렴한 것이면 세를 얻을 거예요.
(d) 그것을 살 형편이 안돼서 걱정이에요.

해설 여자는 집을 사고 싶지만 확신할 수 없다고 하므로 그것을 살 형편이 안돼서 걱정이라는 (d)가 가장 적절하다.

어휘 rent 임차하다 count on ~을 믿다, 확신하다 do research 조사를 하다 figure out 이해하다 look into ~을 조사하다 afford 형편이 되다

16

> W I'm dying to go to the jazz concert.
> M Well, let's get online and order tickets.
> W You don't think it might've sold out already?
> M _____
>
> (a) I don't see how it could have.
> (b) Fine, I'll pick you up after 7.
> (c) I will, if you lend me the money.
> (d) I've never been a huge fan of jazz.

해석 W 재즈 공연에 너무 가고 싶어요.
M 음, 온라인으로 표를 예매합시다.
W 벌써 매진되었을 것 같지 않아요?
M _____
(a) 그럴리가요.
(b) 좋아요. 7시 이후에 태우러 갈게요.
(c) 그럴게요. 돈을 빌려주신다면요.
(d) 재즈를 엄청 좋아한 적은 없어요.

해설 표가 매진되었을지도 모른다고 하면서 상대방의 의견을 묻는 말이다. 별로 그럴 것 같지 않다는 반대 의견을 나타내는 의미로 그럴리가 있느냐는 (a)의 말이 가장 적절하다. (d)는 jazz를 이용한 단어 반복 오답 함정이며 (b), (c), (d) 모두 문맥에 자연스럽지 않다.

어휘 dying 몹시 ~하고 싶어 하는 be sold out 매진되다 huge fan 열성 팬

17

> M What's your opinion about stock prices after the presidential election?
> W I think they'll be going up if the incumbent wins.
> M Can I ask what makes you think so?
> W _____
>
> (a) My husband thinks the current president will win the election.
> (b) I'll definitely vote. I don't want to miss my first vote!
> (c) Actually, this election has nothing to do with stock prices.
> (d) A newspaper article I read this morning said so.

해석 M 대통령 선거 이후 주가에 대해 어떻게 생각해요?
W 지금 대통령이 이긴다면 주가가 오를 거라고 생각해요.
M 왜 그렇게 생각하시는지 여쭤 봐도 될까요?
W _____

(a) 제 남편은 지금 대통령이 선거에서 이길 거라고 생각하던데요.
(b) 저는 꼭 투표할 거예요. 제 첫 투표를 놓치고 싶지 않아요!
(c) 사실 이 선거는 주가와 아무런 관련이 없어요.
(d) 오늘 아침에 제가 읽은 신문 기사에서 그렇게 말하던데요.

해설 주가가 오를 것이라고 생각하는 근거를 대는 (d)가 적절하다. 나머지 오답들도 선거와 주가에 대해 이야기하지만 질문의 핵심에서 벗어나 있다.

어휘 stock price 주가 presidential election 대통령 선거 incumbent 재임자 have nothing to do with ~와 전혀 관계가 없다 article 기사

18

W Are you working for Jefferson Computing?
M Yeah, but just as an independent contractor.
W So, you don't get employee benefits?
M _____

(a) No, they gave me another job.
(b) One of the top local tech firms.
(c) Let me check out your health plan.
(d) No, but I'm really getting paid well.

해석 W 제퍼슨 컴퓨팅에서 일하세요?
M 네, 하지만 독립 계약자로서요.
W 그렇다면 직원 혜택은 받지 않으세요?
M _____

(a) 아니요. 저에게 다른 업무를 주었어요.
(b) 최상의 지역 기술 회사 중의 하나예요.
(c) 당신의 건강 계획을 확인해 볼게요.
(d) 안 받지만 급여가 아주 좋아요.

해설 남자는 회사의 직원이 아니라 독립 계약자의 형태로 일한다고 했고 employee benefit은 직원에게 제공되는 '복지 제도, 복리 후생'을 가리키는 말이다. 따라서 직원 복지 혜택을 받지는 않지만 급여가 좋다는 (d)의 말이 가장 적절한 응답이다.

어휘 independent 독립적인 contractor 계약자

19

M I'm planning to quit my job and go back to school.
W But why? You have a great career.
M I just know I won't be happy doing this forever.
W _____

(a) Well, work satisfaction is very important.
(b) If you keep working at it, you'll be successful.
(c) Your company really needs to make changes.
(d) I guess you're trying not to expect too much.

해석 M 일을 그만두고 학교로 돌아갈까 계획 중이야.
W 그런데 왜? 넌 경력 좋잖아.
M 그냥 이 일을 영원히 하는 게 행복할 것 같지 않아.
W _____

(a) 음, 일에서의 만족이 제일 중요하지.
(b) 이 일을 계속하면 너는 성공할 텐데.
(c) 너희 회사는 정말 변화할 필요가 있어.
(d) 내가 볼 때 넌 너무 많이 기대하지 않으려는 것 같아.

해설 일을 그만두고 학교로 돌아갈 계획이라며 지금 일을 계속하는 것이 행복할 것 같지 않다는 남자의 말에 대한 여자의 응답으로 가장 적절한 것은 남자의 말을 지지하는 의미가 담긴 (a)이다.

어휘 quit 그만두다 career 경력, 직업 satisfaction 만족

20

W Lee, welcome back from your sabbatical!
M Thanks, Catherine. It's great to be home.
W What did you miss most while you were away?
M _____

(a) Well, I was glad to see you back.
(b) I was planning to leave Tuesday.
(c) There were a lot of idiosyncrasies.
(d) Basically, just a home-cooked meal.

해석 W 리, 장기 휴가에서 돌아온 걸 축하해요!
M 고마워요, 캐서린. 집에 오니 좋네요.
W 나가 있는 동안 뭐가 가장 그리웠어요?
M _____

(a) 음, 당신이 돌아와서 기뻤어요.
(b) 화요일에 떠날 계획이었어요.
(c) 특이한 환경이 많이 있었어요.
(d) 기본적으로 집에서 만든 음식이요.

해설 miss는 '그리워하다'라는 뜻으로 쓰였다. 여행 중에 제일 생각나던 것으로 '집에서 만든 음식'이라고 답하는 (d)가 가장 자연스럽다. (a)는 여행에서 돌아온 사람에게 다시 만나서 반갑다는 의미로 사용할 수 있는 표현이다.

어휘 sabbatical 안식년, 장기 휴가 idiosyncrasy 독특한 기질, 개성 home-cooked 집에서 요리한

Part III

21

Listen to a conversation between two friends.

M Let's go kick a ball around.
W OK. Shall we drive over to Hampstead Park?
M Hampstead? Why don't we just walk to Carter Field?
W Hampstead's nicer than Carter.
M Yeah, but I'd rather not drive if we don't have to.
W I guess we'd get more exercise walking.

Q What is the conversation mainly about?
(a) Which park is closer
(b) Where to play outdoors
(c) Where they can find a ball
(d) Why Hampstead is a nice park

해석 **두 친구의 대화를 들으시오.**
M 우리 공 차러 가자.
W 그래. 햄스테드 공원으로 운전해 갈까?
M 햄스테드 공원? 카터 필드로 그냥 걸어가는 게 어때?
W 햄스테드가 카터보다 더 괜찮잖아.
M 그래, 하지만 난 그럴 필요가 없다면 굳이 운전하고 싶진 않은데.
W 걸어가면 운동이 좀 더 되긴 하겠다.

Q 대화의 주요 내용은?
(a) 어느 공원이 더 가까운지
(b) 밖에서 놀 곳
(c) 공을 찾을 수 있는 곳
(d) 햄스테드가 멋진 공원인 이유

해설 공을 차기 좋은 장소를 두고 여자와 남자가 다른 의견을 내세우고 있으므로 (b)가 정답이다. 남자가 운전하기 싫어서 가까운 곳으로 가자고는 했지만, 대화의 중심 논의가 '어느 곳이 더 가까운지'가 아니므로 (a)를 답으로 고르지 않도록 주의한다.

어휘 **play outdoors** 밖에서 놀다

22

Listen to a conversation between two friends.

W Where was your favorite vacation spot as a kid?
M Oh, my family didn't take many vacations at all.
W Sorry to hear that. Parents were just too busy?
M Yeah, basically. And also I guess we didn't have much money.
W So did you feel you were missing out on travel as a child?
M No, I still think I had a great childhood overall.

Q What are the man and woman mainly talking about?
(a) What opinions the woman has on vacations
(b) Why the woman is feeling sorry for the man
(c) The man's childhood without many vacation trips
(d) The problems the man faced during childhood

해석 **두 친구의 대화를 들으시오.**
W 어렸을 때 제일 좋아했던 휴가지가 어디였어요?
M 아, 저희 가족은 휴가를 많이 가지 않았어요.
W 안됐군요. 부모님이 너무 바쁘셨군요?
M 네, 기본적으로는요. 그리고 돈도 별로 없었던 것 같아요.
W 그럼 어렸을 때 여행을 좀 못했다는 생각이 들었겠네요?
M 아뇨. 그래도 저는 전반적으로 멋진 어린 시절을 보낸 것 같아요.

Q 남자와 여자가 주로 이야기하는 것은?
(a) 여자가 휴가에 대해 어떤 의견을 가지고 있는지
(b) 여자가 왜 남자를 안쓰럽게 느끼고 있는지
(c) 휴가 여행이 많지 않았던 남자의 어린 시절
(d) 남자가 어린 시절 겪었던 문제들

해설 대화의 중심 내용은 남자의 가족이 어렸을 때 휴가를 많이 가지 못했다는 것이므로 답은 (c)이다. 휴가를 가지 못한 것이 남자에게 큰 문제가 되진 않았으므로 (d)는 답으로 적절하지 않고, 여자가 그런 남자에게 안쓰러운 감정을 느끼는 것 역시 대화 전체의 논의 사항으로는 적절하지 않아 (b) 역시 답이 될 수 없다.

어휘 **miss out** (즐거운 것을) 놓치다

23

Listen to a conversation between two friends.

W So, how did it go with the professor yesterday?
M He's not going to let me make up the test.
W Are you serious? How can he do that?
M He says he has a strict no-makeup policy.
W That's outrageous. You should speak to the dean.
M I'm considering it.

Q What is mainly being discussed in the conversation?
(a) A disagreement with the man's professor
(b) A complaint against the professor's test
(c) A sudden change in university policy
(d) A natural look without makeup

해석 두 친구의 대화를 들으시오.
W 그래서 어제 교수님 만나 뵌 건 어떻게 되었어?
M 내가 시험을 다시 볼 수 있게 해 주시지 않으실 거래.
W 정말? 어떻게 그러실 수가 있지?
M 엄격한 추가 시험 금지 원칙을 갖고 계신다고 했어.
W 말도 안 돼. 학과장님께 말씀드려 봐.
M 그럴까 생각 중이야.
Q 대화에서 주로 논의되고 있는 것은?
(a) **남자의 교수와의 의견 차이**
(b) 교수의 시험에 대한 불평
(c) 대학 정책의 갑작스러운 변화
(d) 화장하지 않은 자연스러운 모습

해설 남자의 말을 통해, 남자가 망치거나 놓친 시험을 다시 보게 할 수 있게 해달라고 교수에게 부탁했으나 거절당했음을 알 수 있다. 따라서 답은 (a)이다. 시험 자체에 해당하는 불평이 아니므로 (b)는 답으로 적합하지 않으며, 추가 시험 금지 원칙은 대학이 아닌 교수 자체의 원칙이므로 (c) 역시 답이 될 수 없다.

어휘 **make up** (결석 등으로 인해 시험을) 다시 보다 **outrageous** 터무니없는 **dean** 학과장 **disagreement** 의견 차이

24

Listen to two friends discuss diet.

M Wow, you really look fit. Did you lose some weight?
W I did. Thanks for noticing. I just had to change my diet.
M Really? What prompted that?
W I was having pretty serious stomach problems.
M Oh, I'm sorry. But you're feeling better now, I take it?
W Completely. I cut out bread and dairy, and I feel fantastic.

Q What is the main reason the woman changed her diet?
(a) She received diet recommendations from several friends.
(b) She started volunteering at the farmer's market.
(c) She was trying to lose weight for a special occasion.
(d) She was experiencing severe health issues.

해석 두 친구가 식단에 대해 이야기하는 것을 들으시오.
M 우와, 너 정말 몸 좋아 보인다. 살 좀 뺀 거야?
W 응. 알아봐 줘서 고마워. 식단을 바꿔야 했어.
M 정말? 왜 그래야 했는데?
W 아주 심각한 위장병이 있었거든.
M 오, 유감이야. 하지만 이제 괜찮아진 것 같은데?
W 완전히. 빵이랑 유제품을 끊어서 아주 좋아.
Q 여자가 식단을 바꾼 주된 이유는?
(a) 여러 친구들로부터 다이어트 추천을 받았다.
(b) 농산물 직판장에서 자원봉사를 시작했다.
(c) 특별한 기회로 살을 빼려고 노력하고 있었다.
(d) **심각한 건강상의 문제를 겪고 있었다.**

해설 몸이 좋아 보인다며 살을 뺐는지 묻는 남자에게 아주 심각한 위장병이 있어 식단을 바꿔야 했다고 하는 여자의 말로 볼 때 여자가 식단을 바꾼 주된 이유로 옳은 것은 (d)이다.

어휘 **fit** 건강한, 탄탄한 **lose weight** 체중이 줄다 **diet** 식단, 식습관 **prompt** 유발시키다 **stomach problem** 위장병 **take it** 믿다, 생각하다 **cut out** 끊다 **dairy** 유제품 **volunteer** 자원봉사하다 **farmer's market** 농산물 직판장 **occasion** 기회, 경우 **severe** 심각한

25

Listen to a conversation between two friends.

W Carl, you're still here?
M Yeah. I completely missed my flight this morning.
W Oh no! What happened?
M I set my alarm clock to p.m. instead of a.m.
W What a shame you missed a flight just because of that.
M I know. But I booked a flight for tomorrow.

Q Which is correct according to the conversation?
(a) The woman just missed her flight.
(b) The man's clock was broken in the morning.
(c) The woman is ashamed of her behavior.
(d) The man was able to find another flight.

해석 두 친구의 대화를 들으시오.
W 칼, 아직도 여기 있어요?
M 네. 오늘 아침에 비행기를 완전히 놓쳐 버렸어요.
W 저런! 어떻게 된 일이에요?
M 알람 시계를 오전 대신 오후로 맞춰 놨어요.
W 겨우 그것 때문에 비행기를 놓쳤다니 안됐군요.
M 맞아요. 하지만 내일 비행기를 예약했어요.

Q 대화에 의하면 옳은 것은?
(a) 여자는 비행기를 막 놓쳤다.
(b) 남자의 시계는 아침에 고장이 났다.
(c) 여자는 자신의 행동을 부끄러워한다.
(d) 남자는 다른 비행기를 구할 수 있었다.

해설 남자가 알람 시계를 잘못 맞춰서 비행기를 놓쳤고, 여자는 What a shame 이하의 말에서 안타까워하는 마음을 표현하고 있다. 남자는 내일 비행기를 예약했으므로 옳은 정보는 (d)뿐이다. (a)는 남녀 성별을 바꾼 오답 함정으로, 주어를 정확히 들어야 함에 주의한다.

어휘 **what a shame** ~이 안타깝다, ~라서 유감이다 **book** 예약하다 **be ashamed of** 부끄러워하다

26

Listen to a conversation about an art contest.

M Where can I register for the art contest at the Spring Fair?
W You'll have to go to City Hall for that.
M And where's that, exactly?
W You have to walk two more blocks down Elm Street and turn left.
M Would that be First Avenue?
W Right. It should be one block down at the corner.

Q Which is correct about the man according to the conversation?
(a) He wants to enter an art competition.
(b) He knows how to get to City Hall.
(c) He will turn left onto Elm Street.
(d) He has to walk five more blocks.

해석 예술 경연 대회에 대한 대화를 들으시오.
M 봄 축제 예술 경연 대회 등록은 어디서 해야 하나요?
W 시청에서 등록할 수 있어요.
M 그게 정확히 어디에 있어요?
W 엘름 가를 따라 두 블록 더 걸어서 좌회전해야 해요.
M 1번 가에 있는 건가요?
W 맞아요. 시청은 모퉁이에서 한 블록 가면 있을 거예요.

Q 대화에 의하면 남자에 대해 옳은 것은?
(a) 예술 경연 대회에 참가하고 싶어 한다.
(b) 시청에 어떻게 가는지 안다.
(c) 왼쪽으로 돌아 엘름 가로 갈 것이다.
(d) 다섯 블록을 더 걸어가야 한다.

해설 남자가 처음에 경연 대회에 참가하고자 하는 의사를 밝혔고, competition은 contest와 같은 뜻이므로 답은 (a)이다. 남자가 시청의 위치를 몰라 여자에게 길을 묻고 있으며, 시청은 엘름 가를 따라 두 블록 더 간 곳에서 왼쪽으로 가라고 했으므로 나머지 선택지는 모두 대화 내용과 맞지 않는다.

어휘 **register** 신청하다, 등록하다 **exactly** 정확히 **competition** 경쟁, 대회

27

Listen to a conversation between two friends.

W I can't believe how long this line is for customer service.
M I know. I've heard they cut back and laid people off.
W Well, they're going to lose customers this way.
M I agree. People won't put up with this for very long.
W And given the price range on their products, this is unacceptable.
M Yes, when customers pay that much, they expect better than this.

Q Which is correct according to the conversation?
(a) The two people are frustrated with a business.
(b) The woman is returning a product for a refund.
(c) The man is displeased with an item he bought.
(d) The company sells products for the lowest price.

28

Listen to a conversation about a film.

M What did you think of the film? Did you like it?
W It was a little highbrow for me, actually.
M Oh, I thought it was really smart and interesting.
W I just found it confusing. I like black and white endings.
M Well, I enjoyed not knowing exactly what happened.
W Then I guess we'll just agree to disagree on this one.

Q Which is correct according to the conversation?
(a) The man wouldn't recommend the film.
(b) The woman fell asleep while the movie was playing.
(c) The man and woman have similar tastes in movies.
(d) The woman's opinion about the film differs from the man's.

해석 두 친구의 대화를 들으시오.
W 이렇게 긴 게 고객 서비스 줄이라니 말도 안 돼.
M 그러게. 감축하고 사람들을 정리 해고했다고 들었어.
W 흠, 이런 식이면 고객들을 잃게 될 텐데.
M 맞아. 사람들은 이런 거 얼마 못 참을 거야.
W 그리고 제시된 제품의 가격대를 생각하면 이건 용납이 안 되는데.
M 그래. 고객들은 그만큼 지불하면 이보다 나은 걸 기대하지.
Q 대화에 의하면 옳은 것은?
(a) 두 사람은 한 기업에 불만을 표하고 있다.
(b) 여자는 환불을 받기 위해 물건을 반품하고 있다.
(c) 남자는 구매했던 물품을 불만스러워한다.
(d) 회사는 제품들을 최저 가격에 판매한다.

해설 감축하고 정리 해고를 했다는 한 기업의 고객 서비스 줄이 아주 길고 제품 가격도 용납이 안 되는 수준이라고 말하는 것으로 볼 때 대화에 따른 내용으로 옳은 것은 (a)이다.

어휘 cut back 축소하다, 삭감하다 lay ... off ~을 정리 해고하다 put up with ~을 참고 견디다 price range 가격대, 가격폭 unacceptable 받아들일 수 없는 return 반품하다 refund 환불[하다] displeased 화난, 불쾌한

해석 영화에 대한 대화를 들으시오.
M 영화 어땠어? 맘에 들었어?
W 사실 내가 볼 때는 좀 고답적이던데.
M 어, 난 아주 영리하고 흥미로운 것 같던데.
W 난 좀 혼란스럽던데. 명확한 결말이 좋거든.
M 음, 나는 정확한 상황을 모르는 게 즐겁던데.
W 그럼 우리는 이것에 대한 의견 차이에 동의하겠네.
Q 대화에 의하면 옳은 것은?
(a) 남자는 그 영화를 추천하지 않을 것이다.
(b) 여자는 영화가 상영되는 동안 잠을 잤다.
(c) 남자와 여자는 영화 취향이 비슷하다.
(d) 영화에 대한 여자의 생각은 남자와 다르다.

해설 대화에서 여자는 영화가 명확한 결말이 없어서 마음에 들어 하지 않는 반면 남자는 결말 방식이 흥미롭다고 말하고 있으므로 정답은 (d)이다.

어휘 film 영화 highbrow 식자층의, 고답적인 confusing 혼란스러운 black and white 명백한 exactly 정확히

29

Listen to a conversation about a welfare policy.

W Are you for or against government-sponsored welfare?
M Frankly, I think the whole debate is unproductive.
W But it's a hot issue right now.
M Yes, and candidates are using it to garner votes.
W What's wrong with that?
M They're behaving like typical politicians.

Q What can be inferred about the man from the conversation?
(a) He usually does not bother to vote.
(b) He believes in government welfare programs.
(c) He gets annoyed with single-issue political debate.
(d) He will vote for a different candidate than the woman.

해석 **복지 정책에 대한 대화를 들으시오.**
W 정부가 후원하는 복지에 대해 찬성해요, 아니면 반대해요?
M 솔직히 모든 논쟁이 비생산적이라고 생각해요.
W 하지만 현재 최고의 쟁점이에요.
M 네. 후보자들이 표를 얻기 위해 그것을 이용하고 있는 거죠.
W 그게 무슨 잘못인가요?
M 그들이 전형적인 정치인처럼 행동하고 있잖아요.

Q 남자에 대해 추론할 수 있는 것은?
(a) 대체로 투표를 하려고 하지 않는다.
(b) 정부 복지 프로그램을 신뢰한다.
(c) 단일 쟁점 정치적 논쟁에 대해 화가 난다.
(d) 여자와는 다른 후보자에게 투표할 것이다.

해설 정부 복지 정책에 대한 찬반 투표에 대한 남자의 의견은 '그런 논의 자체가 비생산적이라는 것'이다. 후보자들이 표를 얻기 위해 이용하는 것이라고 생각하는 남자는 (c)처럼 정치적 논쟁에 대해 화가 난 상태임을 추론할 수 있다. 쟁점이 되는 논쟁 자체에 대한 의견이 다를 뿐 서로 다른 후보를 지지하고 있다는 내용은 없으므로 (d)는 알 수 없다.

어휘 government-sponsored 정부 지원의 welfare 복지 debate 논쟁 unproductive 비생산적인 candidate 후보자 garner 얻다, 모으다 typical 전형적인 bother to 일부러 ~하다 single-issue 단일 쟁점

30

Listen to a conversation between two colleagues.

M Jim was looking for you this morning.
W I know. I was late for a meeting with him. I forgot to set my watch forward.
M Didn't you forget about daylight savings time last year, too?
W I did. So I was trying not to forget this year, but I thought it would start next week.
M Yes, it started earlier this year. I hope Jim understands.
W He said he was half expecting it when I didn't show up on time.

Q What can be inferred from the conversation?
(a) Jim is very angry because the woman was late for the meeting.
(b) The woman forgot about daylight savings time more than once.
(c) The man didn't know when daylight savings time started.
(d) Jim wants to know when daylight savings time ends this year.

해석 **두 직장 동료의 대화를 들으시오.**
M 짐이 오늘 아침에 너 찾던데.
W 알아. 그와의 회의에 늦었어. 시계를 앞으로 돌려놓는 걸 잊어버렸거든.
M 너 작년에도 서머 타임에 대해 잊어버리지 않았니?
W 그랬지. 그래서 올해에는 잊지 않으려고 노력했는데 다음 주에 시작한다고 생각했어.
M 그래. 올해는 더 일찍 시작했지. 짐이 이해해 주면 좋겠다.
W 내가 정각에 나타나지 않아서 절반쯤은 그렇게 예상하고 있었다고 말하더라고.

Q 대화에서 추론할 수 있는 것은?
(a) 여자가 회의에 늦어서 짐은 매우 화가 나 있다.
(b) 여자는 서머 타임에 대해 한 번 이상 잊었다.
(c) 남자는 서머 타임이 언제 시작하는지 몰랐다.
(d) 짐은 올해 서머 타임이 언제 끝나는지 알고자 한다.

해설 여자는 올해와 마찬가지로 작년에도 서머 타임에 대해 잊어버린 일이 있다고 하므로 이것이 여러 번 일어난 일임을 짐작할 수 있다. 짐이 화가 나있다고 추론할 근거는 없으며, 남자는 서머 타임이 시작하는 시점을 알고 있었다. (d)는 대화에서 전혀 언급되지 않았다. 따라서 정답은 (b)이다.

어휘 daylight saving time 서머 타임, 여름 시간 on time 정각에, 제때에

Part IV

31

Not too long ago, it was believed that the earth was the center of the universe. Those who challenged that concept were often punished and ridiculed for their ideas. Gradually, the truth took hold and now, only people who truly deceive themselves believe that the earth is the center of all things. Science has often challenged people's beliefs and taken them outside of the comfort of their known world. Because most people do not like to feel uncomfortable, resistance to new scientific discoveries is often common among average citizens.

Q What is the main idea of the talk?
(a) Scientific truth often meets people's resistance.
(b) Scientific discoveries cannot be made with comfort.
(c) Some people are punished for having wrong ideas.
(d) The earth is not the center of the universe.

해석 그리 오래 되지 않았을 때 지구가 우주의 중심이라고 믿었습니다. 그런 개념에 도전한 사람들은 종종 그 상상력 때문에 처벌받거나 조롱 받았습니다. 점차적으로 진실이 자리를 잡았고 이제는 정말 자기 자신을 속이는 사람들만이 지구가 모든 것의 중심이라고 믿습니다. 과학은 종종 사람들의 믿음에 도전하고 그들이 알고 있는 안정된 세계로부터 끄집어냅니다. 대부분의 사람들이 불편하게 느끼는 것을 좋아하지 않기 때문에 새로운 과학적 발견에 대한 저항은 종종 보통의 사람들 사이에서는 보편적입니다.

Q 담화의 요지는?
(a) 과학적 진리는 종종 사람들의 저항에 직면한다.
(b) 과학적 발견은 편안하게 만들어질 수 없다.
(c) 어떤 사람들은 그릇된 상상력 때문에 처벌받는다.
(d) 지구는 우주의 중심이 아니다.

해설 사람들은 자신들이 편하게 느끼는 것을 진리로 믿고자 하는 경향이 있기 때문에 과학적 진리는 종종 그런 사람들의 저항에 직면한다는 것이 이야기의 핵심이므로 정답은 (a)이다. 과학적 발견 자체가 아니라 과학적 발견이 사람들에게 잘 받아들여지지 않는다는 것이 핵심이므로 (b)는 적절하지 않으며, (d)는 맞는 말이지만 강연의 주제는 아니므로 답이 될 수 없다.

어휘 punish 처벌하다 ridicule 조롱하다 vision 상상력 take hold 자리잡다, 뿌리 내리다 deceive 속이다 resistance 저항

32

Perched atop a limestone cliff overlooking the Philippine Sea, Jeweline offers diners an unforgettable experience. The setting is grandiose, the dining sumptuous, and the atmosphere relaxing. Jeweline, the signature restaurant of our island, specializes in fish from the turquoise waters surrounding Boracay. Fishermen of the region deliver their catch to our chefs twice a day, ensuring that all of our seafood is fresh.

Q What is mainly being advertised?
(a) The seafood specialties of Boracay
(b) The freshness of Jeweline's food
(c) A Philippine seafood restaurant
(d) A tour of a Philippine island

해석 필리핀 해를 내려다보는 석회암 절벽 꼭대기에 위치한 주얼라인은 고객들께 잊을 수 없는 경험을 선사해 드립니다. 장소는 웅장하고 식사는 호화로우며 분위기는 편안합니다. 우리 섬의 대표 식당인 주얼라인은 보라카이를 둘러싸고 있는 청록색 바다에서 난 생선을 전문으로 하고 있습니다. 현지 어부들이 자신이 잡은 생선들을 저희 주방장에게 하루에 두 번 배달해 주므로 저희 식당의 모든 해산물의 신선도를 보장합니다.

Q 주로 광고되는 것은?
(a) 보라카이의 해산물 특산품
(b) 주얼라인에서 나오는 음식의 신선함
(c) 필리핀의 한 해산물 식당
(d) 필리핀 섬 관광

해설 광고의 대상은 필리핀에 있는 한 해산물 식당에 관한 것이다. 따라서 답은 (c)이다. 광고에서 식당의 주요 특징으로 식당의 좋은 위치와 신선한 해산물을 내세우고 있긴 하지만, 해산물이나 신선함 자체를 광고하는 것이 아닌 주얼라인이라는 식당을 광고하고 있는 것이므로 (a)나 (b)를 답으로 고르지 않도록 주의해야 한다.

어휘 perch (꼭대기나 끝에) 위치하다 atop 꼭대기에 limestone 석회암 overlook 내려다보다 grandiose 웅장한 sumptuous 호화로운 signature 특징 turquoise 청록색 ensure 보장하다 specialty (식당의) 전문 음식, 특산물

33

When the cost of food rises gradually, people have time to adjust to growing expenses. However, things are different when there's a sudden surge in food prices. For families and individuals just barely making ends meet, there's the potential for a volatile situation that could lead to civil unrest. It's something that happened back in 2017, when a spike in food prices resulted in political instability and rioting worldwide. Ultimately, this precipitated the fall of a number of governments.

Q What is mainly being discussed?
(a) Why the cost of food rises over time
(b) Why food prices affect family stability
(c) The link between poverty and food security
(d) The social repercussions of food cost spikes

해석 식품비가 점차적으로 오르면 사람들이 증가하는 지출에 적응할 시간을 갖습니다. 그러나 식품 가격이 급작스럽게 상승하면 상황은 다릅니다. 근근이 먹고 살아가는 가구와 개인들이 시민 불안에 이를 수 있는 불안정한 상황이 될 가능성이 있습니다. 이것은 지난 2017년에 발생한 일인데, 이 시기는 식품 비용 급등이 세계적으로 정치적 불안정과 폭동을 낳은 때입니다. 결국 이것은 다수의 정부 몰락을 촉진시켰습니다.

Q 담화의 주요 내용은?
(a) 식품비가 시간이 감에 따라 오르는 이유
(b) 식품 가격이 가구 안정성에 영향을 주는 이유
(c) 가난과 식품 안전 사이의 연관성
(d) 식품비 급등의 사회적 영향

해설 식품비가 갑자기 증가할 때 사람들이 불안을 느끼고 불안정한 상태에 이르게 된다는 점을 지적하고 있다. 나아가 세계적인 정치적 불안과 폭동을 낳았던 과거 예를 들고 있다. 그러므로 주된 내용으로 적절한 것은 (d)이다.

어휘 adjust to ~에 적응하다   expense 비용, 지출   surge 급증   potential 잠재력   volatile 불안정한   unrest 불안   spike 급증, 급등   instability 불안정   rioting 폭동   precipitate 촉진하다   repercussion 영향

34

I'd like to continue my talk on autism by focusing on specialized education, especially considering autistic students struggle to adjust socially. Many schools provide specialists who work with parents and autistic children to develop individual learning plans. These can include speech therapy, social skill development, and dietary changes. This is paired with academic plans based on a student's intellectual ability. When families and professionals work together, communicate honestly and set reasonable goals for growth, autistic students often experience great progress.

Q Which is correct about autistic students according to the talk?
(a) Schools have limited resources to help families address the problem.
(b) Learning plans are available in new books about this topic.
(c) Attention to social relationships will motivate academic success.
(d) Guided planning with various caretakers helps students grow.

해석 자폐증을 앓고 있는 학생이 사회에 적응하려고 애쓰고 있는 상황임을 고려하여, 특화된 교육에 초점을 맞추어 자폐증에 관한 제 이야기를 이어가려 합니다. 많은 학교가 개별적 학습 계획을 개발하도록 부모님과 자폐증을 앓고 있는 학생들과 함께 일할 전문가를 제공해 줍니다. 언어 치료, 사회성 기술 개발 및 식이요법 바꾸기가 여기에 포함됩니다. 이는 학생의 지적 능력에 기초한 학업 계획과 짝을 이룹니다. 가족들과 전문가들이 함께 일하고, 정직한 의사소통이 되고, 발전을 위한 합리적인 목표를 세울 때 자폐증을 앓고 있는 학생은 종종 엄청난 진전을 경험합니다.

Q 담화에 의하면 자폐증 학생에 대해 옳은 것은?
(a) 학교가 가족의 문제 해결을 돕는 데 제한된 자원을 가지고 있다.
(b) 학습 계획은 이 주제와 관련된 새로운 책에서 찾아볼 수 있다.
(c) 사회관계에 대한 관심은 학문적 성공에 동기를 부여할 것이다.
(d) 다양한 보호자들의 안내가 따르는 계획은 학생이 성장하는 데 도움이 된다.

해설 마지막 문장에 가족과 전문가들이 함께 참여하여 목표를 세울 때 학생은 진전을 경험하게 된다고 했으므로 (d)가 가장 타당하다.

어휘 autism 자폐증   autistic 자폐성의, 자폐증을 앓고 있는   struggle to ~하려고 애쓰다, 투쟁하다   speech therapy 언어 치료   dietary 식이요법의, 규정식의, 규정량   be paired with ~와 짝을 이루다   intellectual 지능의, 지적인   progress 진전, 진보

35

The current quarter hasn't officially closed yet, but it's clear from initial projections that our mobile GPS application isn't selling as well as expected. Evidently, we underestimated the amount of time it would take for customers to assimilate our product, and they're embracing the technology much more slowly than expected. Consequently, our retailers around the country have canceled or postponed additional orders. I assure you that our executives are developing a new plan for improving our product's marketability.

Q Which is correct according to the talk?
(a) Early quarterly predictions indicate successful product marketing.
(b) The public showed less interest in the product than anticipated.
(c) Demand for GPS devices from retailers is growing nationwide.
(d) Executives have settled on a strategy to improve performance.

해석 현 분기는 아직 공식적으로 마감이 되지 않았지만, 초기의 수입 예상치로 볼 때 우리의 모바일 GPS 애플리케이션이 기대한 만큼은 잘 판매되지 않고 있다는 것은 분명합니다. 분명 우리는 고객들이 우리 상품을 잘 소화하게 되는 데 걸릴 시간을 과소평가했고, 고객들은 우리 예상보다 훨씬 천천히 이 기술을 받아들이고 있습니다. 그 결과, 전국의 우리 소매상들은 추가 주문을 취소하거나 미루었습니다. 저는 여러분께 우리 경영진이 우리 상품의 시장성을 향상시키기 위한 새로운 계획을 개발할 것이라고 장담합니다.

Q 담화에 의하면 옳은 것은?
(a) 분기 초기의 예상치는 성공적인 제품 마케팅을 나타낸다.
(b) 대중은 기대한 것보다는 제품에 관심을 덜 보였다.
(c) 소매상들의 GPS 장치 수요가 전국적으로 증가하고 있다.
(d) 경영진은 실적을 향상시킬 전략을 정했다.

해설 Evidently 이하의 내용을 통해 고객들이 이 회사의 GPS 애플리케이션 상품을 아직 잘 받아들이고 있지 않다는 것을 알 수 있으므로, (b)가 옳다. 초기의 예상 수입액을 통해 상품이 잘 판매되지 않는다는 것이 판명되었다고 했고, 소매상들의 추가 주문이 줄었으며, 경영진이 앞으로 실적 향상 계획을 개발할 것이라고 했으므로 나머지 보기는 모두 옳지 않다.

어휘 **quarter** 분기 **initial** 초기의 **projection** 예상, 추정 **assimilate** 완전히 이해하다 **embrace** 기꺼이 받아들이다 **retailer** 소매상 **executive** 경영진 **marketability** 시장성 **anticipate** 예상하다 **settle on** ~을 정하다

36

I'd like to take this opportunity to support the city's park expansion project. Business developments are increasing in the city and using up our natural spaces. By expanding the local park, we can preserve more trees and walking trails for families as the area becomes more crowded. The project also calls for a new swimming area and playground, which will allow children to safely play outdoors. It's important we protect and preserve these spaces for our children so they have a relationship with nature.

Q What can be inferred about the speaker?
(a) The speaker has reservations about spending money on parks.
(b) The speaker wants to alter the park proposal in several ways.
(c) The speaker believes children need to spend time outdoors.
(d) The speaker encourages business development in the area.

해석 이 기회를 도시의 공원 확장 프로젝트를 지원하는 계기로 삼고 싶습니다. 시의 사업 개발이 증가하고 있으며 우리의 자연 공간을 다 사용하고 있습니다. 우리 지역이 점점 붐비게 되니 지역의 공원을 확장시킴으로써 가족들을 위해 나무와 산책로를 유지할 수 있습니다. 이 프로젝트는 수영장과 운동장 또한 필요로 하며, 이곳에서 아이들은 안전하게 야외 놀이를 할 수 있게 될 것입니다. 이러한 공간을 보호하고 보존하여 아이들이 자연과 좋은 관계를 맺도록 해 주는 것은 중요합니다.

Q 화자에 대해 추론할 수 있는 것은?
(a) 공원에 돈을 들이는 것에 대해 의구심을 가지고 있다.
(b) 공원에 대한 제안을 몇 가지 바꾸고 싶어 한다.
(c) 아이들이 야외에서 시간을 보낼 필요가 있다고 믿는다.
(d) 이 지역의 사업 개발을 장려하고 있다.

해설 화자는 지역 개발로 인해 자연 공간이 줄어들고 지역이 사람들로 붐빌 것이니 아이들이 야외 활동을 하며 야외의 환경과 좋은 관계를 형성할 수 있는 공간을 보호하고 유지할 필요가 있다고 말하고 있다. 따라서 정답은 (c)이다.

어휘 **expansion** 확장 **use up** 다 써버리다 **preserve** 보존하다, 유지하다 **reservation** 의구심

Part V

37~38

To review today's lecture, scientists only have a broad understanding of what causes Alzheimer's disease. Among possible causes of Alzheimer's disease, genetics are believed to play a big role. That is, someone may inherit a mutated gene from a parent, or a person may experience a mutation in his or her own genetic make-up which activates the disease. Additionally, some scientists have researched how age-related changes in the brain including atrophy of certain parts of the brain and breakdown of energy production within cells may harmfully affect nerve cells and contribute to Alzheimer's disease. Environmental and other health factors can also contribute. Research shows that the chance of getting Alzheimer's can be increased by several cardiovascular risk factors and conditions. Researchers are showing increasing interest in the relationship between cognitive decline and vascular conditions like heart disease, high blood pressure and stroke, as well as metabolic conditions such as obesity and diabetes. Repeated trauma to the head increases risk for the disease, as do heart conditions that limit blood flow to the brain. Those who have had a severe head injury can be at much higher risk of contracting Alzheimer's disease, but much research is still needed in this area.

Q37 What is the main topic of the lecture?
(a) Symptoms of Alzheimer's disease
(b) Stages of progression in Alzheimer's disease
(c) Factors that lead to Alzheimer's disease
(d) Testing and diagnosis of Alzheimer's disease

Q38 What is the principal cause of Alzheimer's disease?
(a) Metabolic disorders
(b) Cardiovascular diseases
(c) Genetic factors
(d) Serious head trauma

해석 오늘 강의를 복습해 보면 과학자들은 무엇이 알츠하이머병을 야기하는지 개괄적으로만 이해하고 있습니다. 알츠하이머병의 가능한 원인들 중 유전이 큰 역할을 하고 있다고 믿어집니다. 즉, 부모로부터 변이된 유전자를 물려받았거나 자신의 유전자 구성이 변이를 할 수도 있는데, 이것이 알츠하이머병을 활성화시킵니다. 또한, 일부 과학자들은 뇌의 특정한 부분의 위축과 세포내 에너지 생산에 대한 쇠약을 포함하여 뇌에서 나이와 관련된 변화가 어떻게 신경세포에 해롭게 영향을 주고 알츠하이머에 기여하는지 연구해왔습니다. 환경적인 요인과 다른 건강상의 요인들 역시 한 원인이 될 수 있습니다. 알츠하이머의 위험은 여러 가지 심혈관계 위험 요소와 질환들에 의해 증가될 수 있다는 것을 보여 줍니다. 연구자들은 비만과 당뇨병 같은 신진대사 관련 질환뿐만 아니라 심장병, 고혈압, 뇌졸중 같은 인지력 감퇴와 혈관 질환들에 관심을 보이고 있습니다. 뇌로 흘러가는 혈액을 제한하는 심장 질환 뿐 아니라 두뇌에 반복되는 트라우마가 알츠하이머병의 위험을 증가시킵니다. 심각한 두부 손상을 받은 사람들은 훨씬 더 알츠하이머병에 걸릴 위험이 있지만, 그 분야에 대한 여전히 더 많은 연구가 필요합니다.

Q37 강연의 주제는?
(a) 알츠하이머병의 증상
(b) 알츠하이머병의 진행 단계
(c) 알츠하이머병을 유발하는 요인들
(d) 알츠하이머병의 측정과 진단

해설 알츠하이머병을 유발하는 데 유전이 한 역할을 하며, 그 이외에 환경적인 요인 및 건강 요인 등 알츠하이머병을 유발하는 여러 요인들을 설명해 주고 있으므로 정답은 (c)가 된다. 첫 번째 문장에서 강연의 주제를 말하고 나서 뒤에서 이에 대해 자세히 설명하고 있는 구조이므로 첫 번째 문장을 놓치지 않도록 주의해야 한다.

Q38 알츠하이머병의 주요 원인은 무엇인가?
(a) 신진대사 질환
(b) 심혈관계 질환
(c) 유전적인 요인들
(d) 심각한 두부 손상

해설 첫 문장에서 유전이 한몫을 하고 있다고 믿어지며, 부모로부터 변이된 유전자를 물려받았거나 자신의 유전자 구성이 변이를 할 수도 있는데, 이것이 알츠하이머병을 활성화시킨다고 했으므로 정답은 (c)가 적절하다.

어휘 Alzheimer's disease 알츠하이머병 genetics 유전학, 유전 play a role 역할을 하다 inherit 물려받다 mutated gene 돌연변이가 된 유전자 mutation 돌연변이, 변형 genetic factors 유전적 요인들 trauma 정신적 외상, 트라우마 symptom 증상 age-related 나이와 관련된 atrophy 위축 breakdown 쇠약, 고장, 실패 cognitive decline 인지력 감퇴 contract (병에) 걸리다

39~40

Municipal law limits use of carpool lanes (also known as HOV or High-Occupancy Vehicle lanes) to vehicles with two or more passengers. One exception to the multiple occupant requirements is the Pass Program that enables eligible energy-efficient vehicles to use the 70-mile Robben Island Expressway HOV lanes regardless of the number of occupants in the vehicle. Section 210.14 of the Sabine City Statutes specifies that an HOV violation will remain on your driving record for a minimum of five years. You must answer this ticket within 15 days of the date of offense. Failure to answer will result in the suspension of your license and a default judgment against you. If you believe you received this ticket in error, you may request a hearing to contest it. Insurance companies would basically consider an HOV violation as a sign violation which restricts vehicles from using a certain road or lane at certain times. Accordingly, your insurance rates might go up if you got a ticket for driving in the HOV lane in Sabine City. While some violations including a sign violation might not have caused any type of dangerous situation, insurance companies cannot distinguish between the less and more risky maneuvers that cause violations.

Q39 When should the recipient respond to the ticket?
(a) Within 14 days
(b) Within 15 days
(c) Within 16 days
(d) Within 17 days

Q40 What can be inferred about the recipient of the message?
(a) The recipient was cited for a carpool lane offense.
(b) The recipient transported too many passengers at one time.
(c) The recipient recently received a license in Sabine City.
(d) The recipient had his or her license suspended for a traffic violation.

해석 국내법에서는 다인승 전용 차선(HOV로도 알려진)은 두 명 이상의 승객을 태운 차량으로 제한하고 있습니다. 다양한 이용자 요구 조건에서 예외는 차량안 이용자의 수에 상관없이 자격 있는 에너지효율 차량이 70 mile Robben Island 고속도로의 다인승 전용 차선을 이용할 수 있도록 하는 Pass Program입니다. 사빈 시티 법규 210.14항은 다인승 차량 위반 딱지가 귀하의 운전 기록에 최소 5년 동안 남겨질 것을 명시하고 있습니다. 귀하는 위반 날짜로부터 15일 이내에 교통 위반 딱지에 답변을 해야 합니다. 답이 없을 시 귀하의 면허가 정지되며 결석재판이 진행될 것입니다. 이 딱지를 잘못 받았다고 생각하신다면 이의 제기를 위해 공판을 요청하실 수 있습니다. 기본적으로 보험회사는 다인승 전용 차선 위반을, 어떤 시간대에 일반차량이 특정 도로와 차선을 사용을 제한하는 신호위반으로 여기고 있습니다. 따라서 만약에 당신이 사빈 시티에서 다인승 전용차선을 운전해서 딱지를 받는다면 당신의 보험료는 올라갈 수 있습니다. 신호위반을 포함한 일부 위반이 심각하게 어떤 위험한 상황을 초래하지는 않았지만, 보험회사는 위반을 초래하는 더 심각하고 덜 심각한 위험 행동을 구별하지 않을 수 있습니다.

Q39 수신자는 언제 교통 위반 딱지에 대답해야 하는가?
(a) 14일 이내에
(b) 15일 이내에
(c) 16일 이내에
(d) 17일 이내에

해설 메시지의 중반 부분에 위반 날짜로부터 15일 이내에 교통 위반 딱지에 답변을 해야 한다고 언급하고 있으므로 정답은 (b)이다.

Q40 메시지의 수신자에 대해 추론할 수 있는 것은?
(a) 다인승 전용차선 위반으로 소환되었다.
(b) 한 번에 너무 많은 승객을 태우고 이동했다.
(c) 최근에 사빈시티에서 면허를 땄다
(d) 교통 위반으로 면허가 정지되었다.

해설 메시지의 첫 문장은 다소 어렵게 느껴질 수 있지만, 안내 내용이 전개되면서 중반 부분에서 답이 없을 경우, 귀하의 면허가 정지되며 결석 재판이 진행될 거라는 내용을 통보하고 있다. 따라서 수신자가 차선 위반 딱지를 받았음을 알 수 있다. 따라서 정답은 (a)이다. 다인승 전용 차선을 위반했다는 것은 동승자를 규정보다 적게 태우고 이동했다는 것이므로 (b)는 사실과 다르고, 면허가 정지된 것은 아니므로 (d) 역시 답이 될 수 없다.

어휘 municipal law 국내법 carpool lane 다인승 전용 차선 High Occupancy Vehicle 다인승 차량 section 절 status 법규, 법령 specify 명시하다 suspension 유예, 중단 default judgment 결석재판 hearing 공판, 심리 contest 이의를 제기하다 cite (법정에) 소환하다 offense 위법행위 sign violation 신호 위반 maneuver 책략

뉴텝스 출제 원리에 철저하게 맞춘 고득점 전략!

NEW TEPS
마스터편 청해

뉴텝스 500+ 목표 대비

- 서울대텝스관리위원회 NEW TEPS 경향 완벽 반영
- 뉴텝스 500점 이상 목표 달성을 위한 최적의 기본서
- 신유형을 포함한 뉴텝스 청해의 파트별 문제풀이 공략법
- 청해에서 자주 쓰이는 주제별 어휘 및 빈출 표현 수록
- 뉴텝스 실전 완벽 대비 Actual Test 5회분 수록
- 고득점의 감을 확실하게 잡아 주는 상세한 해설 제공
- 모바일 단어장, 받아쓰기, 보카 테스트 등 다양한 부가자료 제공

Listening

"뉴텝스도 역시 넥서스!"

NEW TEPS 실전 모의고사

3회분

고사장 소음 버전 MP3 제공

뉴텝스 실전 모의고사 베스트셀러

QR코드를 찍어 보세요!

NEW TEPS 실전 모의고사 3회분

김무룡 · 넥서스 TEPS 연구소 지음 | 9,900원
(정답 및 해설 무료 다운로드)
YES 24 〈국어 외국어 사전〉 베스트셀러   ※2018년 5월 기준